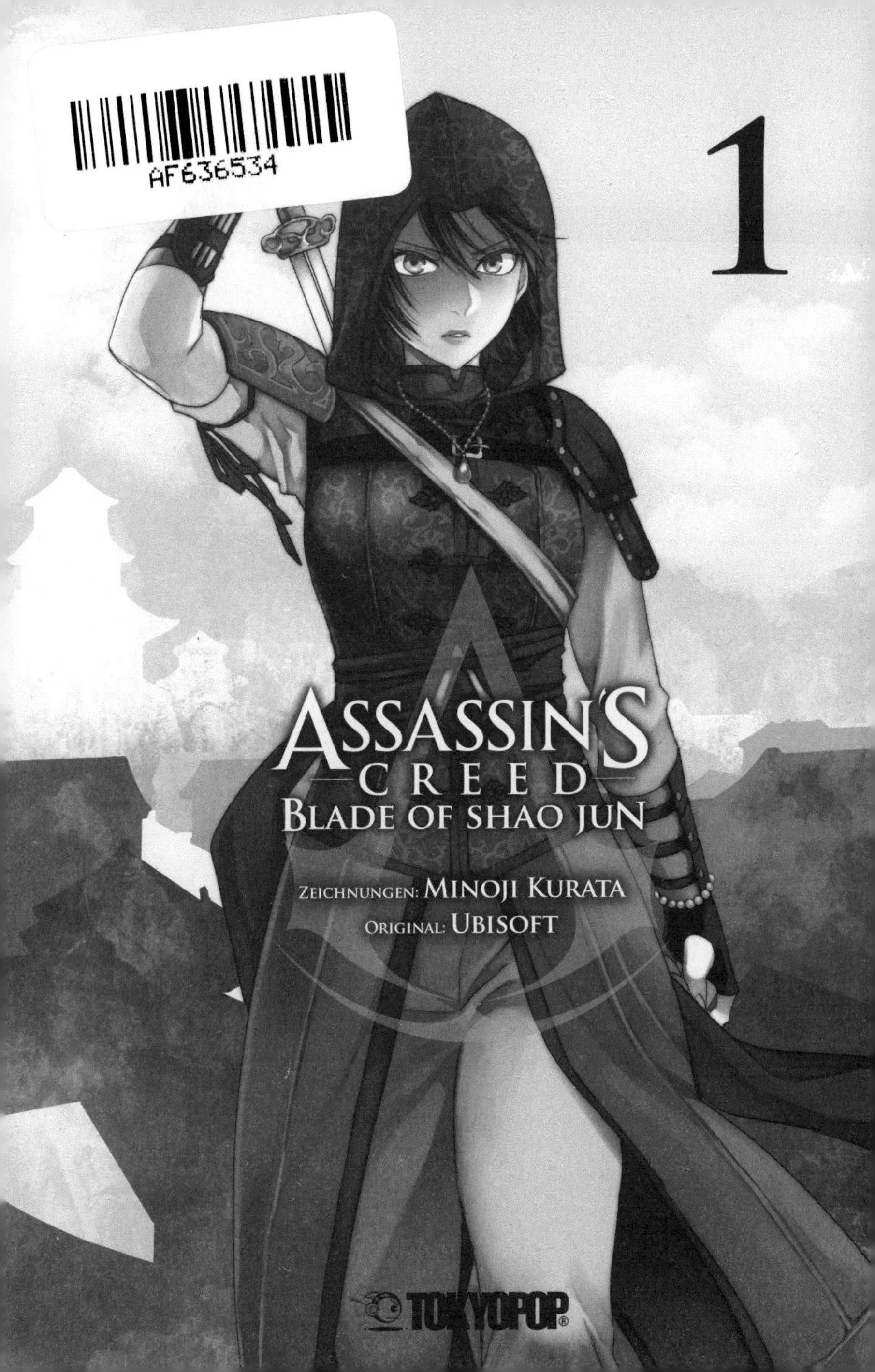
1
ASSASSIN'S
CREED
BLADE OF SHAO JUN
ZEICHNUNGEN: MINOJI KURATA
ORIGINAL: UBISOFT
TOKYOPOP®

Vorgeschichte

China, 1526.
Unter der Herrschaft der Ming-Dynastie genoss das Kaiserreich China fortwährenden Wohlstand. Zumindest bis das friedliche Bild durch einen aufziehenden Sturm getrübt wurde: Die »Großen Säuberungen« des damaligen Kaisers lösten Unruhen aus.

Zwei Jahre ist es her, seit die chinesischen Ordensbrüder und -schwestern der jungen Assassinin Shao Jun reihum ermordet wurden. Nun die Letzte ihres Ordens, treibt sie ihr brennender Rachedurst ins Vaterland zurück. Doch in den Tiefen ihrer Vergangenheit verborgen ruht ein Geheimnis, von dem niemand etwas ahnt ...

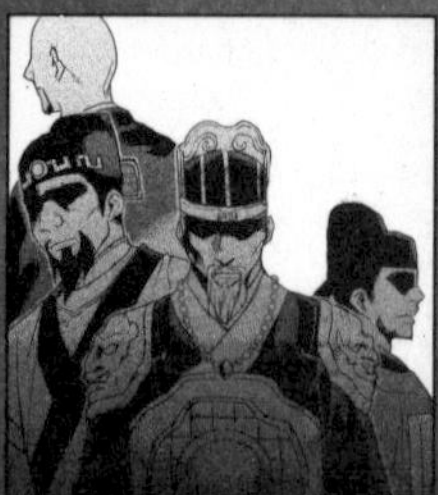

Die Acht Tiger

Eine Gruppe tyrannischer Eunuchen, die in der Gunst des Kaisers steht. Was steckt wirklich hinter ihnen ...?

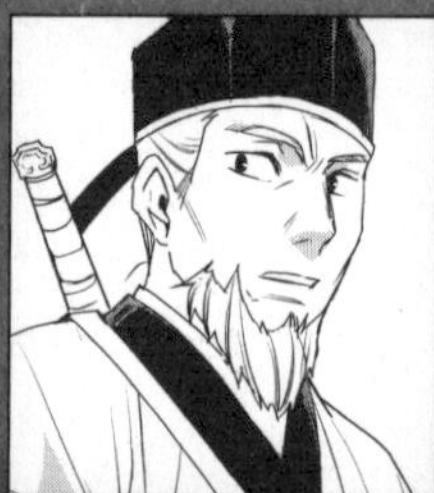

Wang Yanming

Erfreut sich in Japan als Gründervater der gleichnamigen neokonfuzianischen Lehre großer Beliebtheit. Beweist nicht nur akademisches, sondern auch militärisches Geschick.

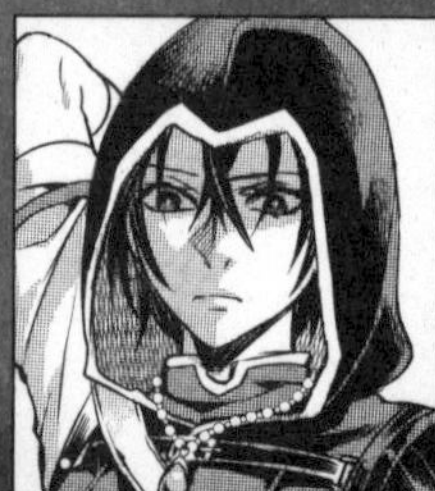

Shao Jun

Die letzte chinesische Assassinin.

Inhaltsverzeichnis

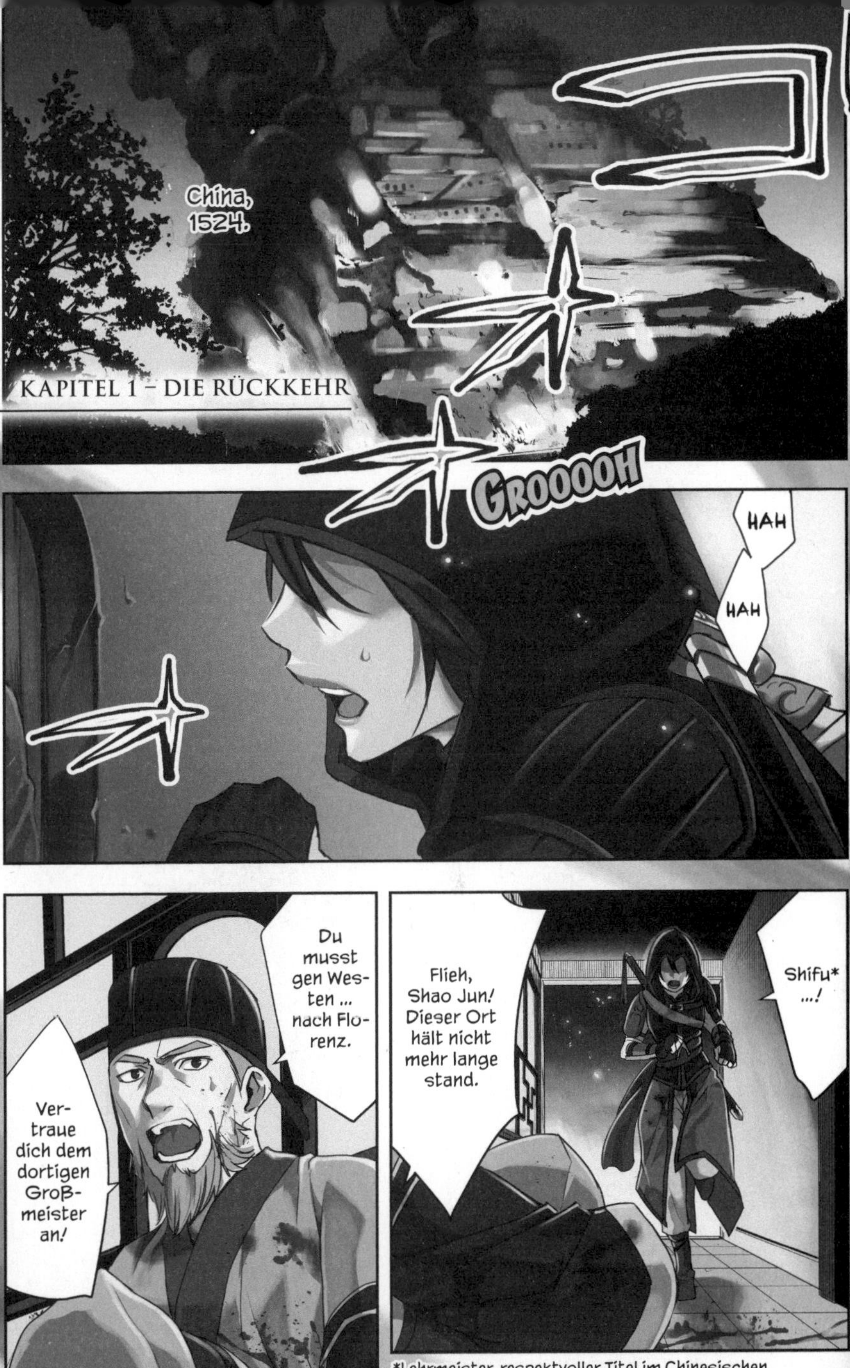

*Lehrmeister, respektvoller Titel im Chinesischen

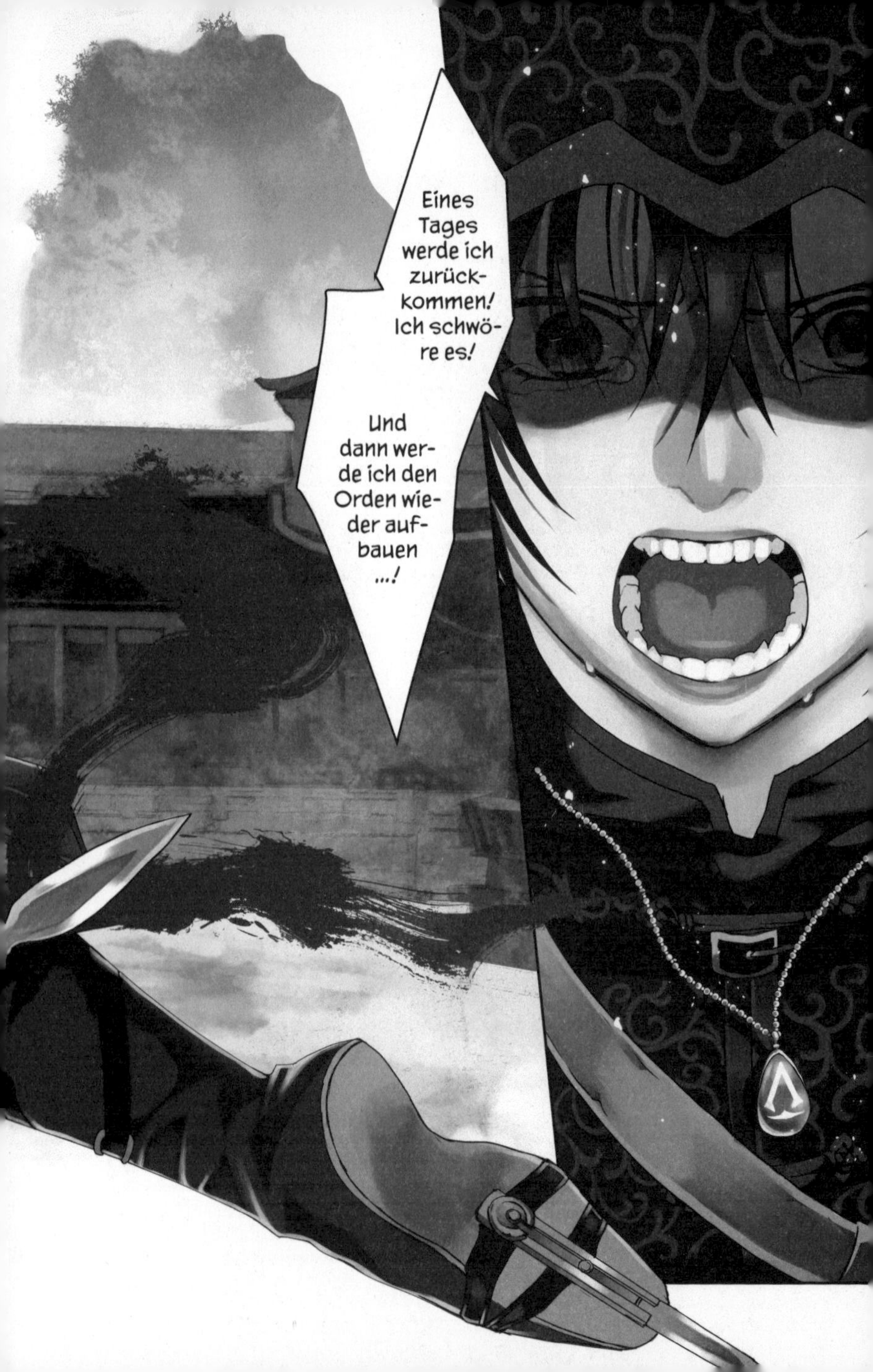
Eines Tages werde ich zurück-kommen! Ich schwö-re es!
Und dann wer-de ich den Orden wie-der auf-bauen ...!

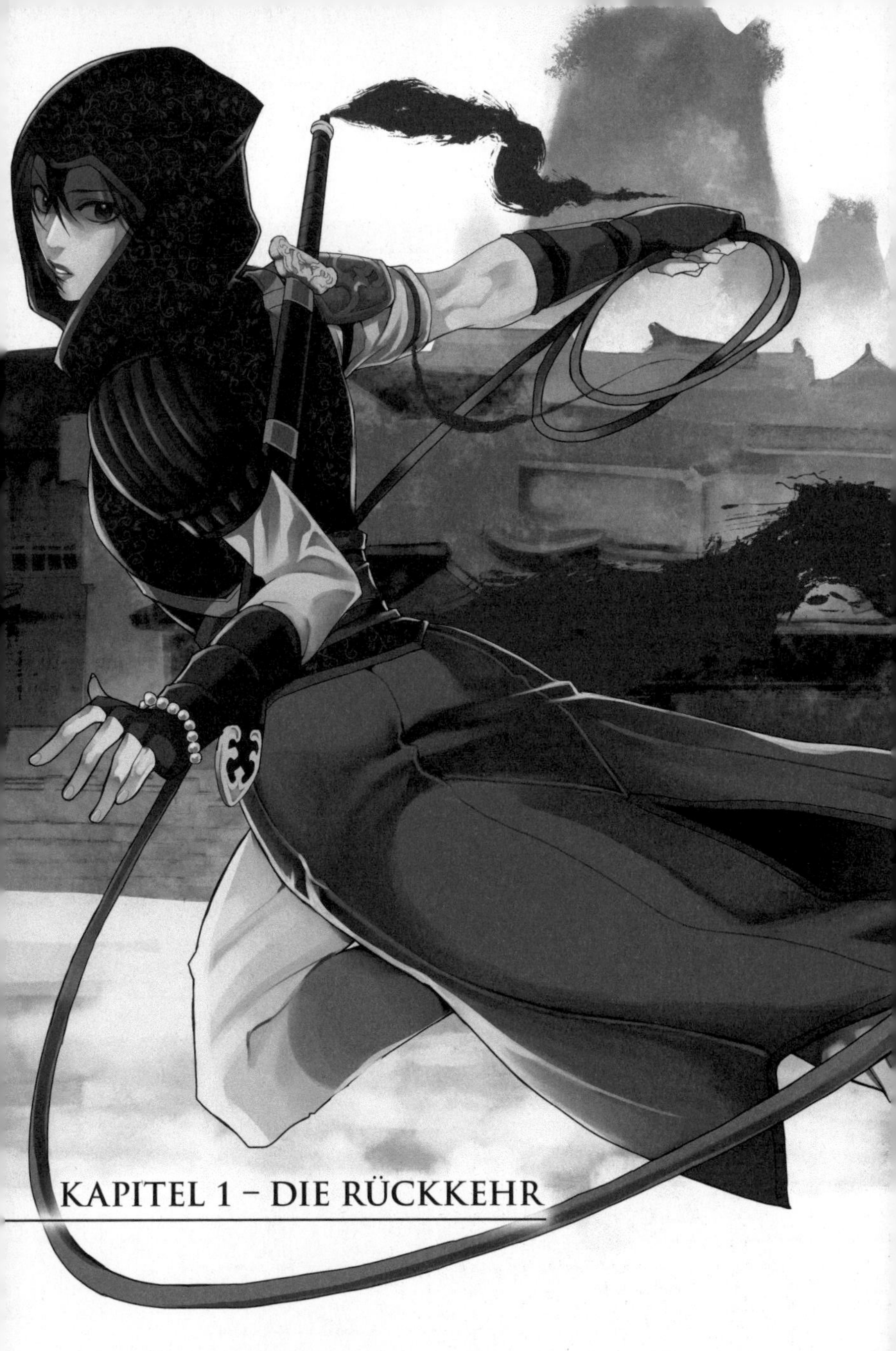

KAPITEL 1 – DIE RÜCKKEHR

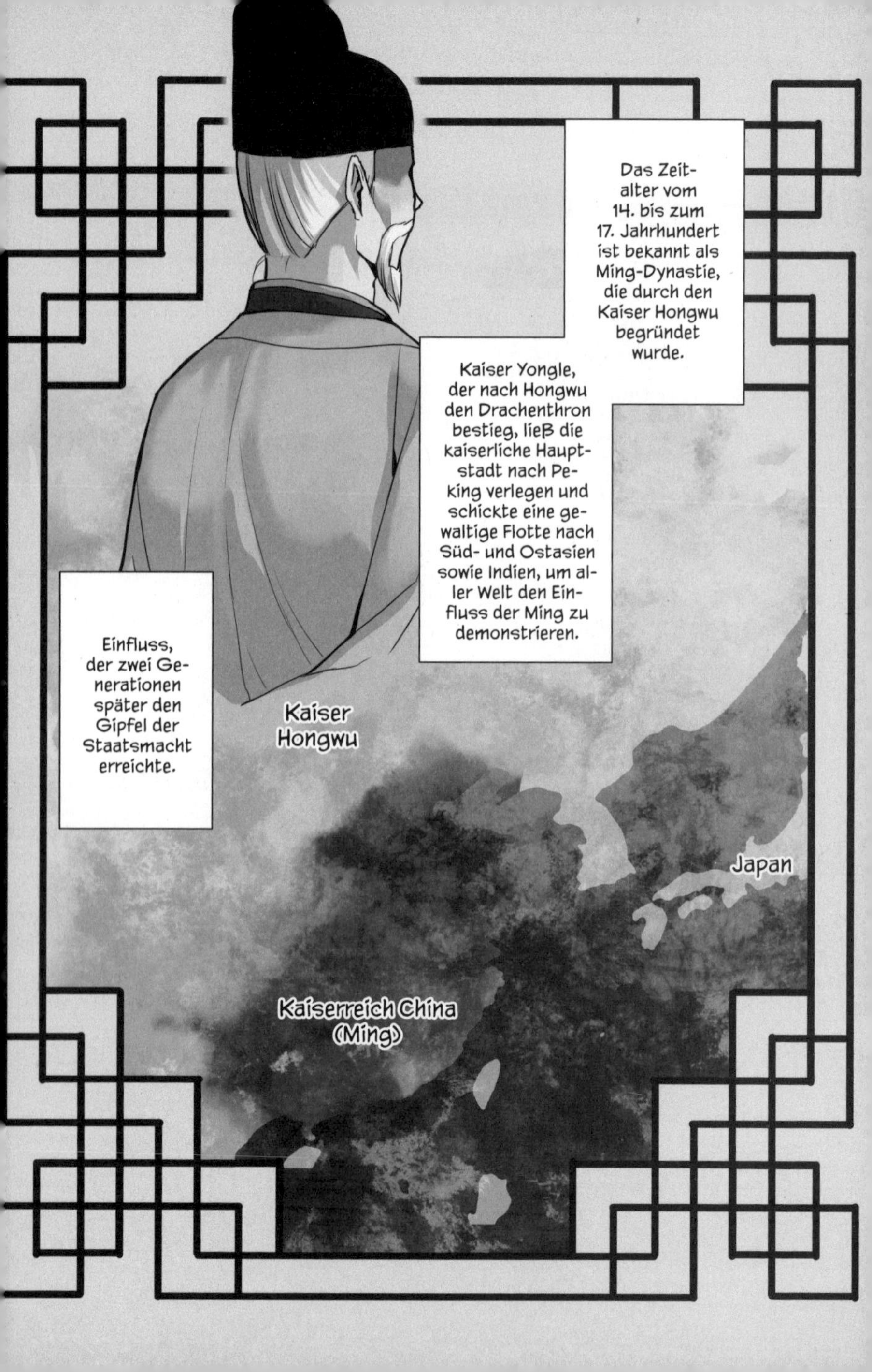
Das Zeitalter vom 14. bis zum 17. Jahrhundert ist bekannt als Ming-Dynastie, die durch den Kaiser Hongwu begründet wurde.
Kaiser Yongle, der nach Hongwu den Drachenthron bestieg, ließ die kaiserliche Hauptstadt nach Peking verlegen und schickte eine gewaltige Flotte nach Süd- und Ostasien sowie Indien, um aller Welt den Einfluss der Ming zu demonstrieren.
Einfluss, der zwei Generationen später den Gipfel der Staatsmacht erreichte.
Kaiser Hongwu
Japan
Kaiserreich China (Ming)

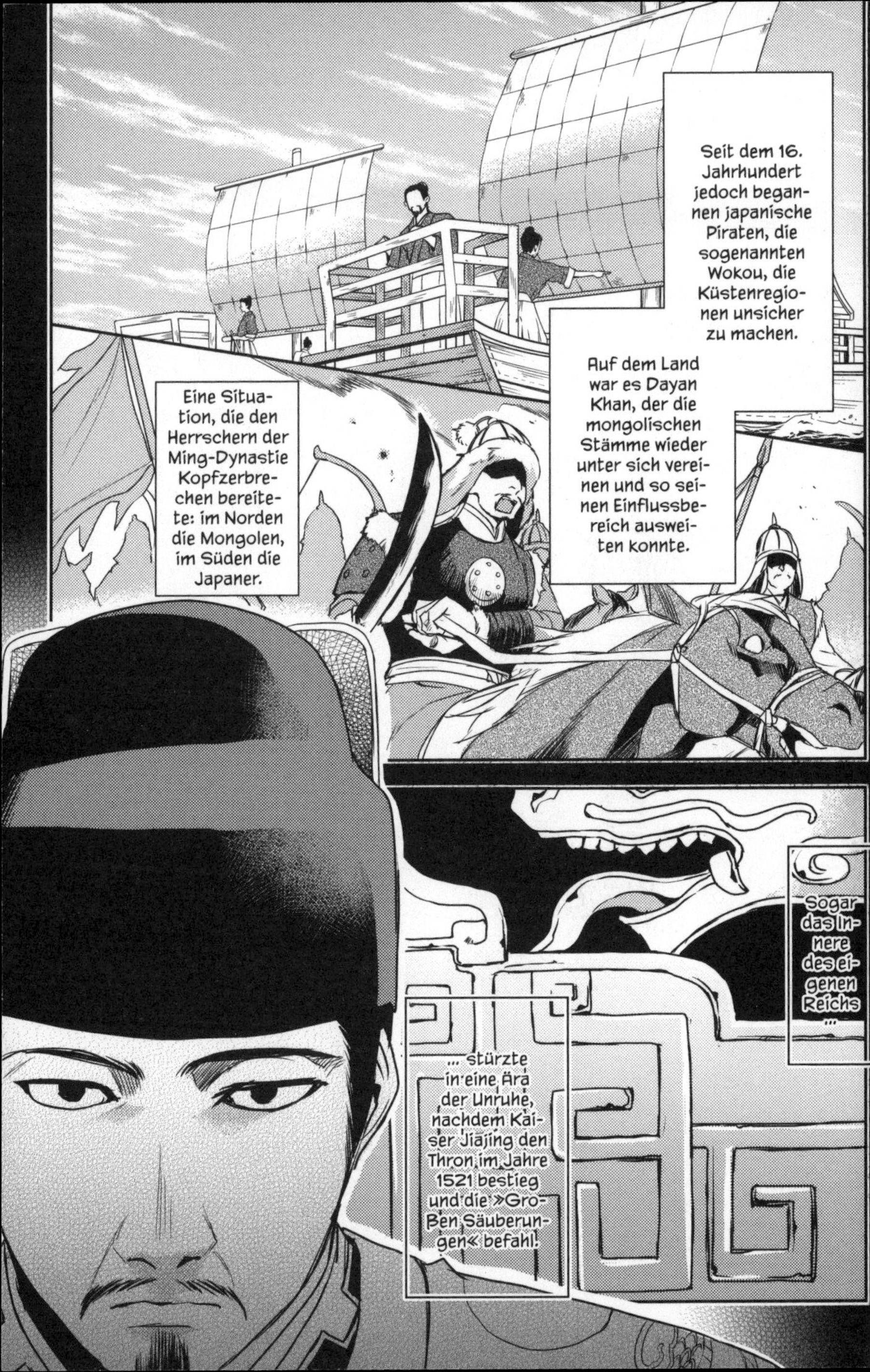
Seit dem 16. Jahrhundert jedoch begannen japanische Piraten, die sogenannten Wokou, die Küstenregionen unsicher zu machen.
Auf dem Land war es Dayan Khan, der die mongolischen Stämme wieder unter sich vereinen und so seinen Einflussbereich ausweiten konnte.
Eine Situation, die den Herrschern der Ming-Dynastie Kopfzerbrechen bereitete: im Norden die Mongolen, im Süden die Japaner.
Sogar das Innere des eigenen Reichs ...
... stürzte in eine Ära der Unruhe, nachdem Kaiser Jiajing den Thron im Jahre 1521 bestieg und die »Großen Säuberungen« befahl.

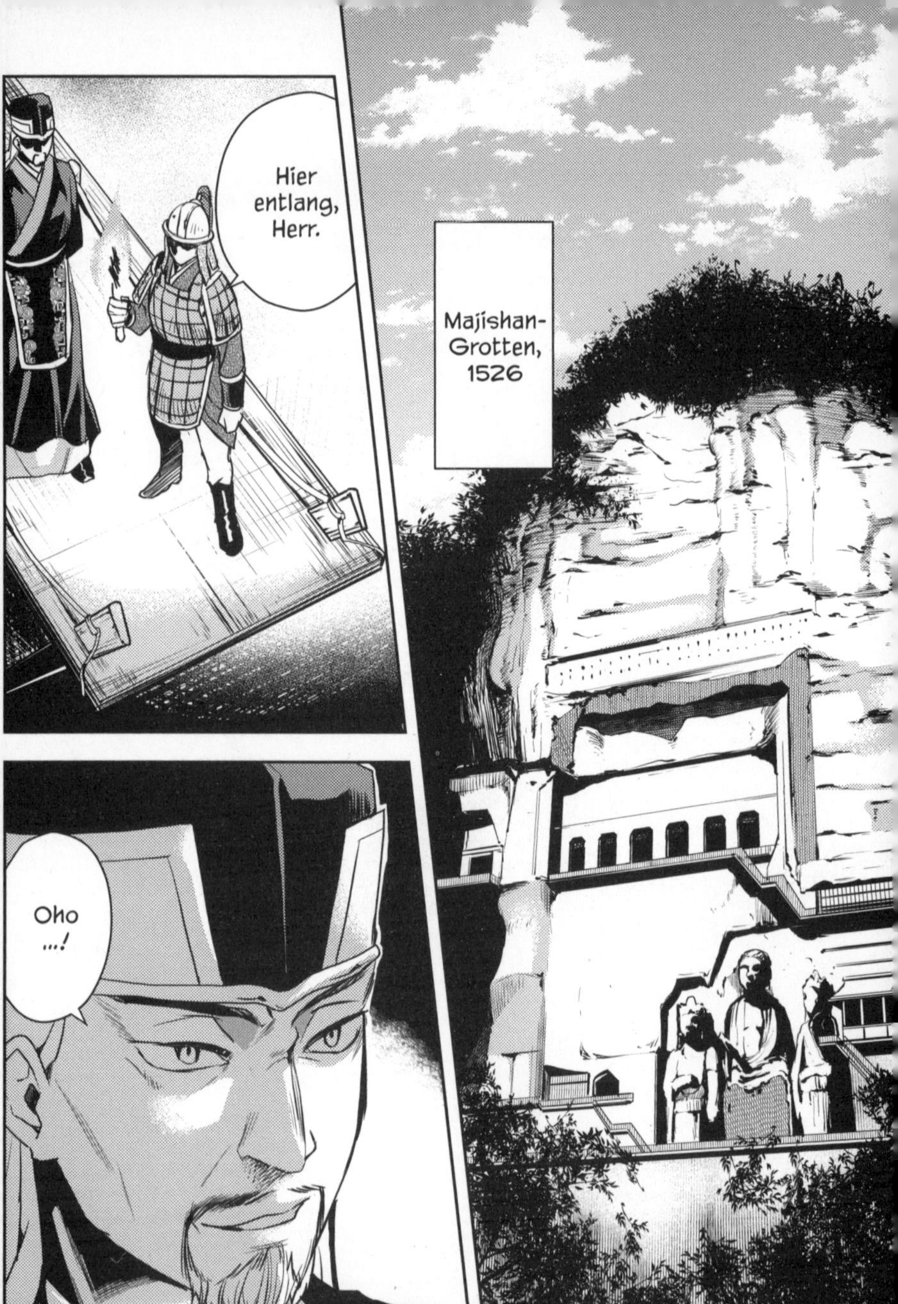
Majishan-Grotten, 1526
Hier entlang, Herr.
Oho ...!

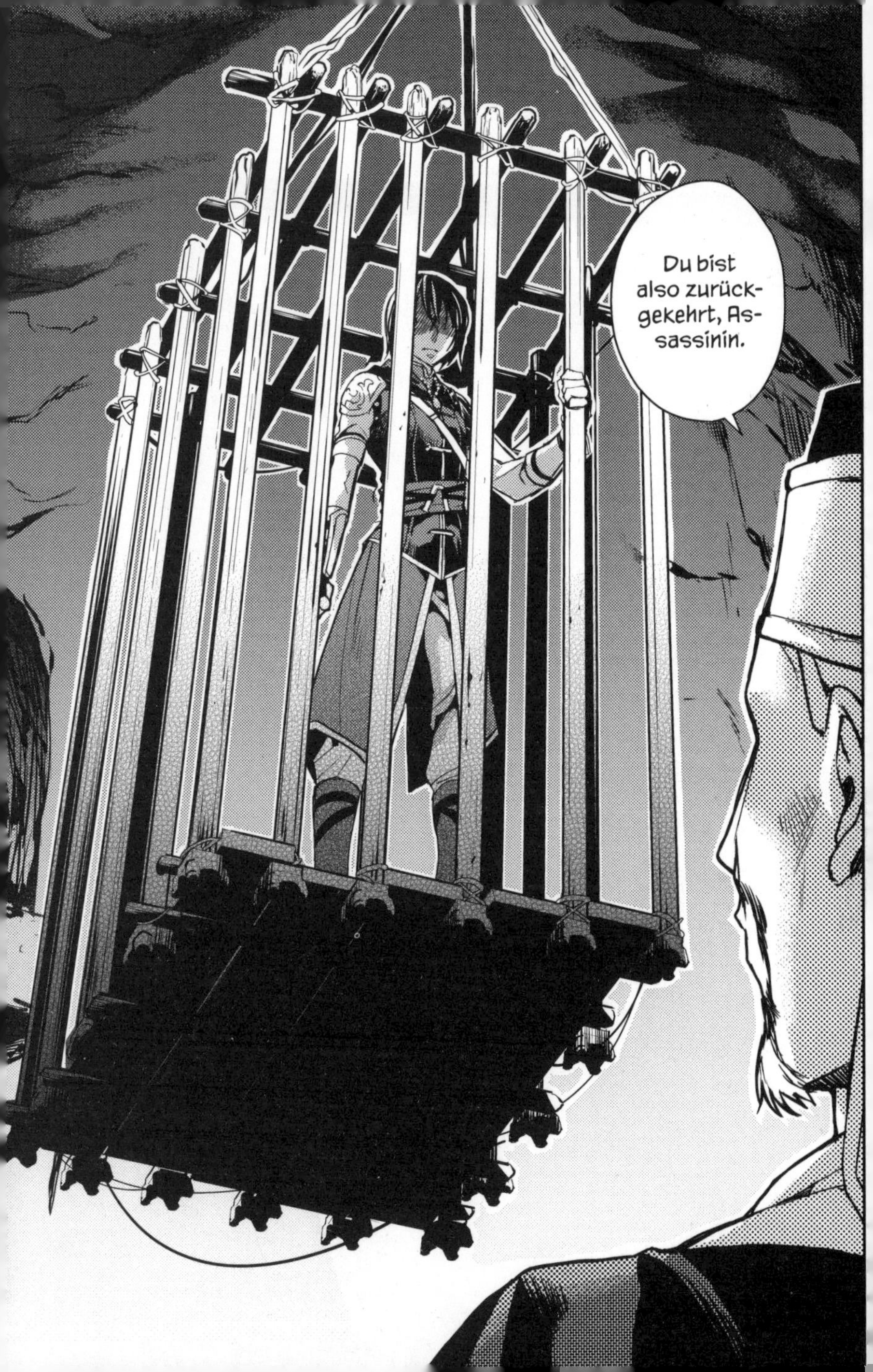
Du bist also zurück-gekehrt, Assassinin.

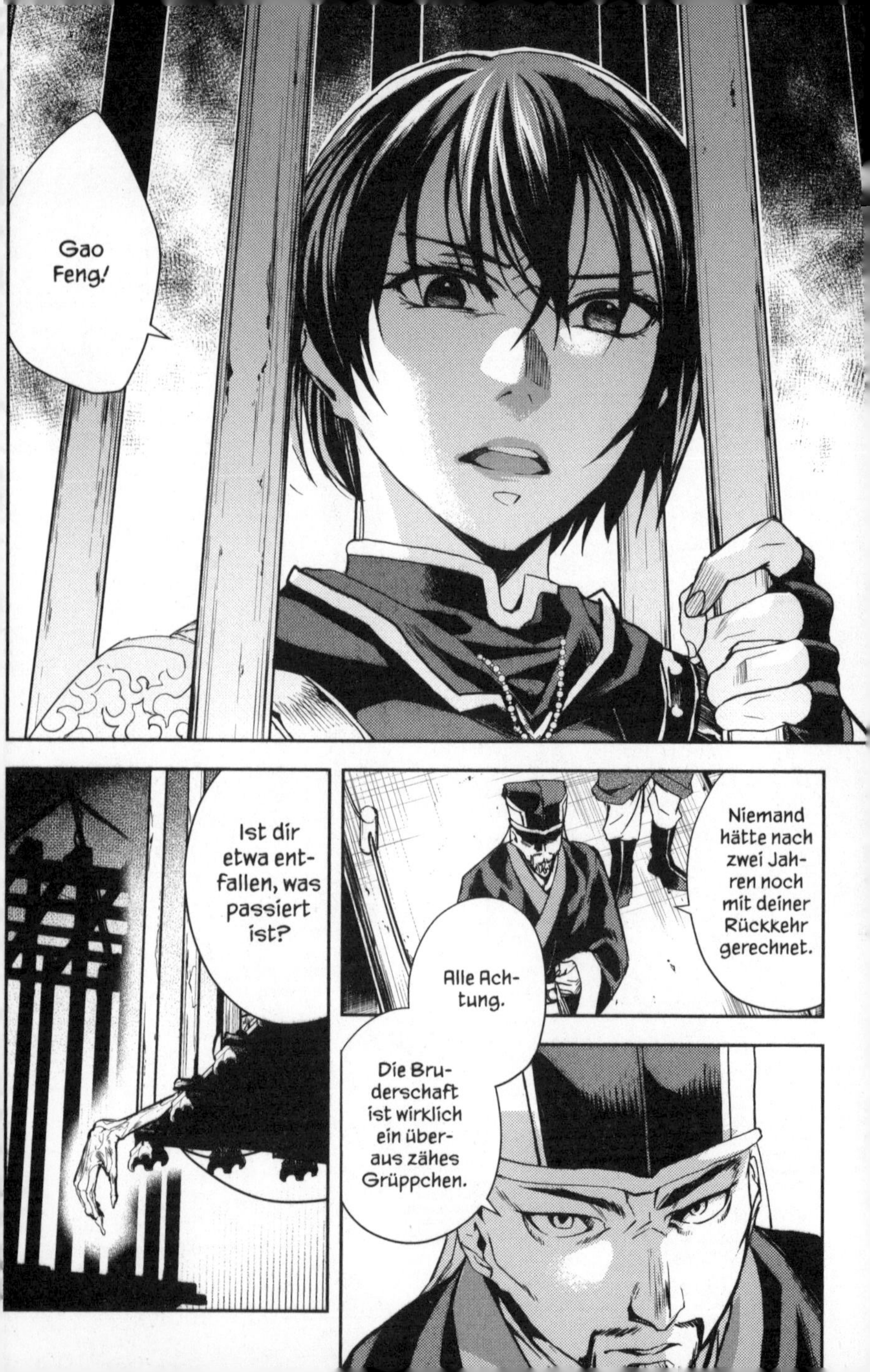
Gao Feng!
Niemand hätte nach zwei Jahren noch mit deiner Rückkehr gerechnet.
Alle Achtung.
Die Bruderschaft ist wirklich ein überaus zähes Grüppchen.
Ist dir etwa entfallen, was passiert ist?

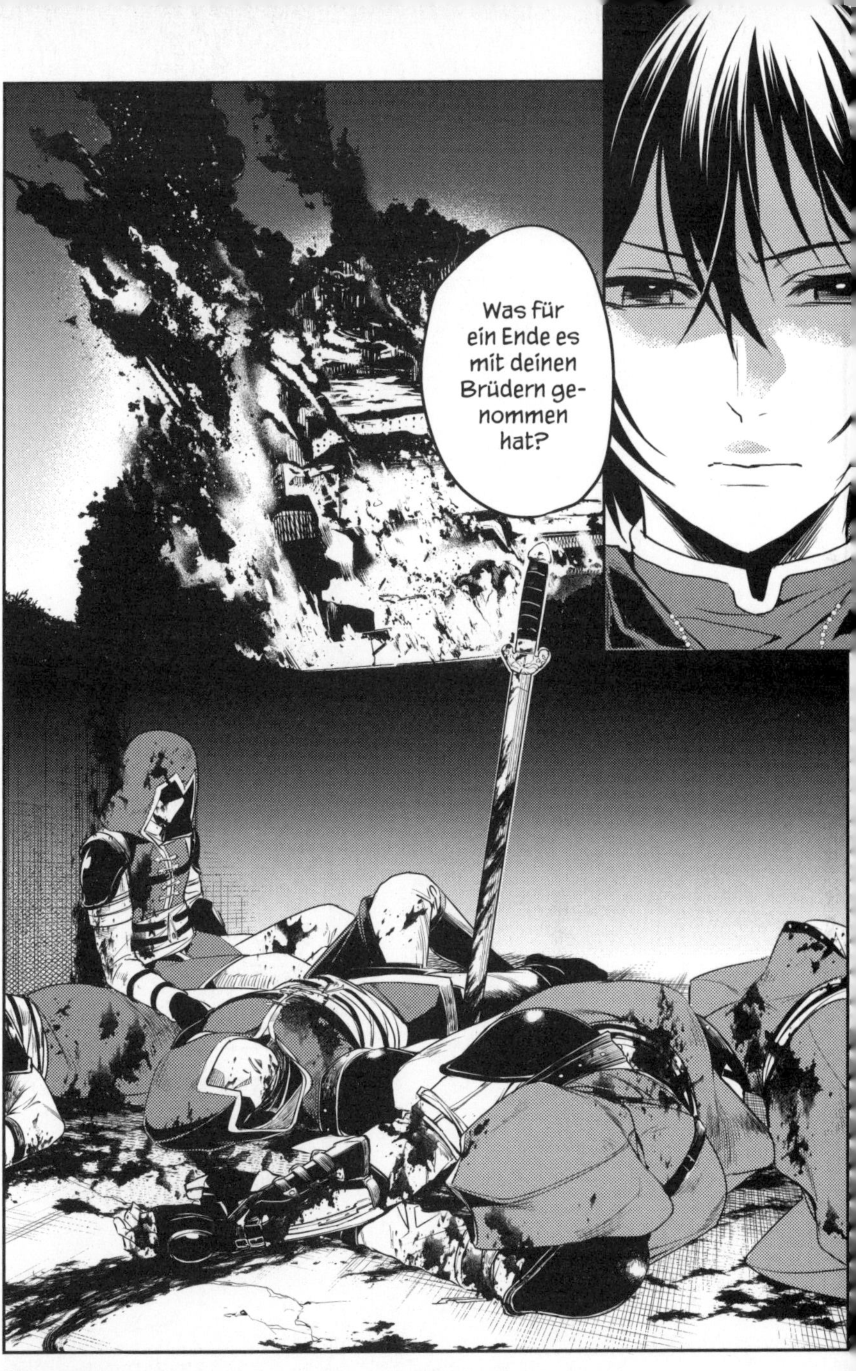
Was für ein Ende es mit deinen Brüdern genommen hat?

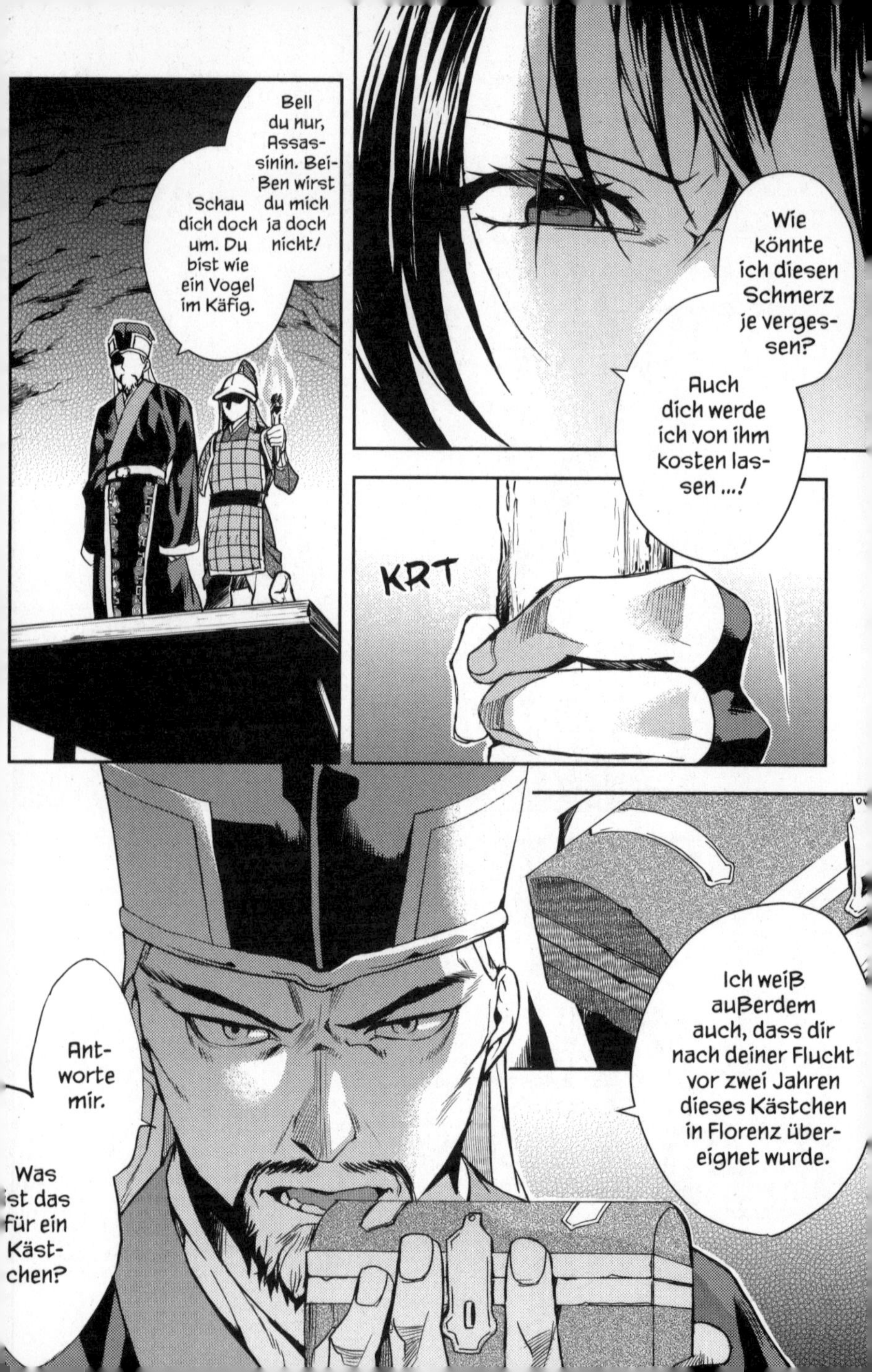

Wie könnte ich diesen Schmerz je vergessen?
Auch dich werde ich von ihm kosten lassen ...!
KRT
Bell du nur, Assassinin. Beißen wirst du mich ja doch nicht!
Schau dich doch um. Du bist wie ein Vogel im Käfig.
Ich weiß außerdem auch, dass dir nach deiner Flucht vor zwei Jahren dieses Kästchen in Florenz übereignet wurde.
Antworte mir.
Was ist das für ein Kästchen?

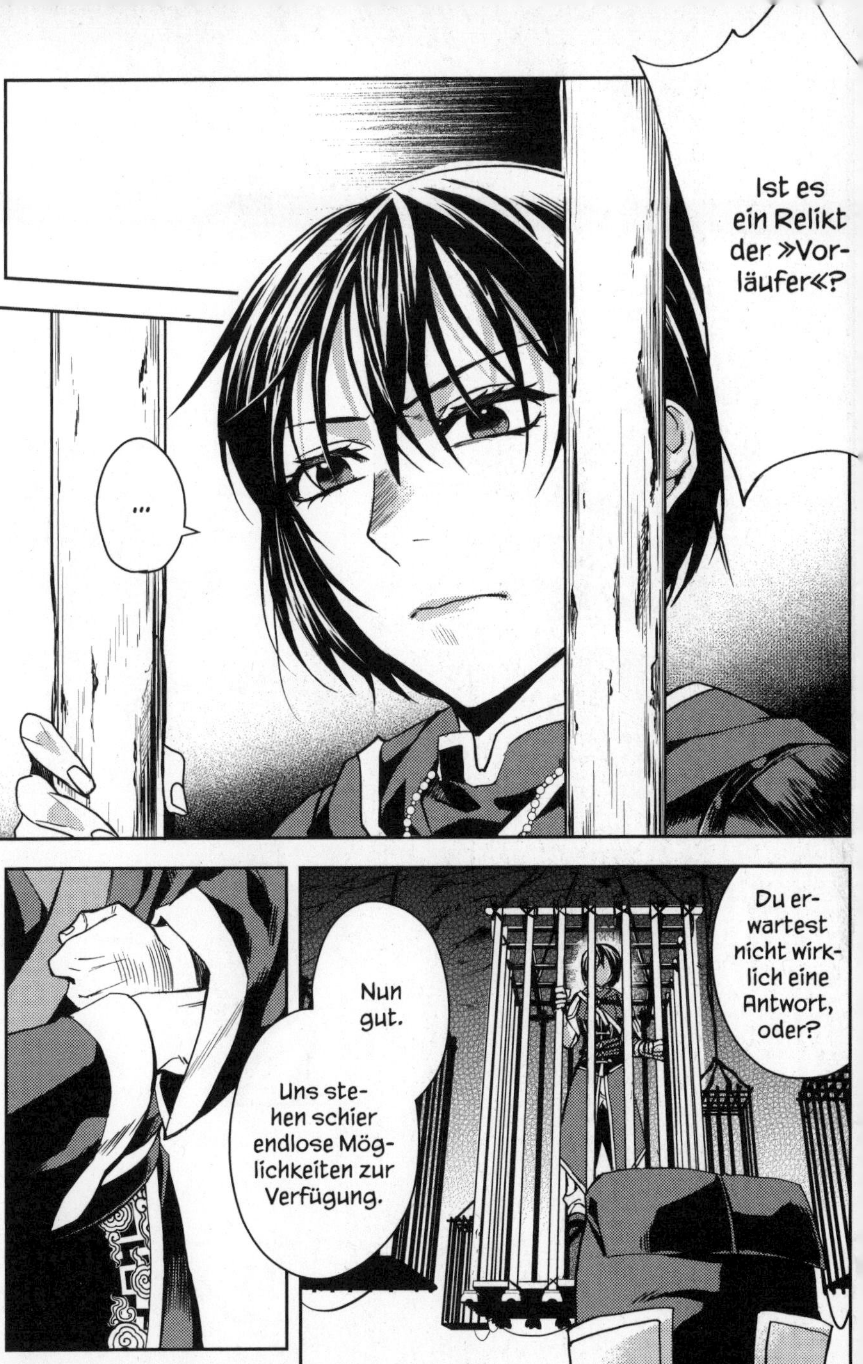
Ist es ein Relikt der »Vorläufer«?
...
Du erwartest nicht wirklich eine Antwort, oder?
Nun gut.
Uns stehen schier endlose Möglichkeiten zur Verfügung.

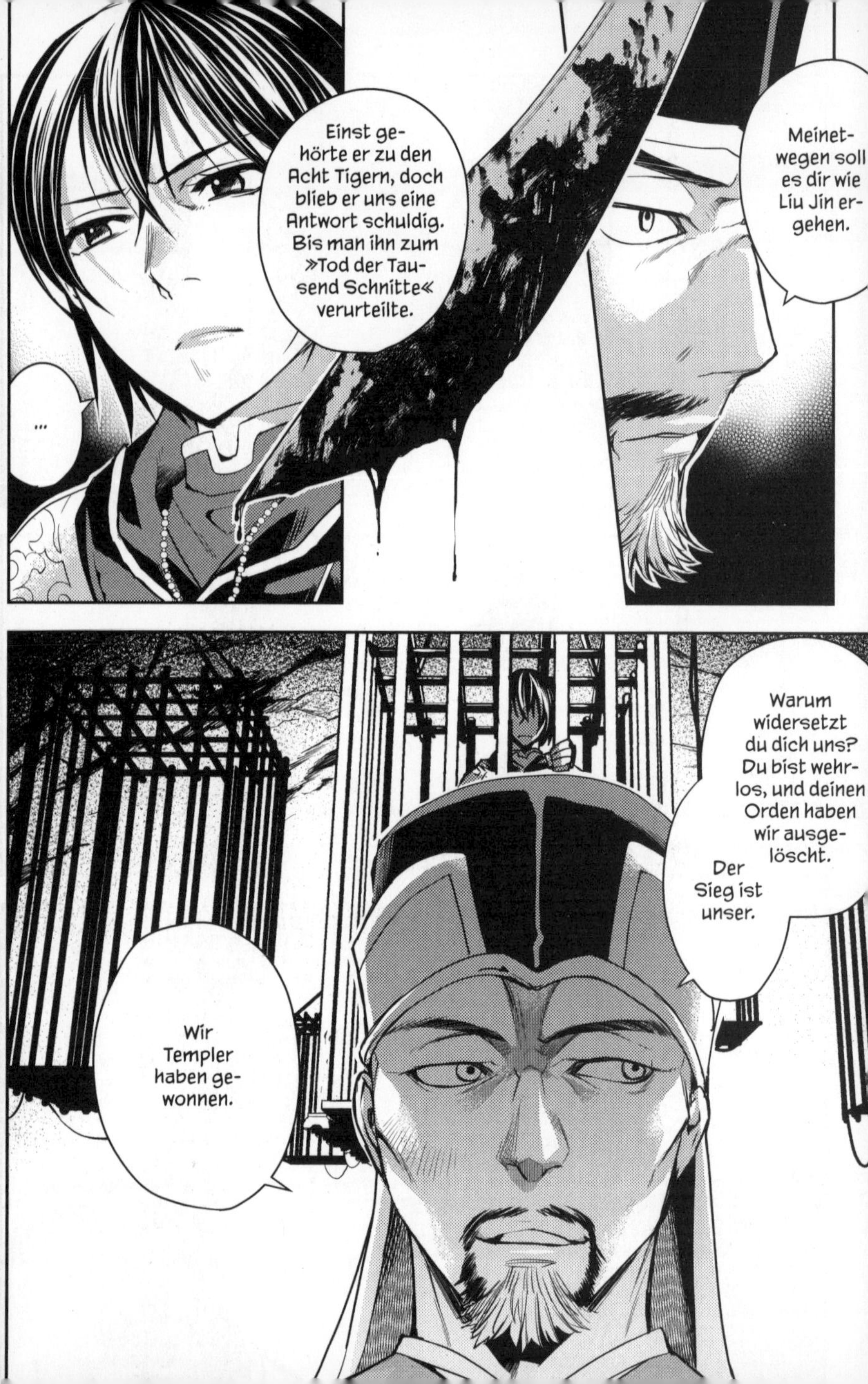
Meinetwegen soll es dir wie Liu Jin ergehen.
Einst gehörte er zu den Acht Tigern, doch blieb er uns eine Antwort schuldig. Bis man ihn zum »Tod der Tausend Schnitte« verurteilte.
...
Warum widersetzt du dich uns? Du bist wehrlos, und deinen Orden haben wir ausgelöscht.
Der Sieg ist unser.
Wir Templer haben gewonnen.

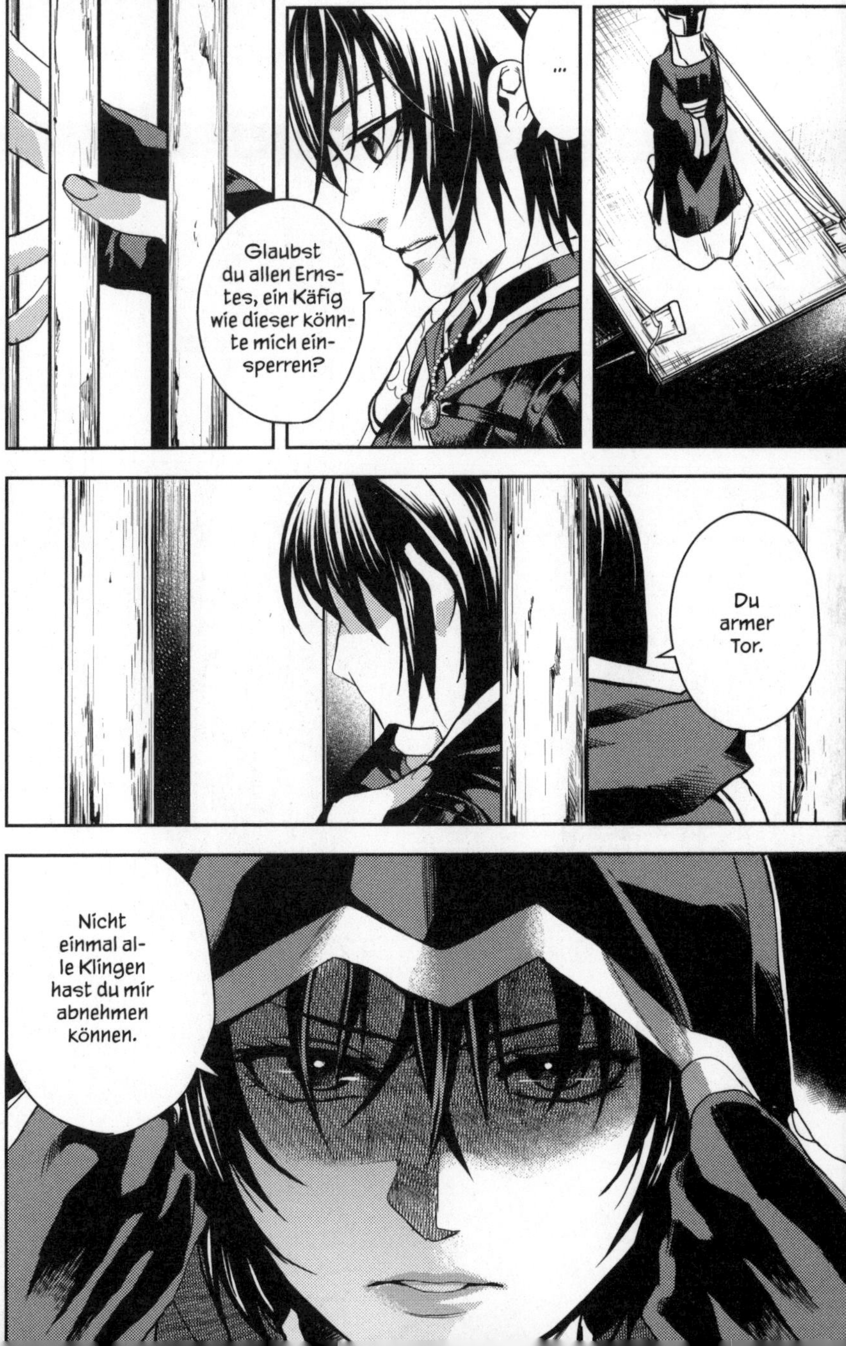
...
Glaubst du allen Ernstes, ein Käfig wie dieser könnte mich einsperren?
Du armer Tor.
Nicht einmal alle Klingen hast du mir abnehmen können.

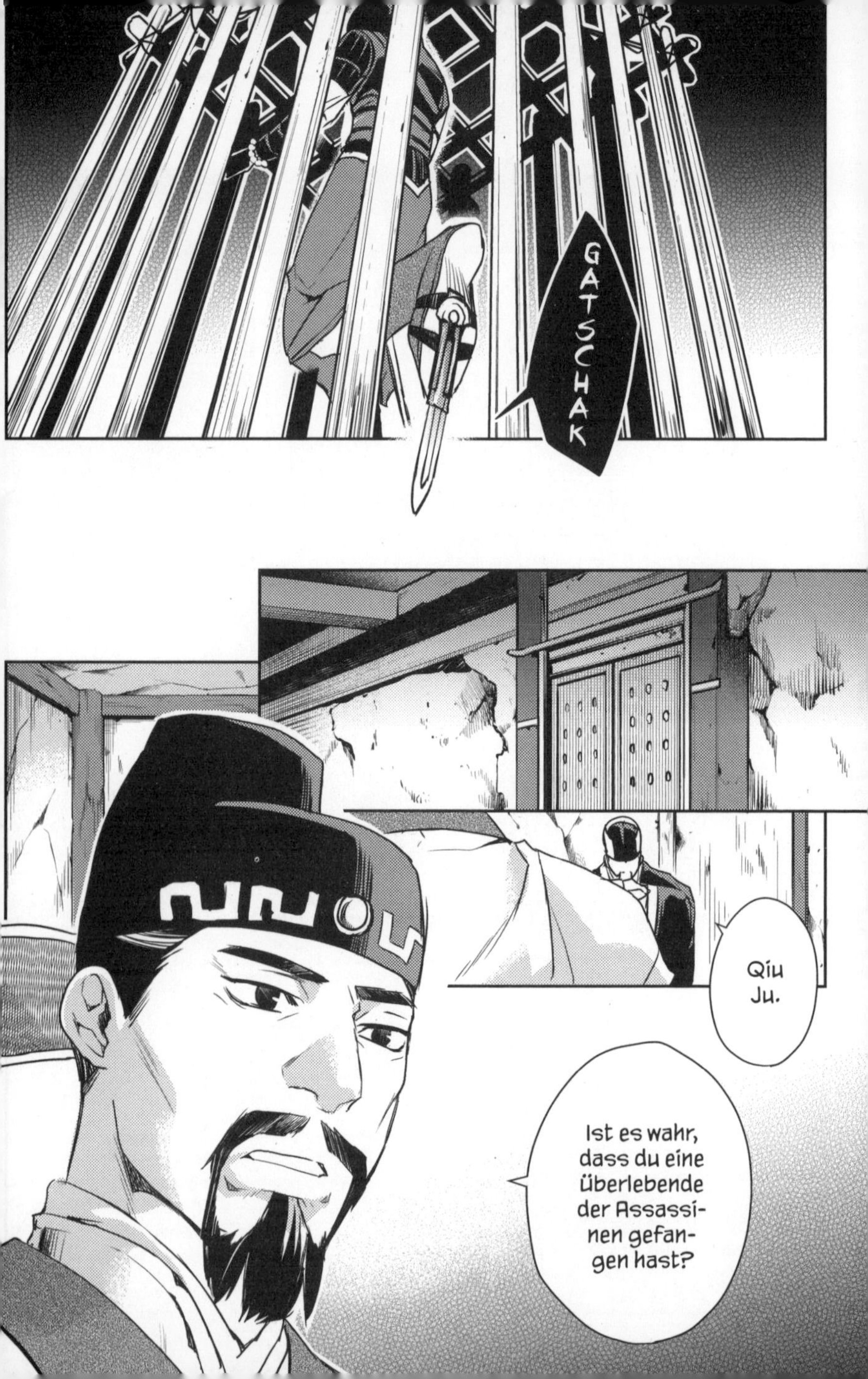
GATSCHAK
Qiu Ju.
Ist es wahr, dass du eine Überlebende der Assassinen gefangen hast?

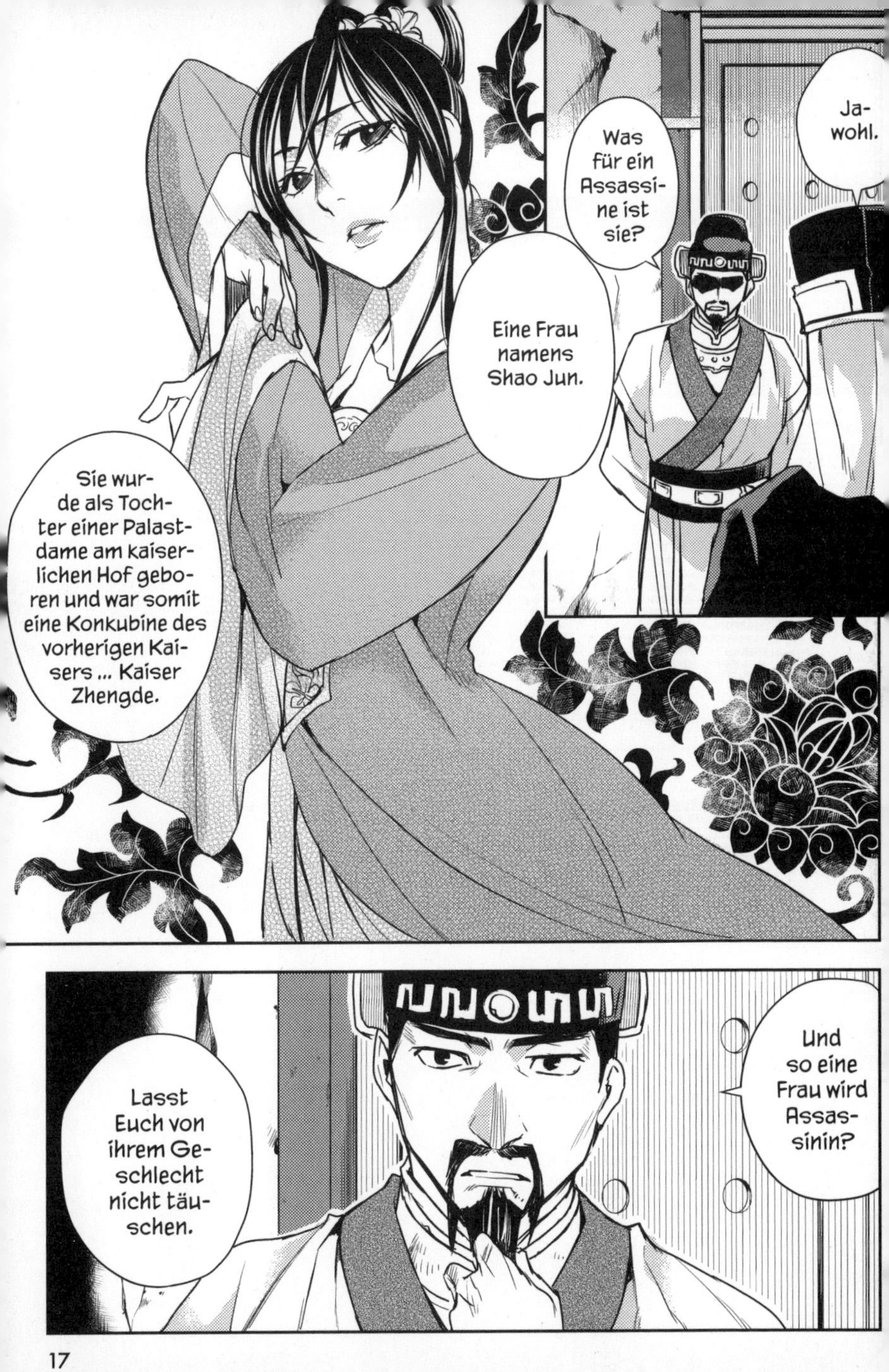
Jawohl.
Was für ein Assassine ist sie?
Eine Frau namens Shao Jun.
Sie wurde als Tochter einer Palastdame am kaiserlichen Hof geboren und war somit eine Konkubine des vorherigen Kaisers ... Kaiser Zhengde.
Und so eine Frau wird Assassinin?
Lasst Euch von ihrem Geschlecht nicht täuschen.

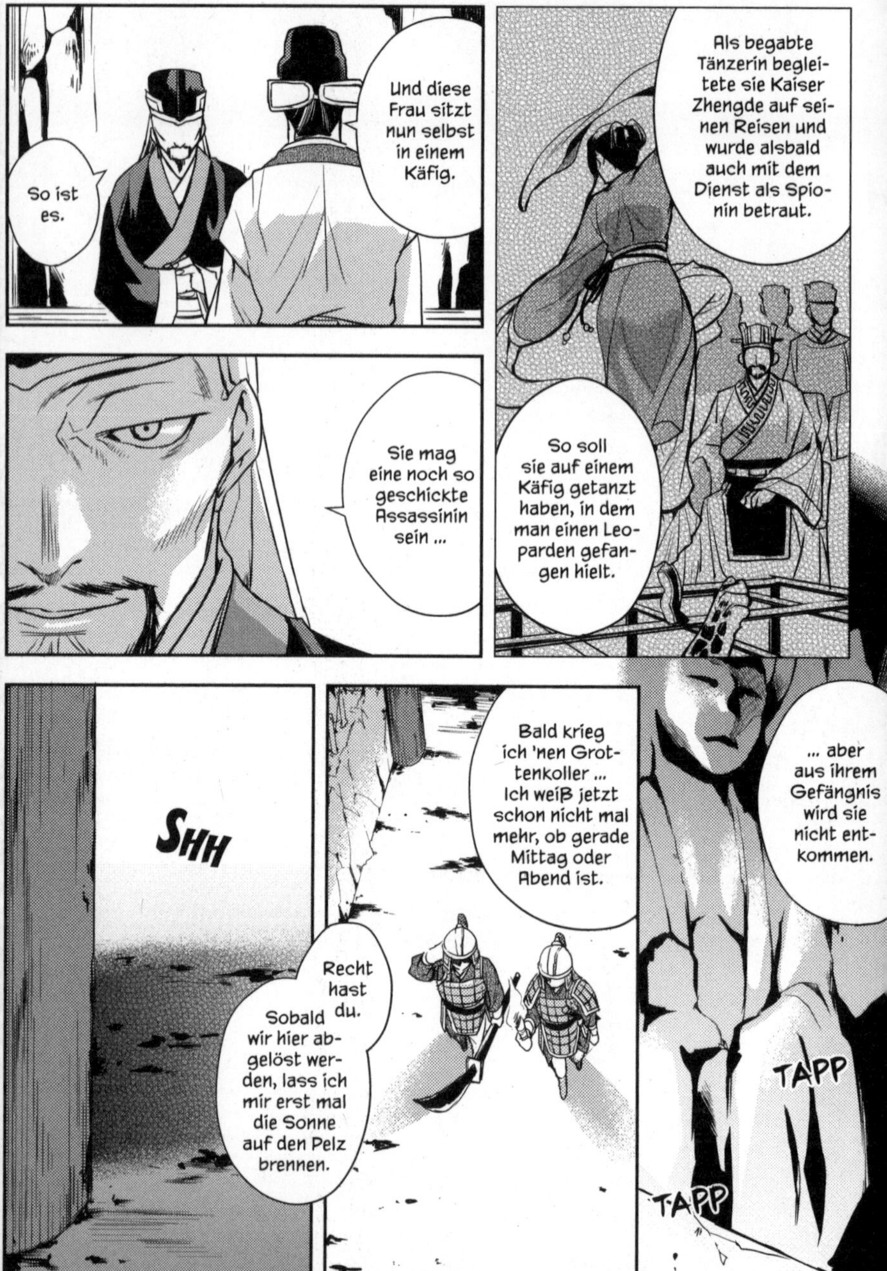
Als begabte Tänzerin begleitete sie Kaiser Zhengde auf seinen Reisen und wurde alsbald auch mit dem Dienst als Spionin betraut.
So soll sie auf einem Käfig getanzt haben, in dem man einen Leoparden gefangen hielt.
Und diese Frau sitzt nun selbst in einem Käfig.
So ist es.
Sie mag eine noch so geschickte Assassinin sein ...
... aber aus ihrem Gefängnis wird sie nicht entkommen.
TAPP
TAPP
Bald krieg ich 'nen Grottenkoller ... Ich weiß jetzt schon nicht mal mehr, ob gerade Mittag oder Abend ist.
Recht hast du.
Sobald wir hier abgelöst werden, lass ich mir erst mal die Sonne auf den Pelz brennen.
SHH

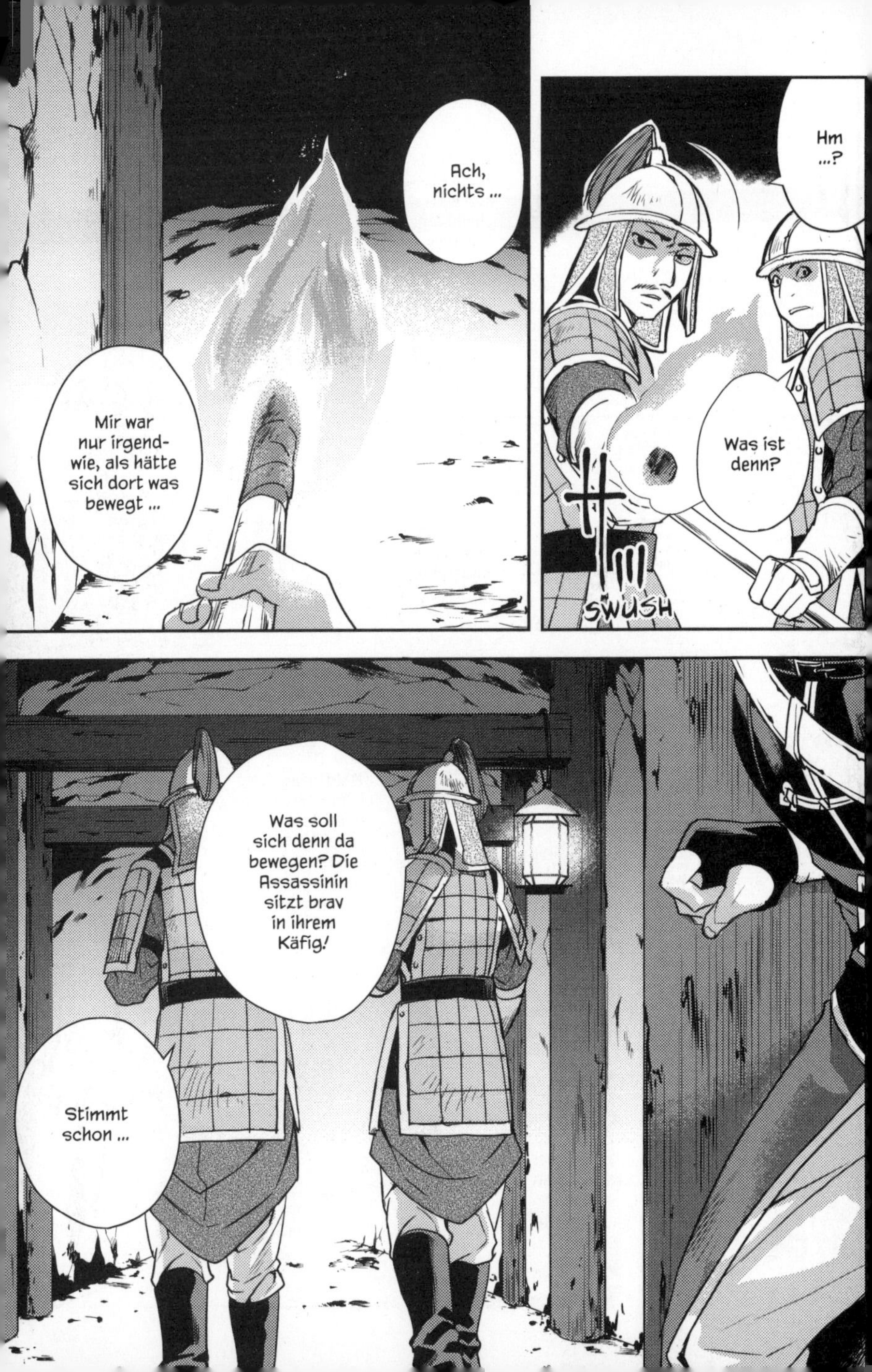
Hm ...?
Was ist denn?
SWUSH
Ach, nichts ...
Mir war nur irgendwie, als hätte sich dort was bewegt ...
Was soll sich denn da bewegen? Die Assassinin sitzt brav in ihrem Käfig!
Stimmt schon ...

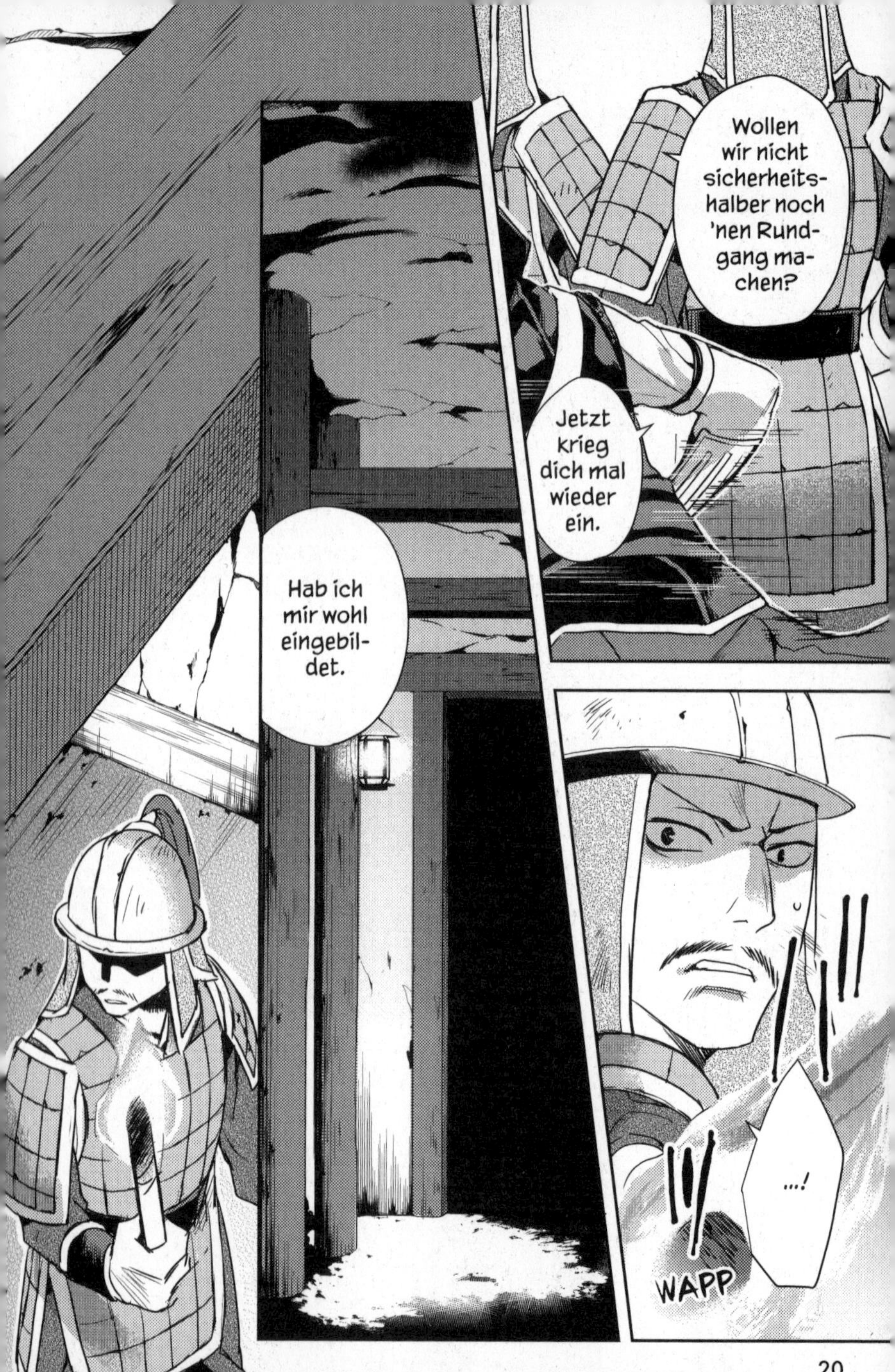
Wollen wir nicht sicherheits-halber noch 'nen Rund-gang ma-chen?
Jetzt krieg dich mal wieder ein.
Hab ich mir wohl eingebil-det.
...!
WAPP

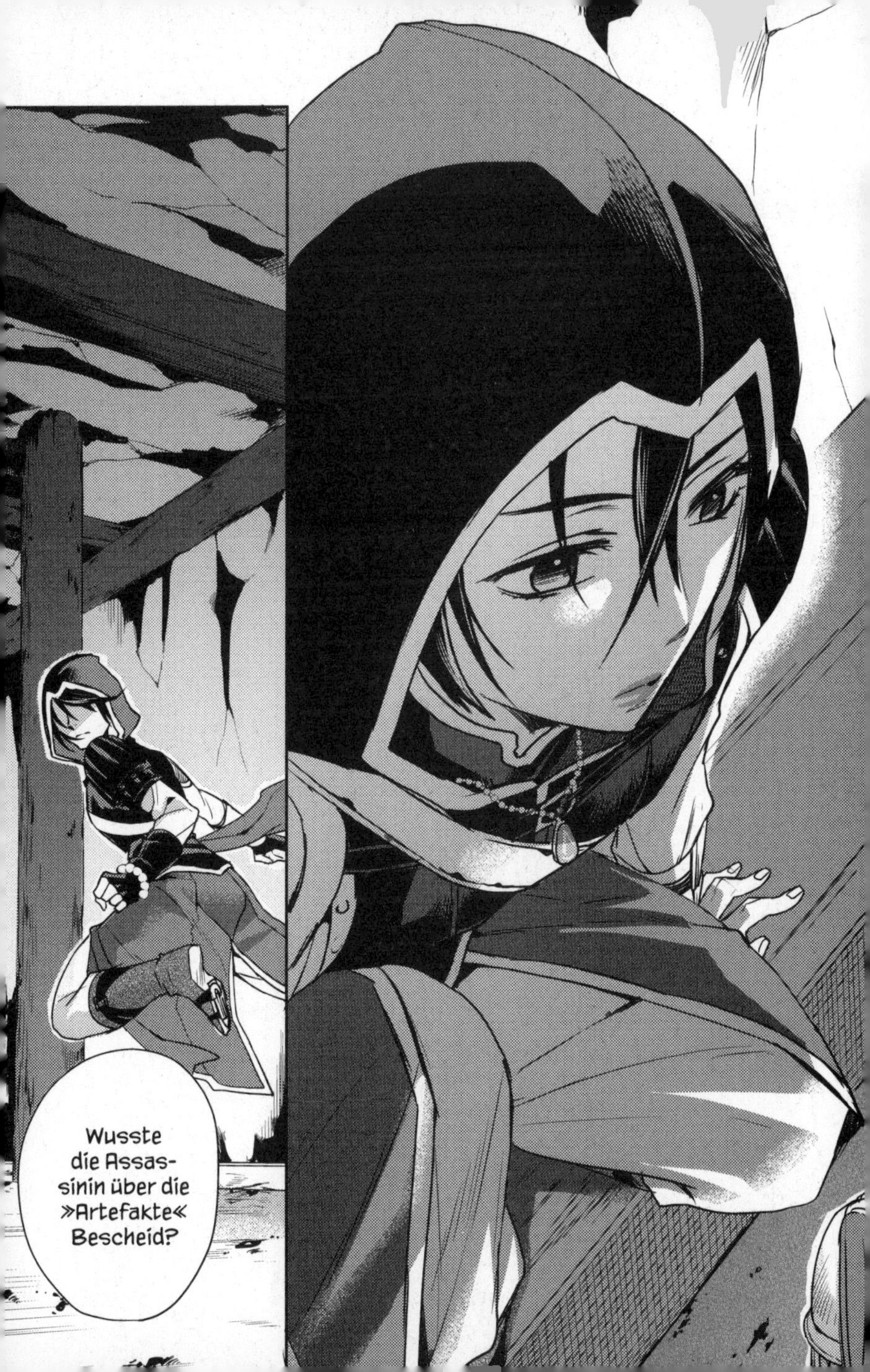
Wusste die Assas-sinin über die »Artefakte« Bescheid?

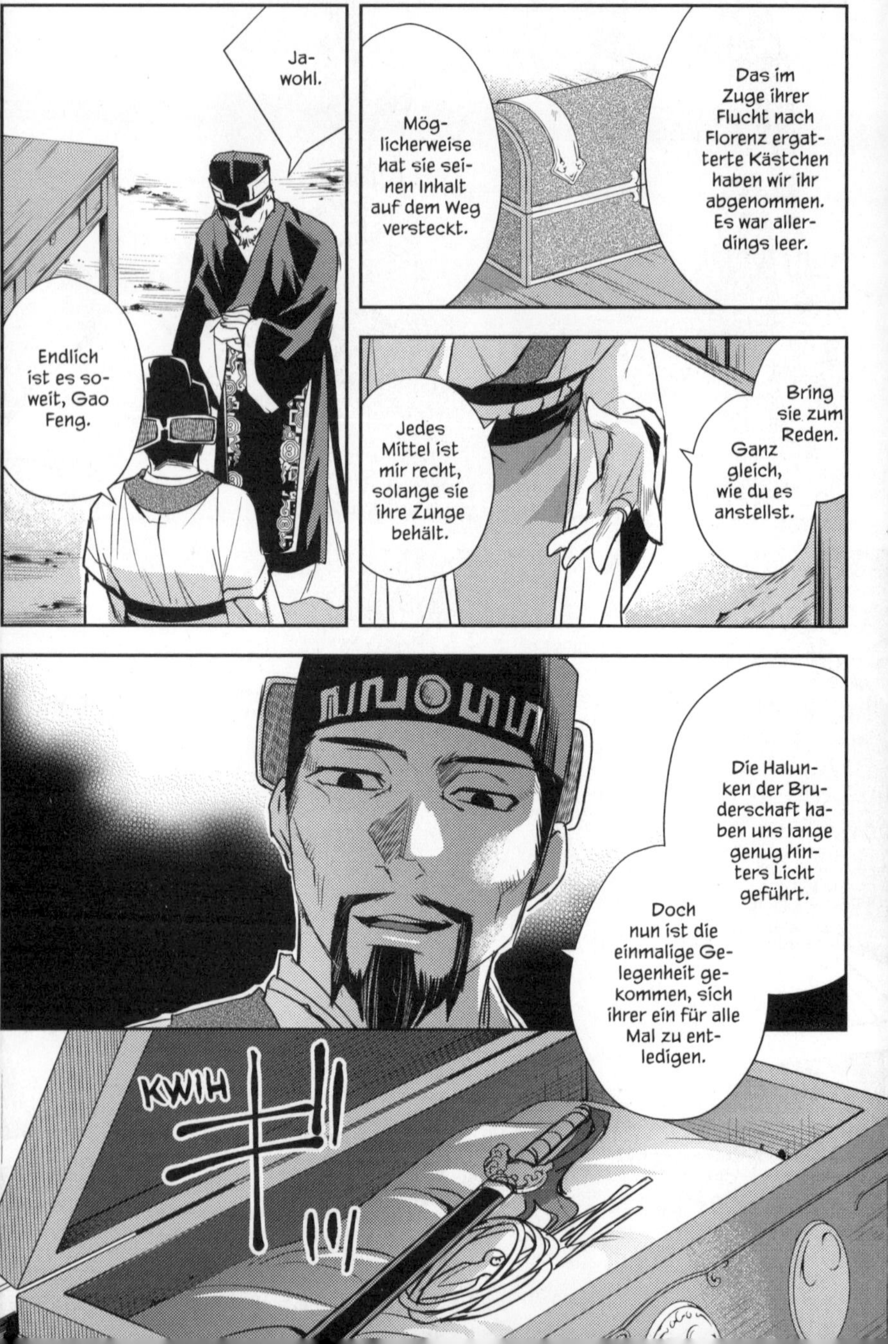
Das im Zuge ihrer Flucht nach Florenz ergatterte Kästchen haben wir ihr abgenommen. Es war allerdings leer.
Möglicherweise hat sie seinen Inhalt auf dem Weg versteckt.
Bring sie zum Reden.
Ganz gleich, wie du es anstellst.
Jedes Mittel ist mir recht, solange sie ihre Zunge behält.
Endlich ist es soweit, Gao Feng.
Jawohl.
Die Halunken der Bruderschaft haben uns lange genug hinters Licht geführt.
Doch nun ist die einmalige Gelegenheit gekommen, sich ihrer ein für alle Mal zu entledigen.
KWIH

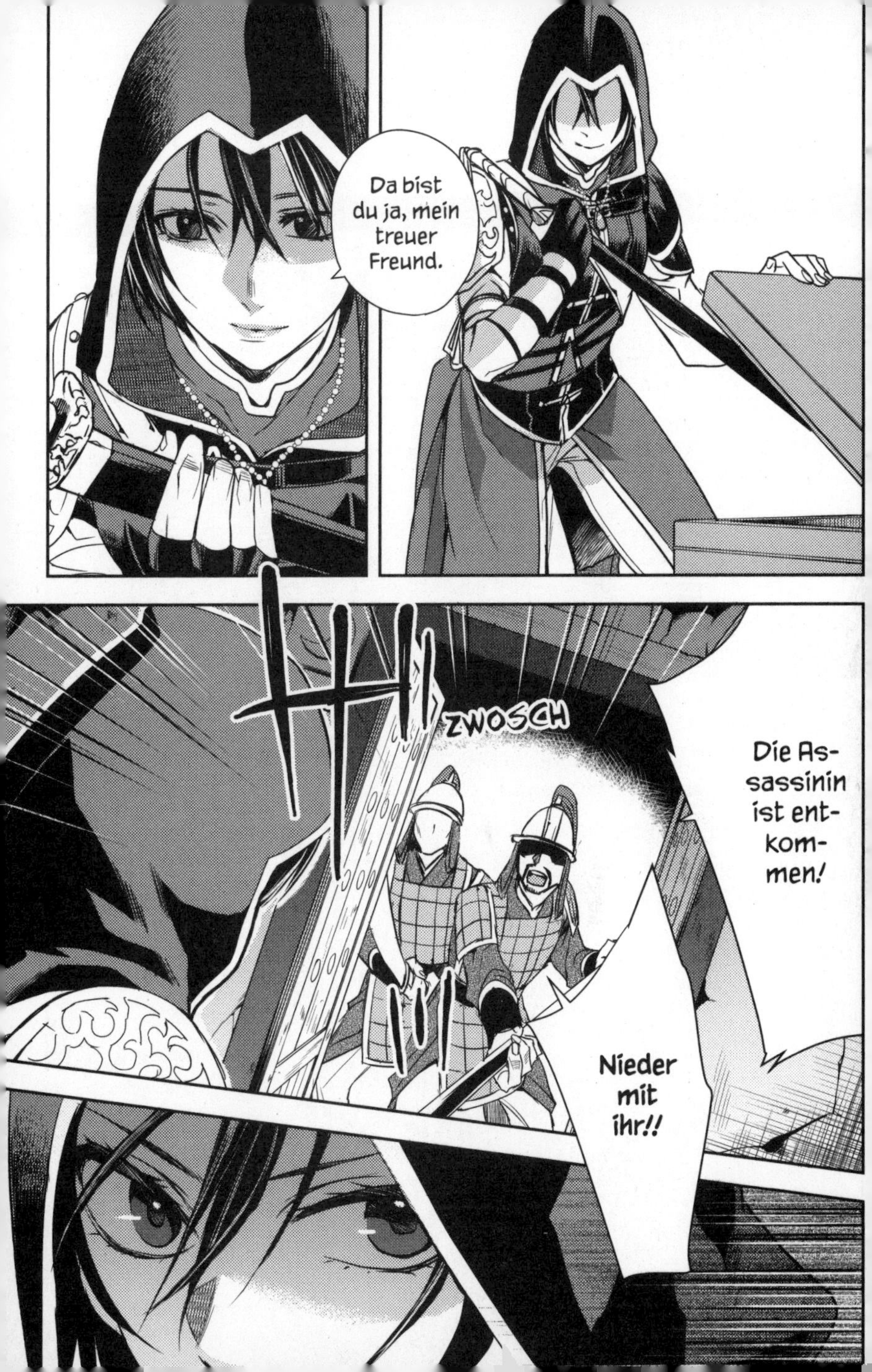
Da bist du ja, mein treuer Freund.
ZWOSCH
Die Assassinin ist entkommen!
Nieder mit ihr!!

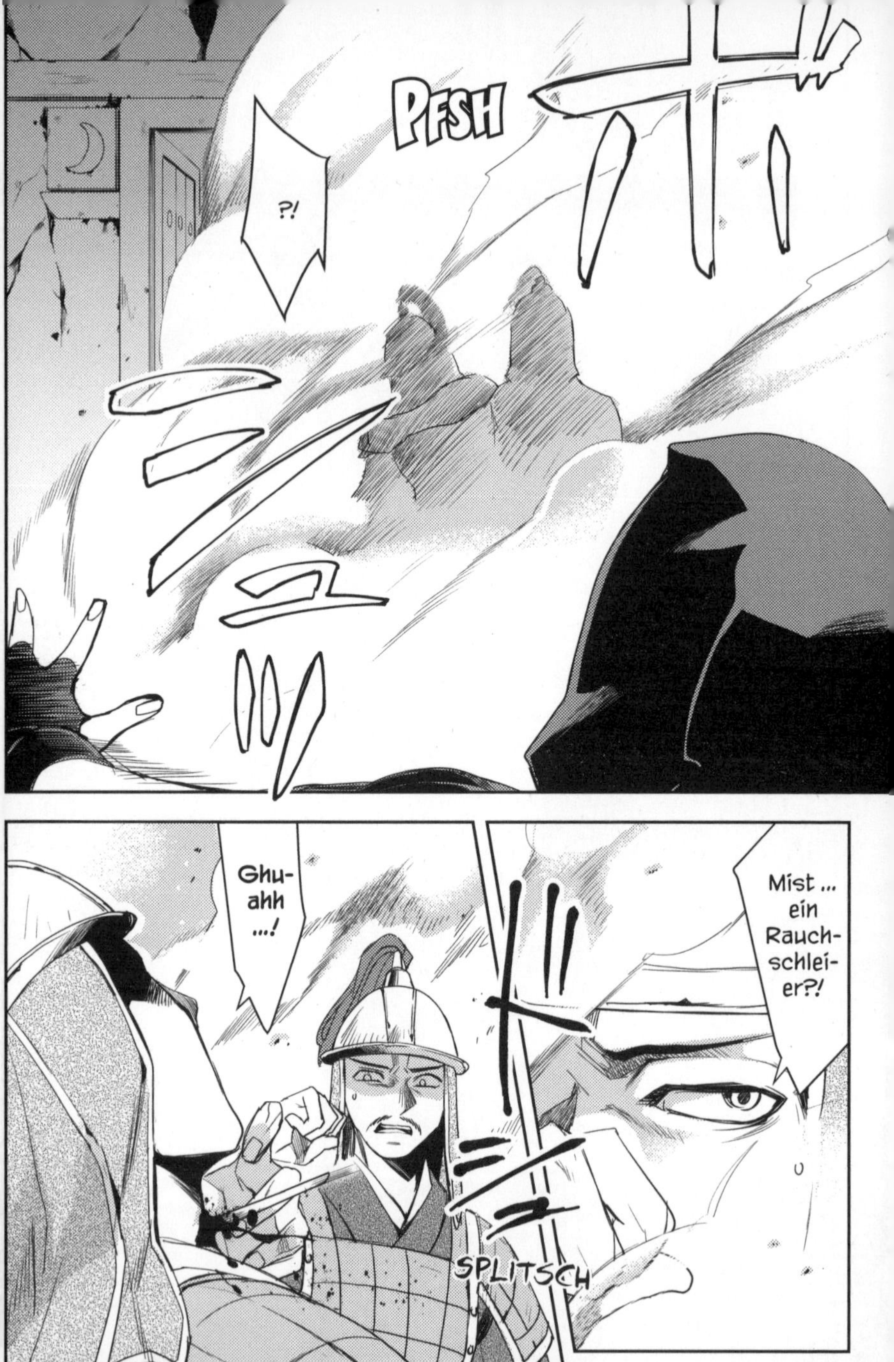
PFSH
?!
Mist ... ein Rauch-schlei-er?!
Ghu-ahh ...!
SPLITSCH

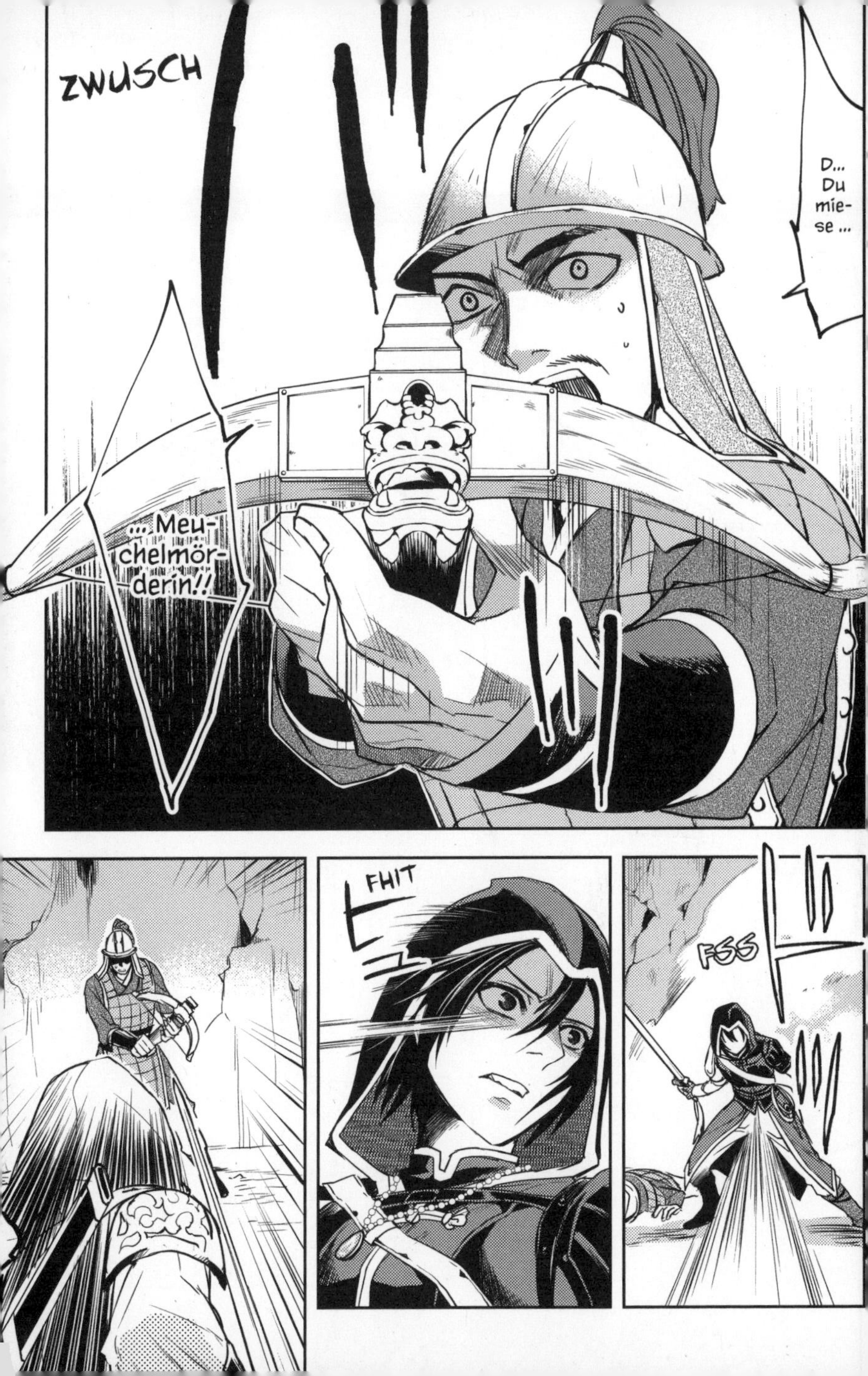
D... Du miese ...
... Meuchelmörderin!!
ZWUSCH
FSS
FHIT

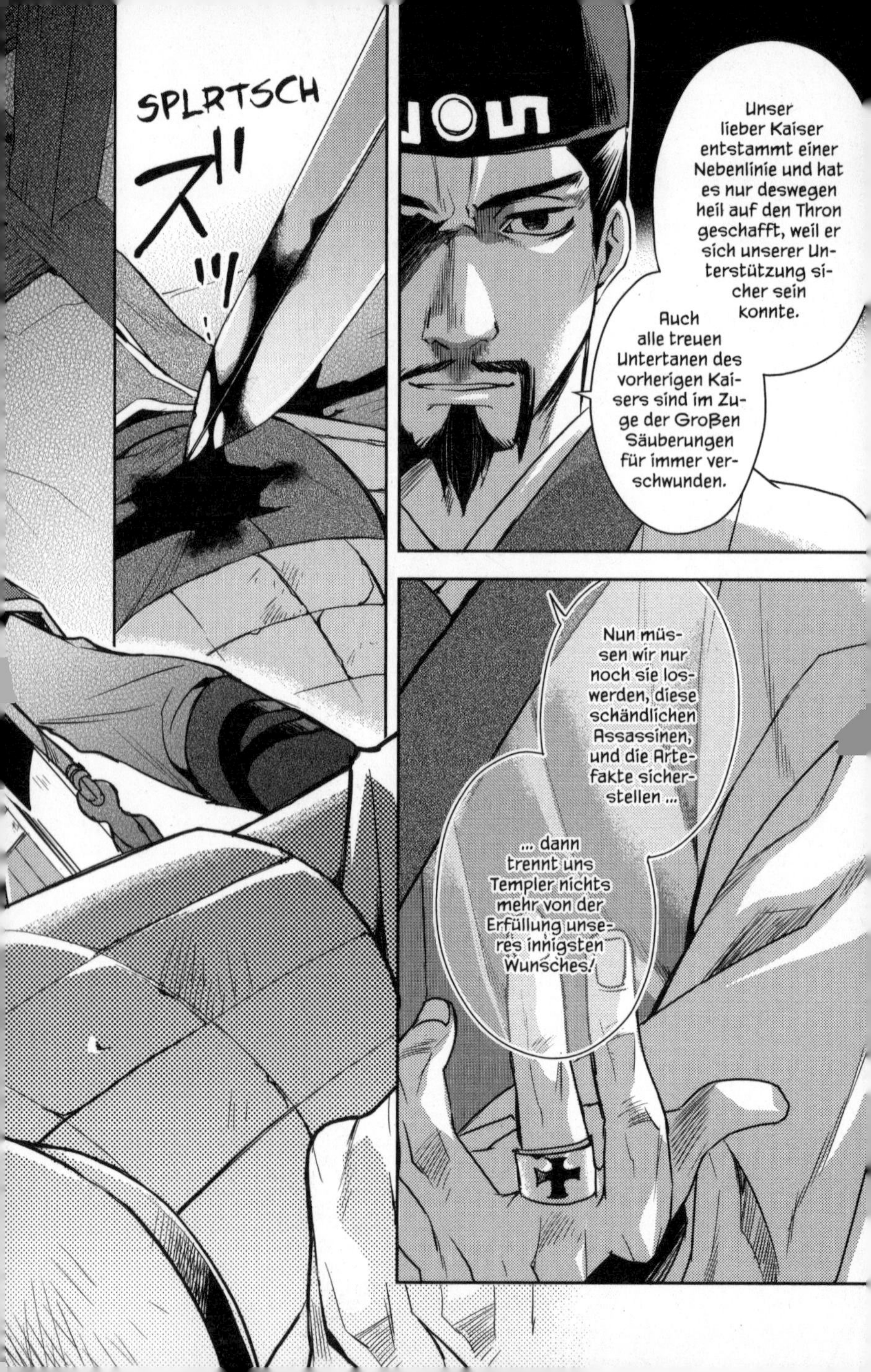
SPLRTSCH
Unser lieber Kaiser entstammt einer Nebenlinie und hat es nur deswegen heil auf den Thron geschafft, weil er sich unserer Unterstützung sicher sein konnte.
Auch alle treuen Untertanen des vorherigen Kaisers sind im Zuge der Großen Säuberungen für immer verschwunden.
Nun müssen wir nur noch sie loswerden, diese schändlichen Assassinen, und die Artefakte sicherstellen ...
... dann trennt uns Templer nichts mehr von der Erfüllung unseres innigsten Wunsches!

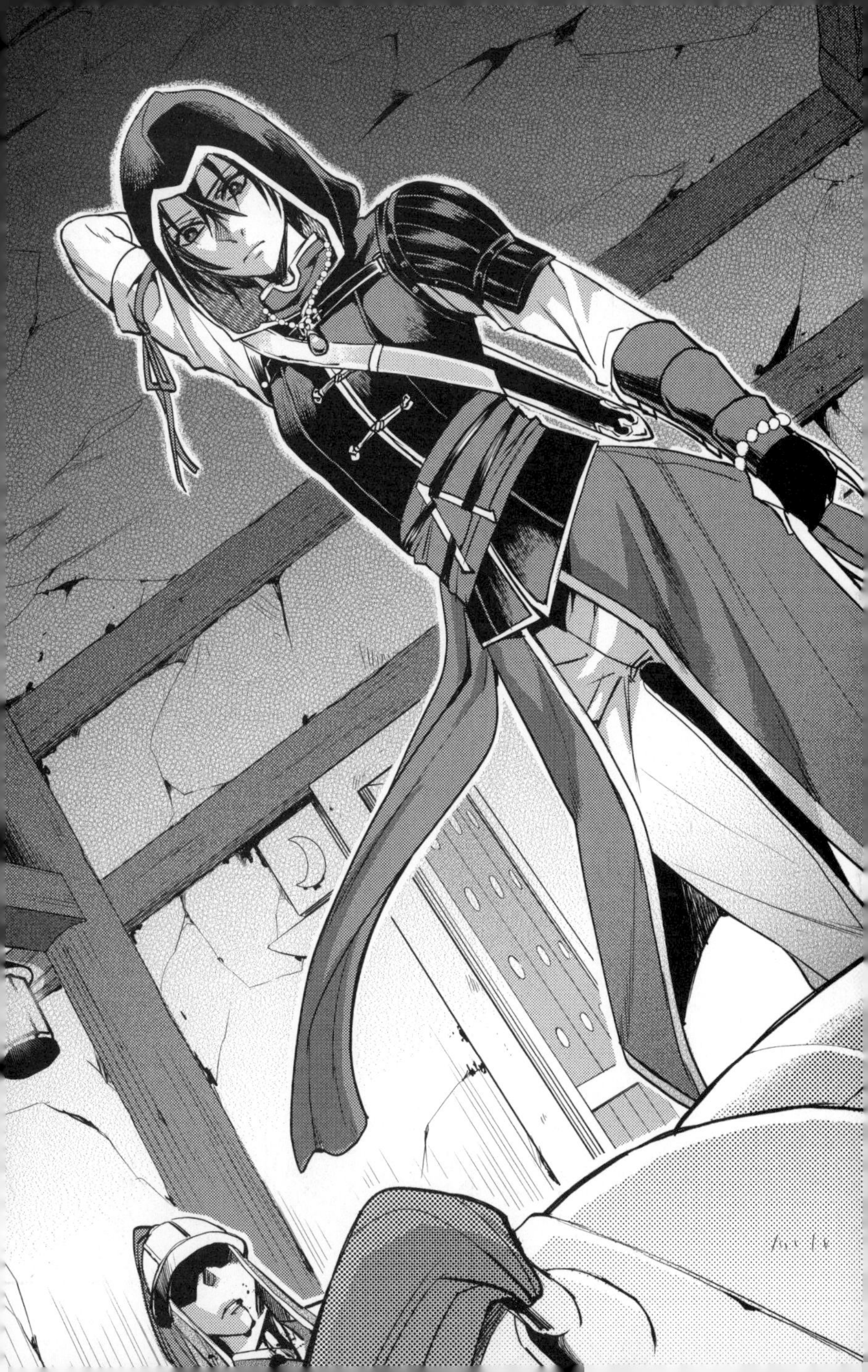

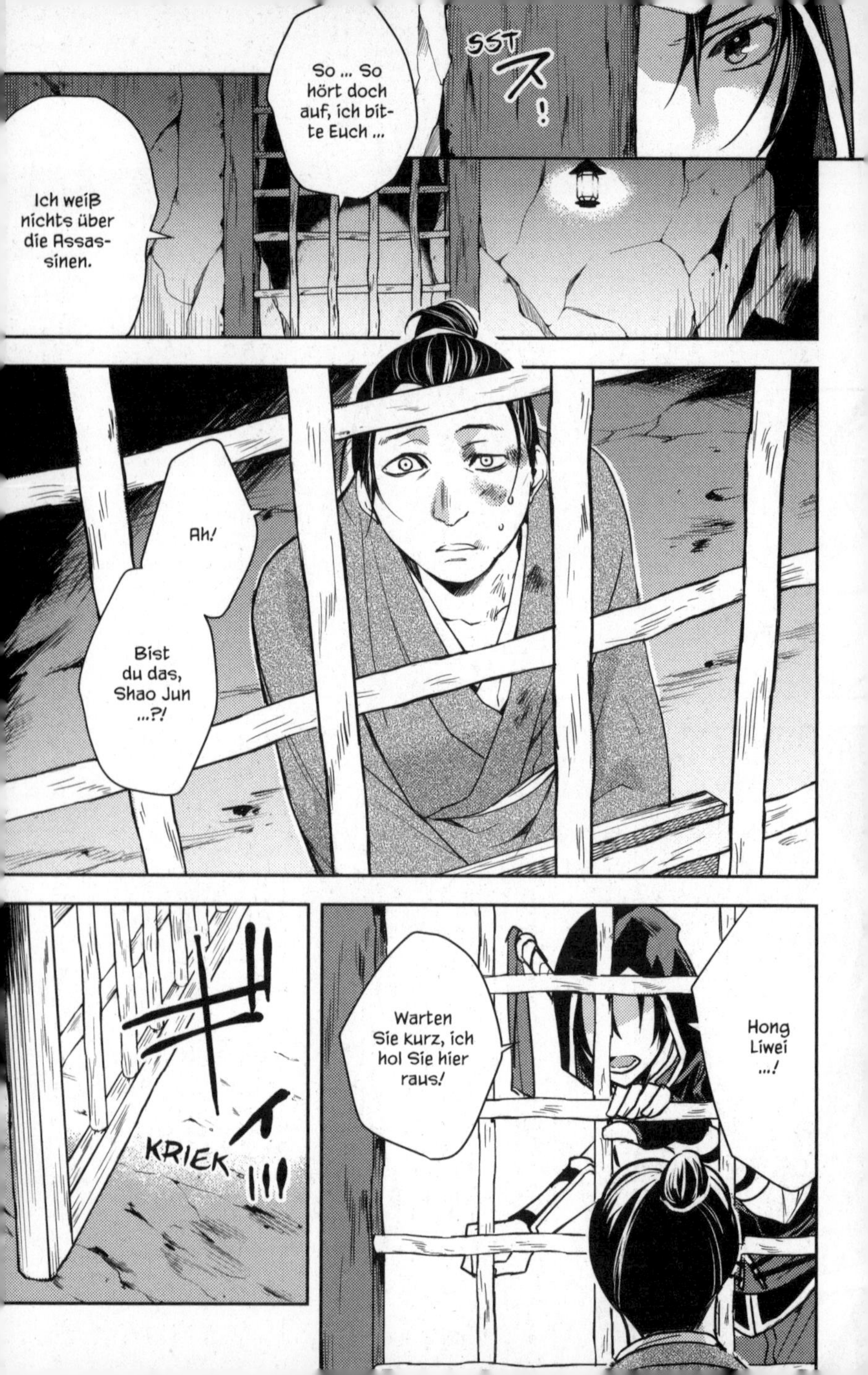

SST
ス!
So ... So hört doch auf, ich bitte Euch ...
Ich weiß nichts über die Assassinen.
Ah!
Bist du das, Shao Jun ...?!
Hong Liwei ...!
Warten Sie kurz, ich hol Sie hier raus!
KRIEK
キイ!!!

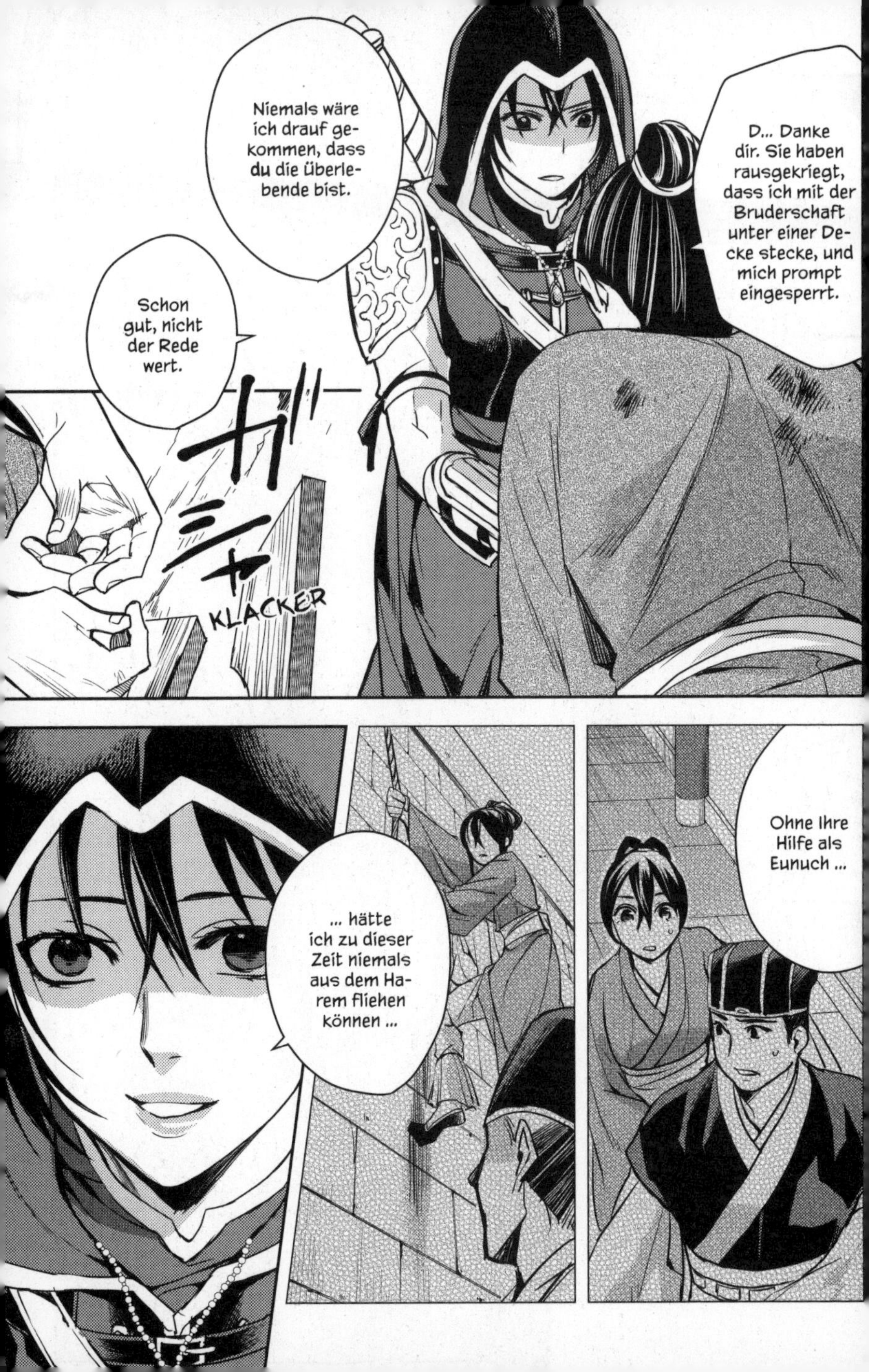
D... Danke dir. Sie haben rausgekriegt, dass ich mit der Bruderschaft unter einer Decke stecke, und mich prompt eingesperrt.
Niemals wäre ich drauf gekommen, dass du die überlebende bist.
Schon gut, nicht der Rede wert.
KLACKER
Ohne Ihre Hilfe als Eunuch ...
... hätte ich zu dieser Zeit niemals aus dem Harem fliehen können ...

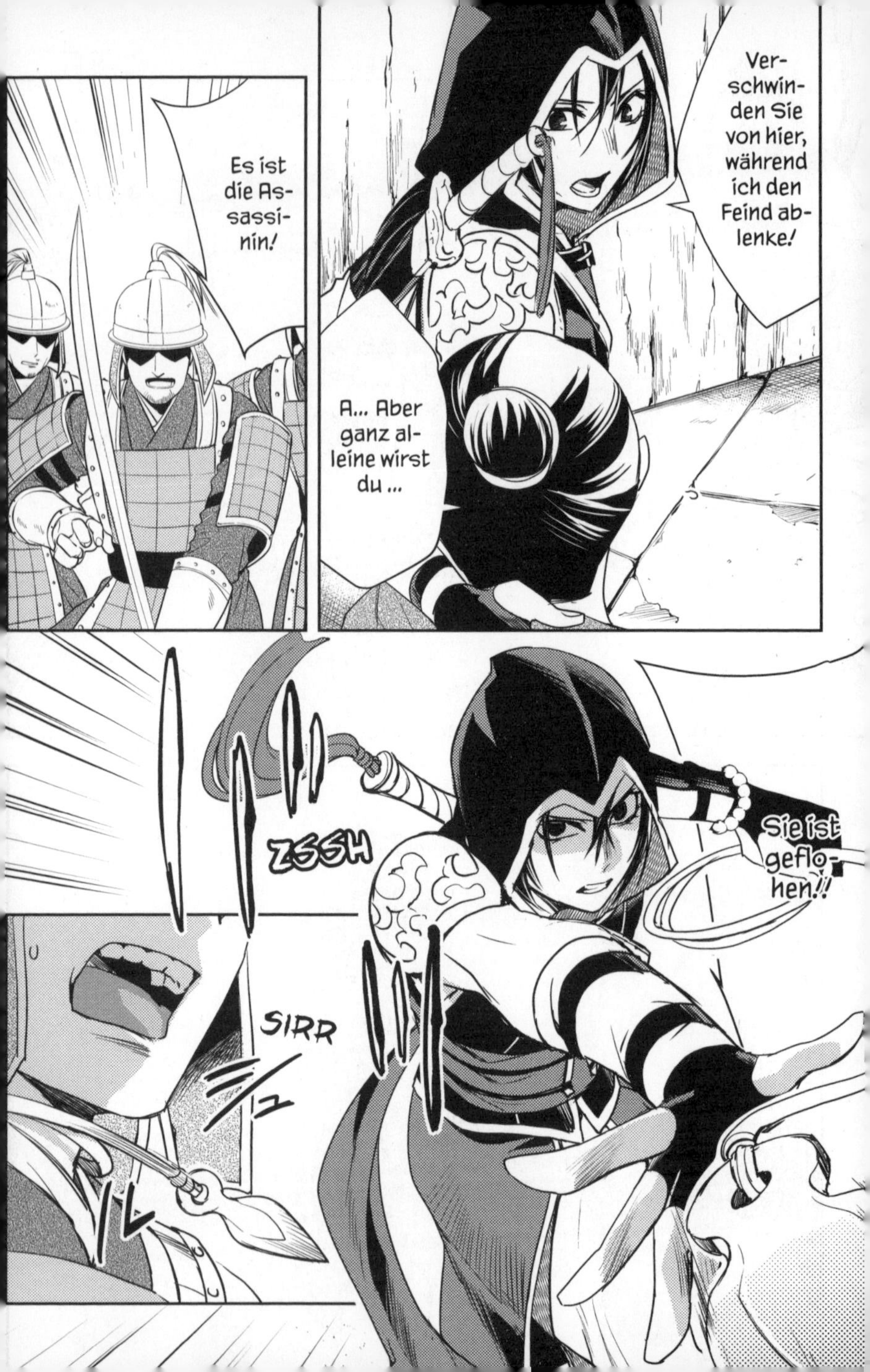
Verschwinden Sie von hier, während ich den Feind ablenke!
A... Aber ganz alleine wirst du ...
Es ist die Assassinin!
Sie ist geflohen!!
ZSSH
SIRR

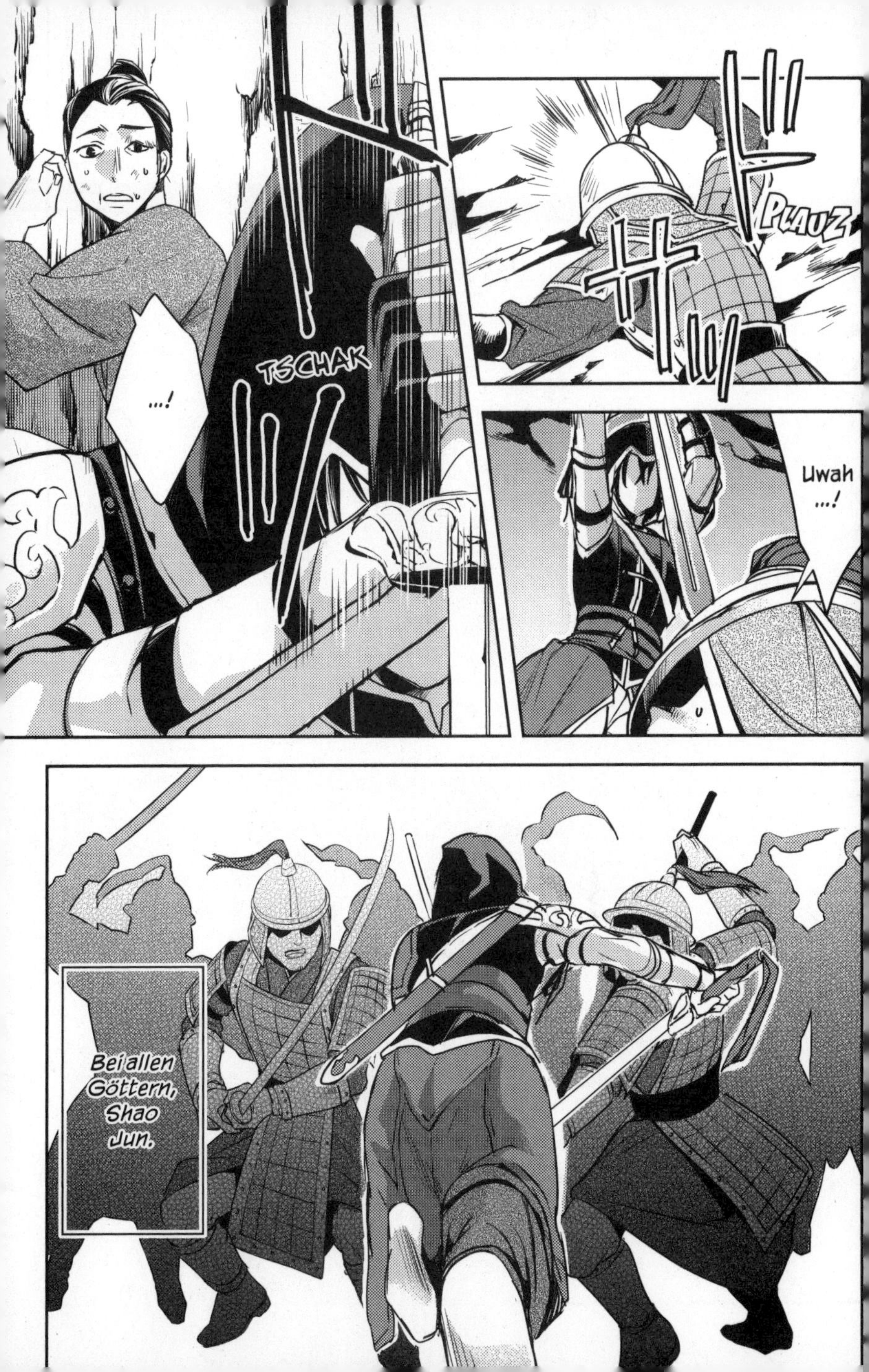

PLAUZ
...!
TSCHAK
Uwah ...!
Bei allen Göttern, Shao Jun.

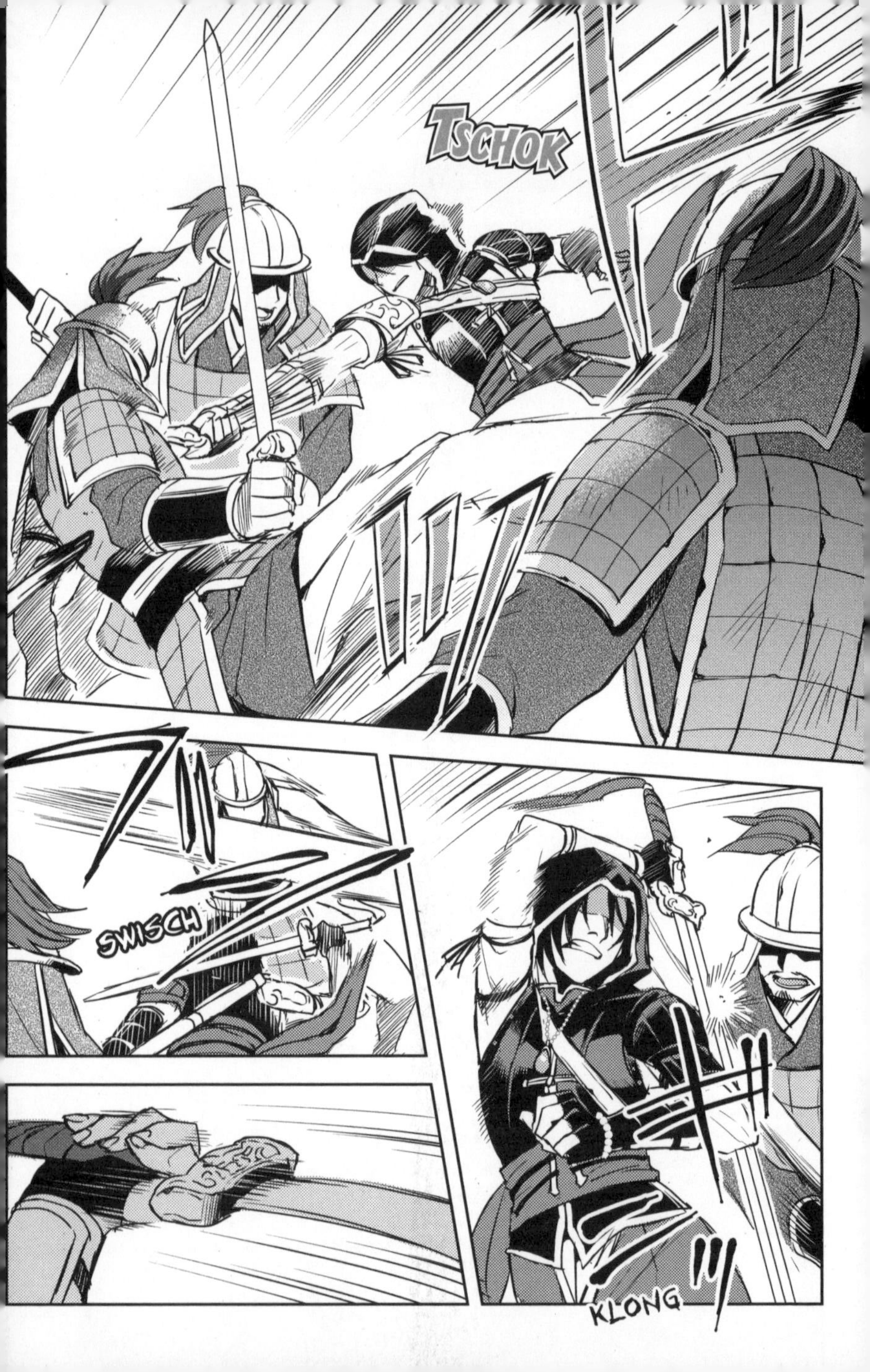
TSCHOK
SWISCH
KLONG

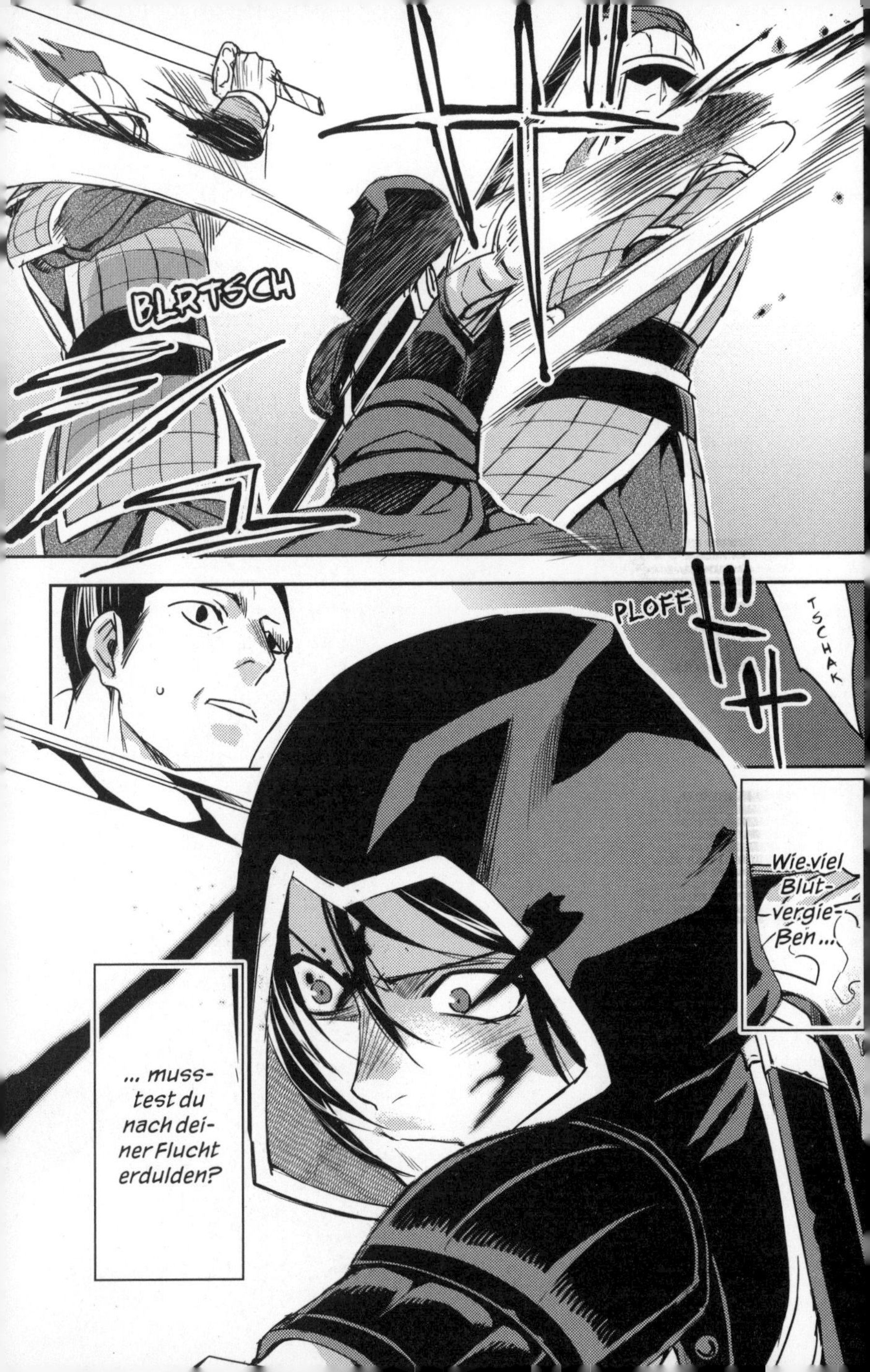
BLRTSCH
PLOFF
TSCHAK
Wie viel Blut-vergie-ßen ...
... muss-test du nach dei-ner Flucht erdulden?

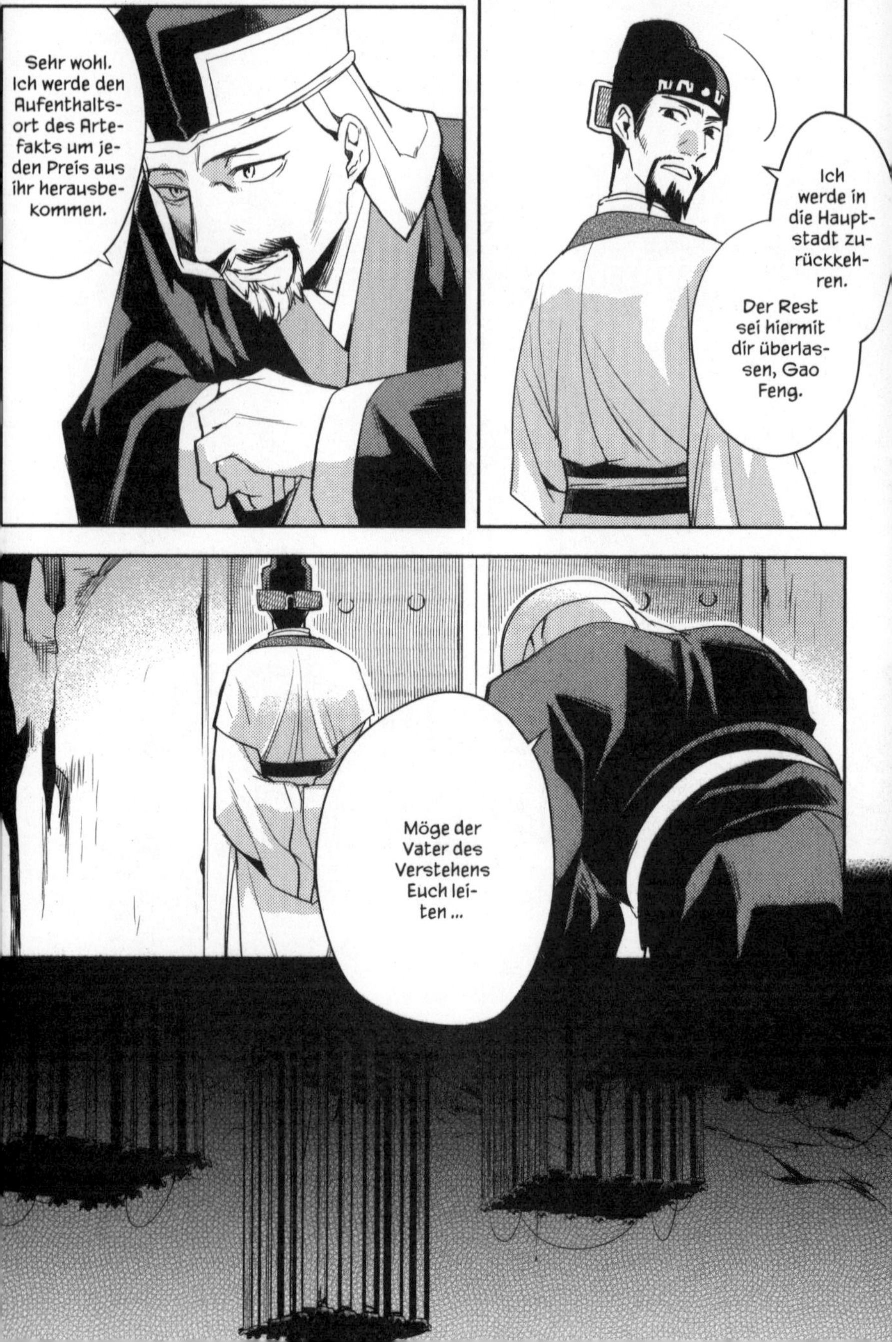
Ich werde in die Hauptstadt zurückkehren.
Der Rest sei hiermit dir überlassen, Gao Feng.
Sehr wohl. Ich werde den Aufenthaltsort des Artefakts um jeden Preis aus ihr herausbekommen.
Möge der Vater des Verstehens Euch leiten ...

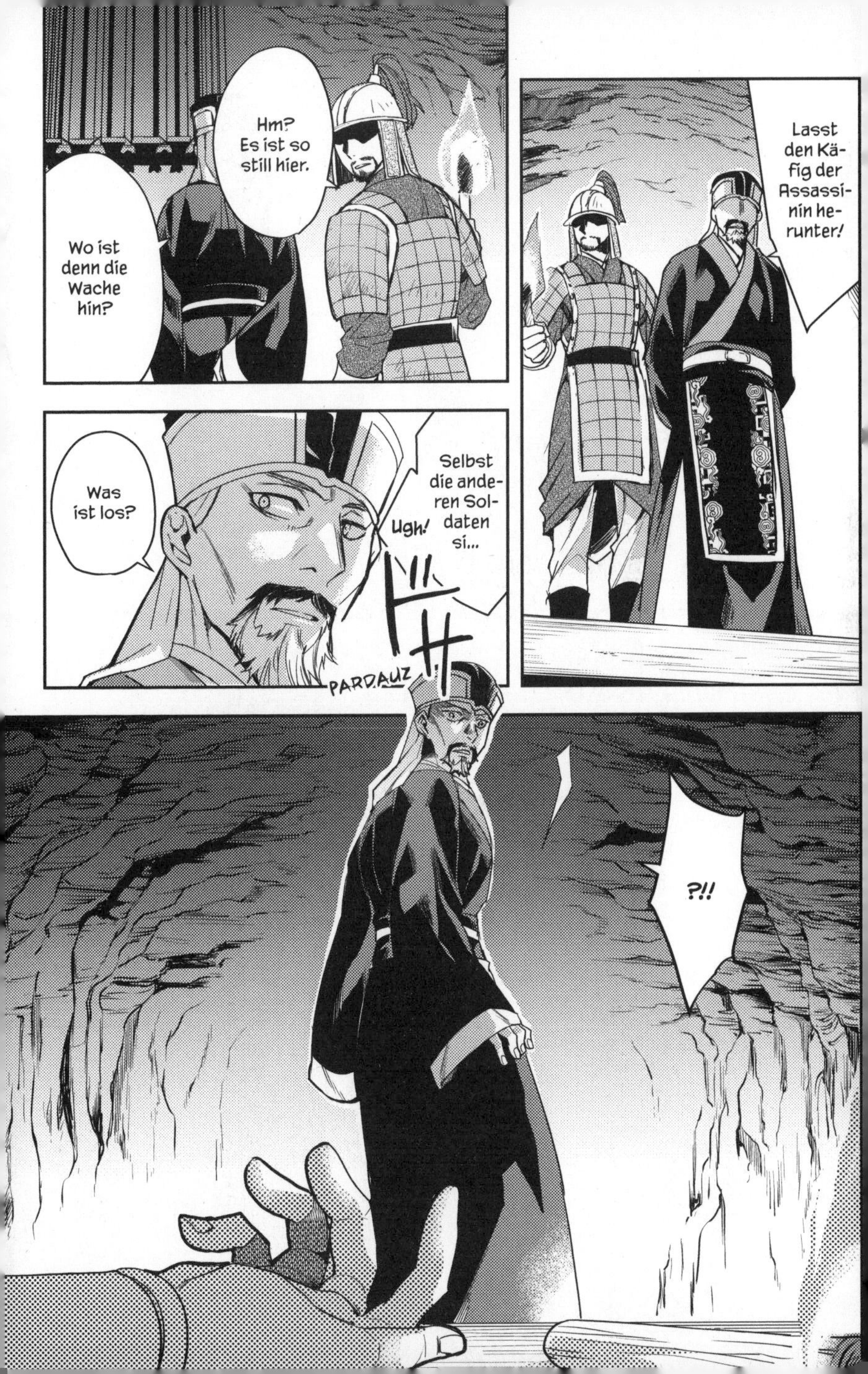

Lasst den Käfig der Assassinin herunter!
Hm? Es ist so still hier.
Wo ist denn die Wache hin?
Selbst die anderen Soldaten si...
Ugh!
Was ist los?
PARDAUZ
?!!

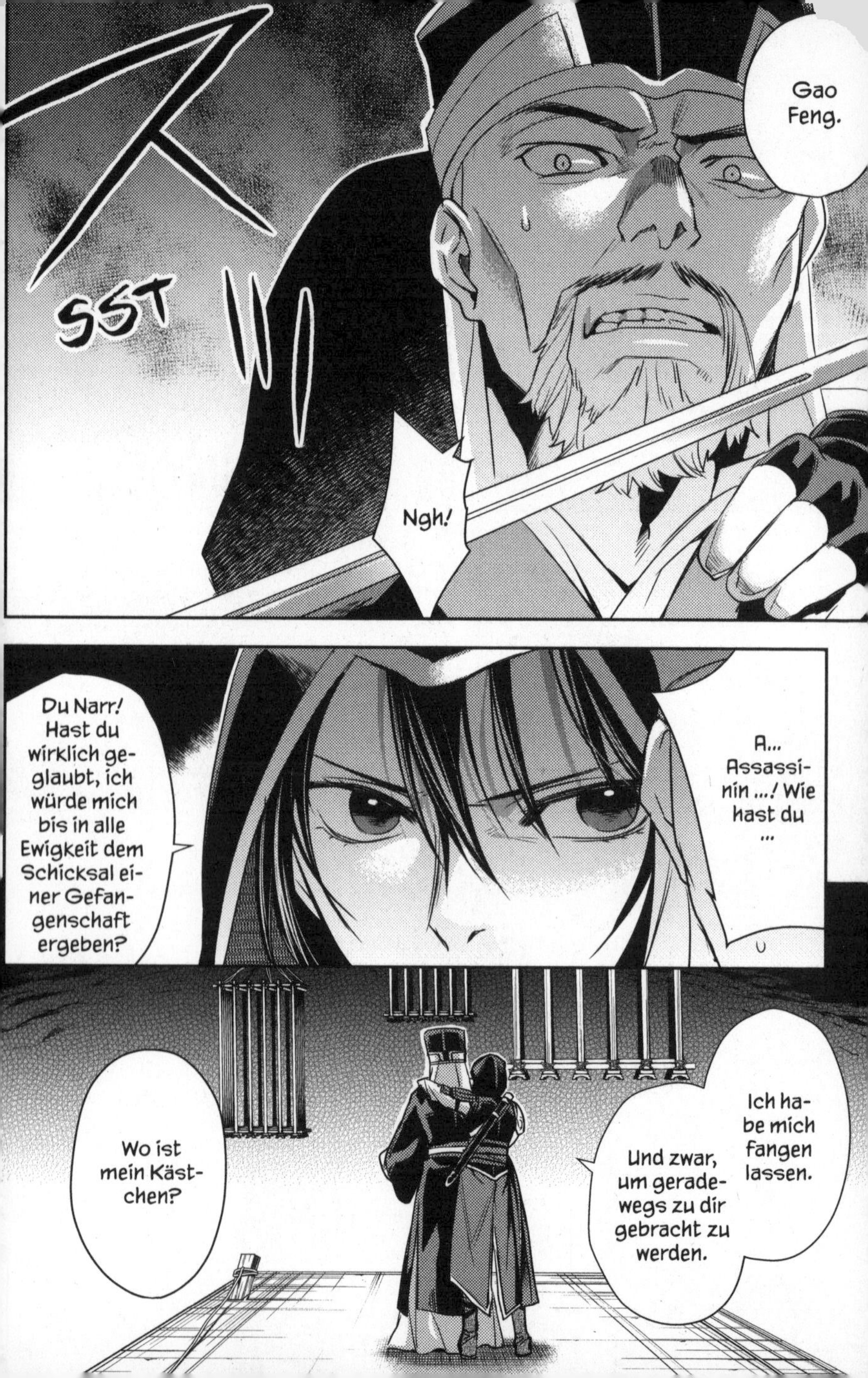
Gao Feng.
SST
Ngh!
A… Assassinin …! Wie hast du …
Du Narr! Hast du wirklich geglaubt, ich würde mich bis in alle Ewigkeit dem Schicksal einer Gefangenschaft ergeben?
Ich habe mich fangen lassen.
Und zwar, um geradewegs zu dir gebracht zu werden.
Wo ist mein Kästchen?

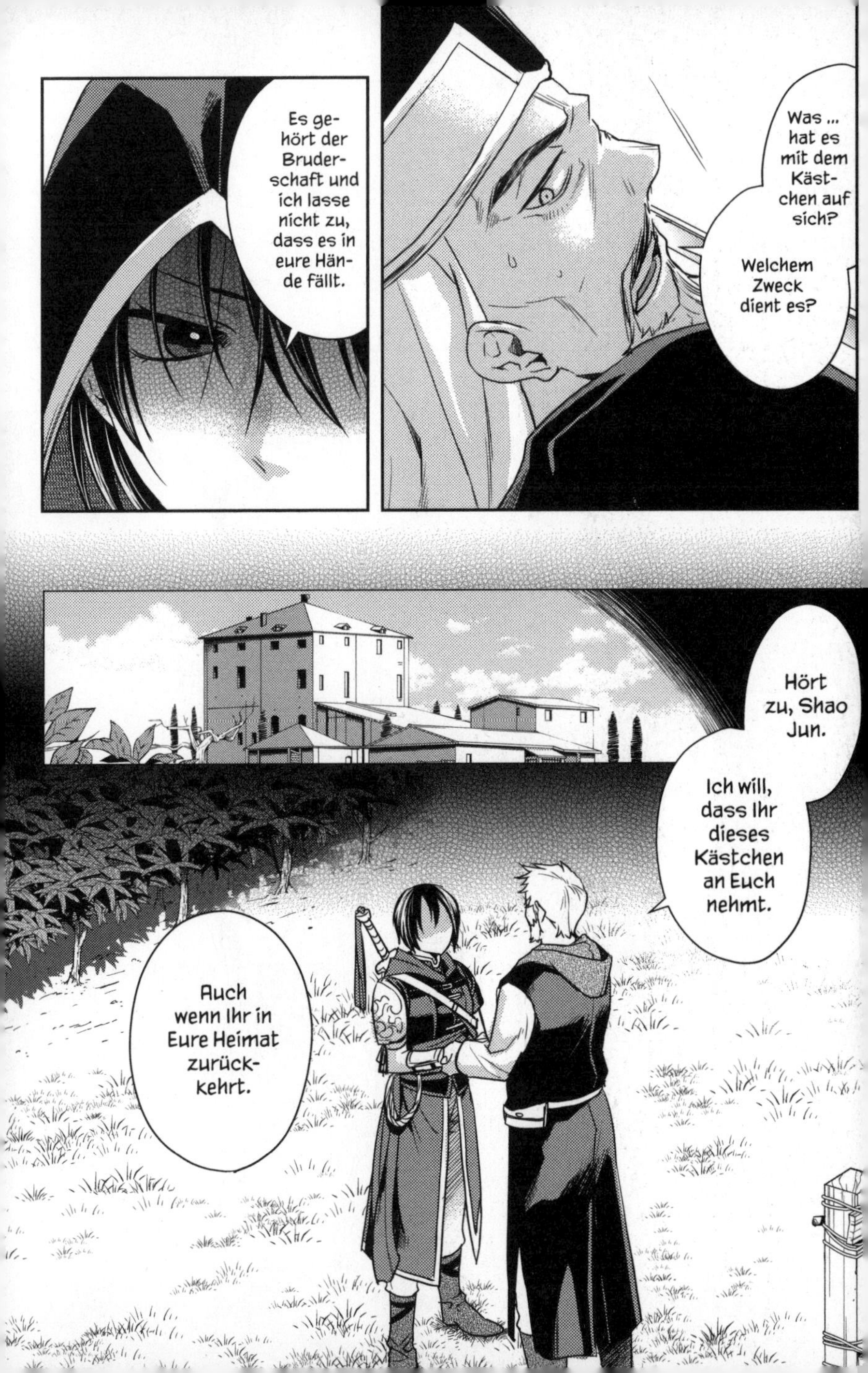
Was ... hat es mit dem Käst- chen auf sich?
Welchem Zweck dient es?
Es ge- hört der Bruder- schaft und ich lasse nicht zu, dass es in eure Hän- de fällt.
Hört zu, Shao Jun.
Ich will, dass Ihr dieses Kästchen an Euch nehmt.
Auch wenn Ihr in Eure Heimat zurück- kehrt.

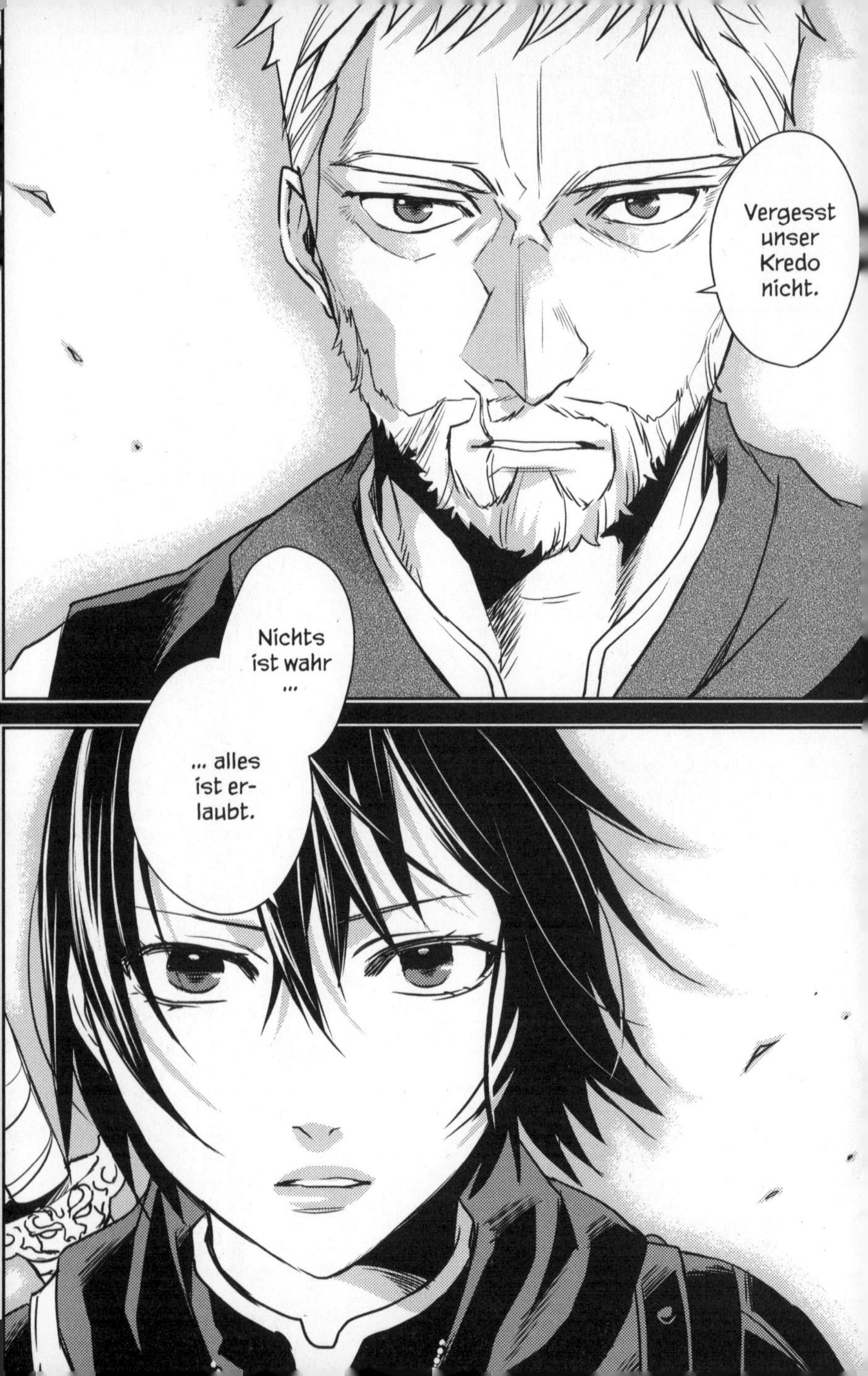
Vergesst unser Kredo nicht.
Nichts ist wahr ...
... alles ist erlaubt.

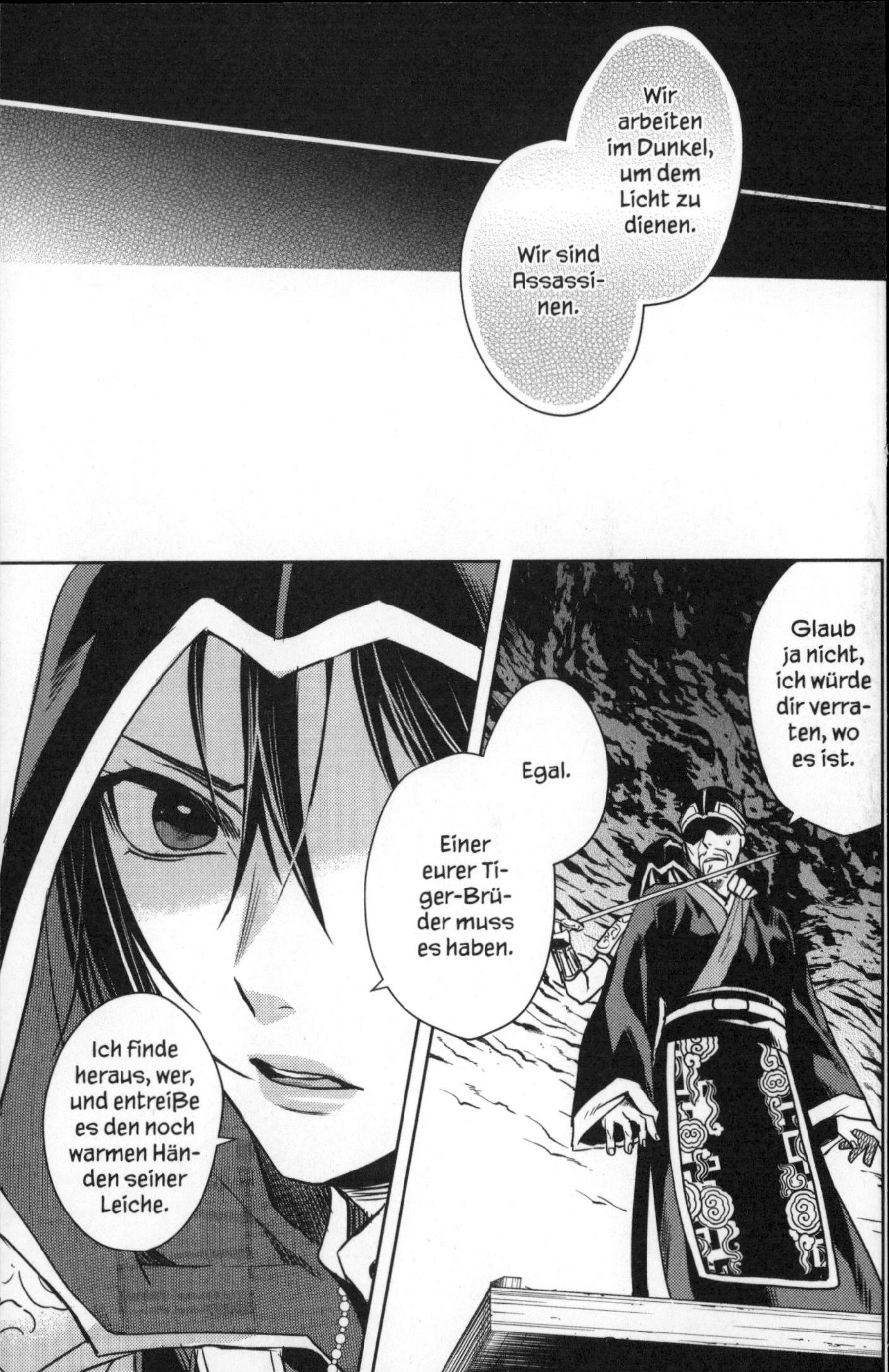
Wir arbeiten im Dunkel, um dem Licht zu dienen.
Wir sind Assassinen.
Glaub ja nicht, ich würde dir verraten, wo es ist.
Egal.
Einer eurer Tiger-Brüder muss es haben.
Ich finde heraus, wer, und entreiße es den noch warmen Händen seiner Leiche.

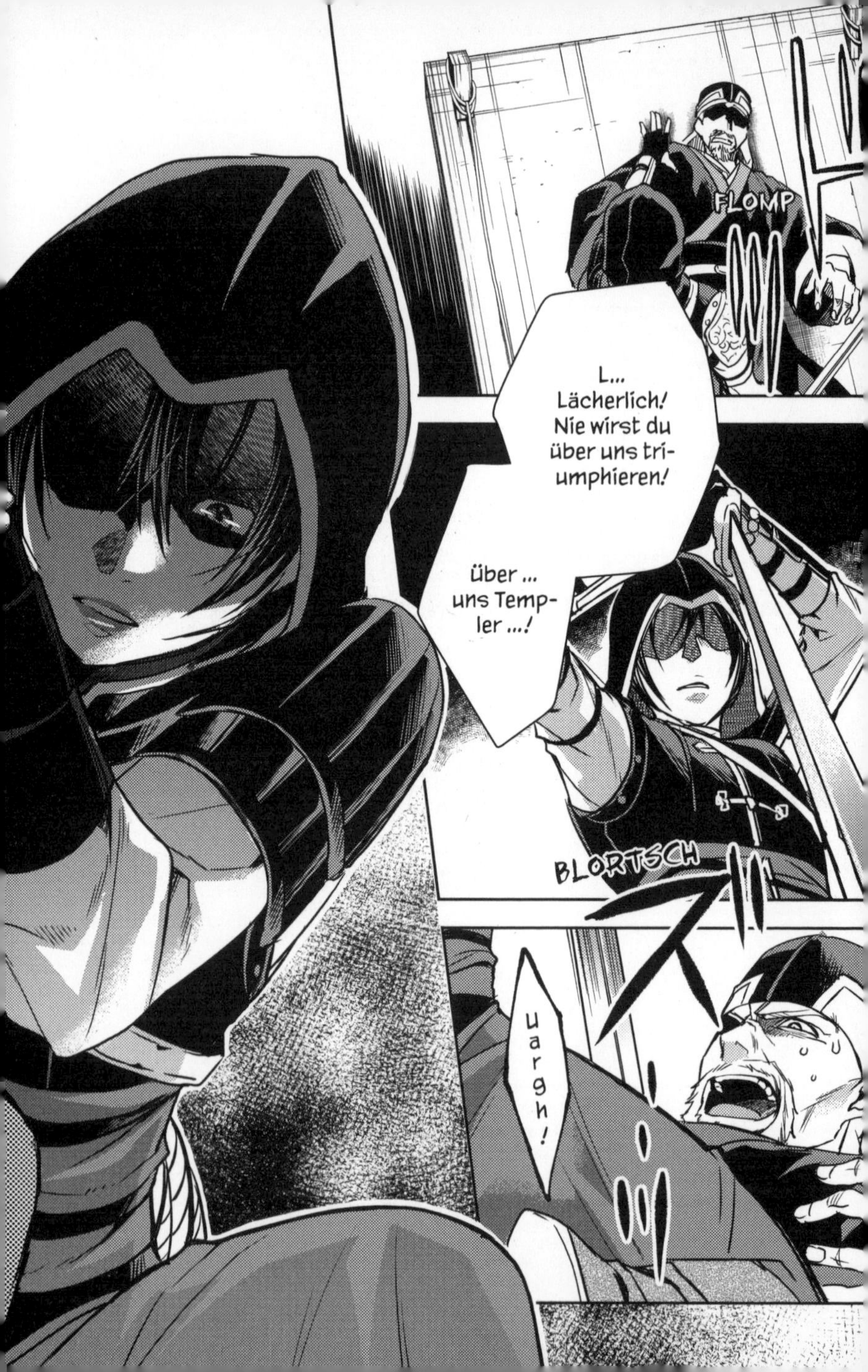
FLOMP
L... Lächerlich! Nie wirst du über uns triumphieren!
über ... uns Templer ...!
BLORTSCH
Uargh!

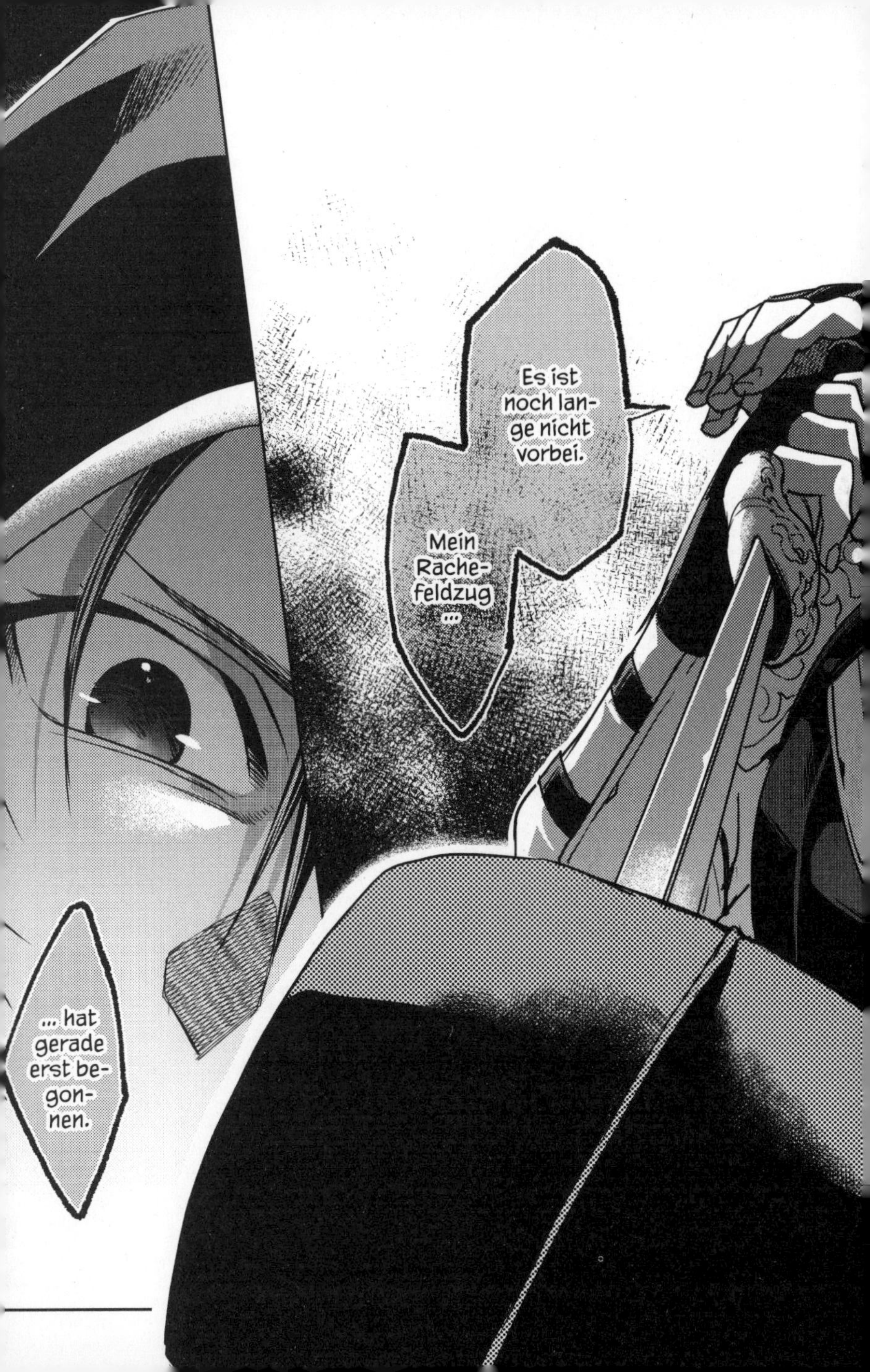
Es ist noch lange nicht vorbei.
Mein Rachefeldzug ...
... hat gerade erst begonnen.

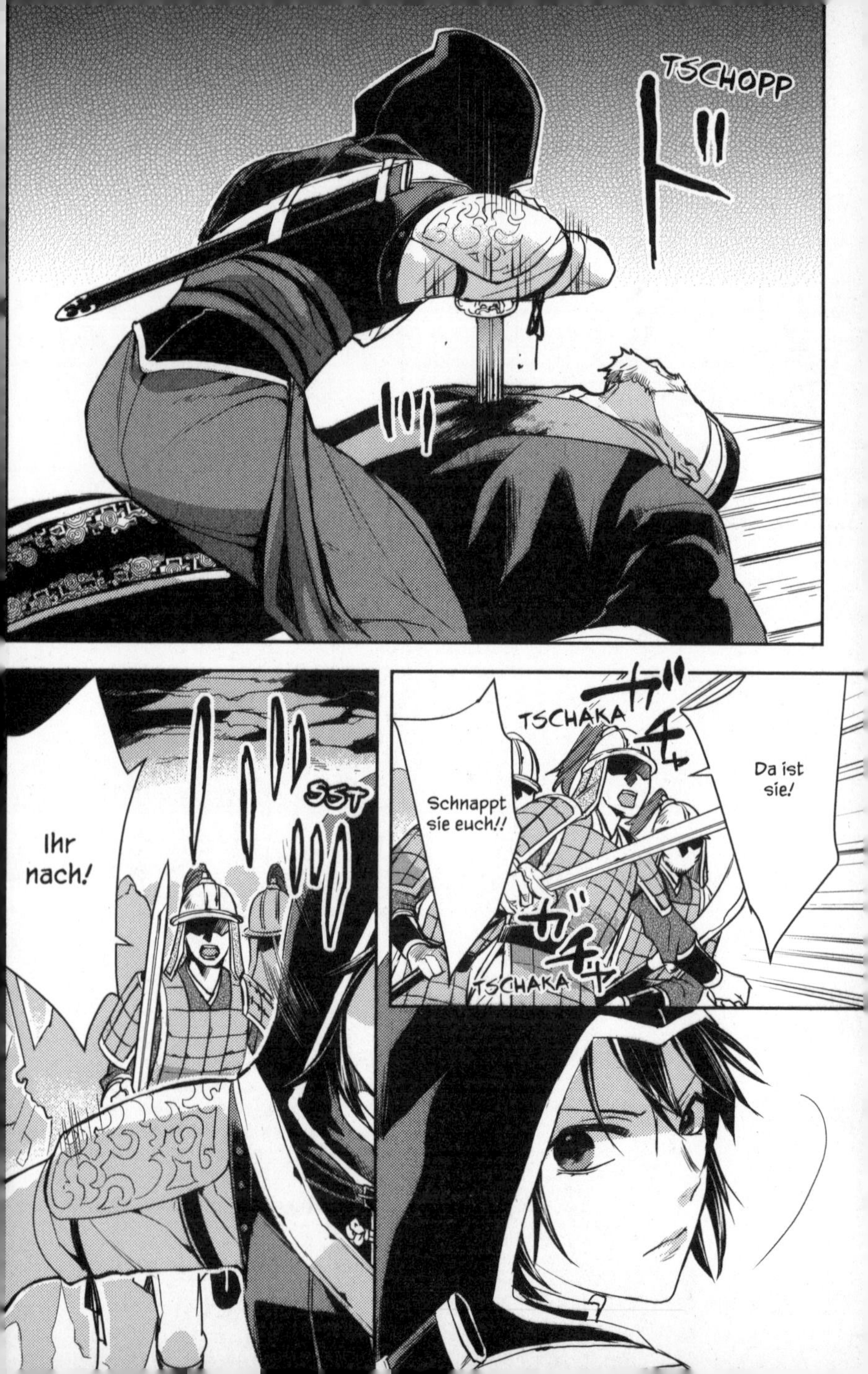
TSCHOPP
Da ist sie!
TSCHAKA
Schnappt sie euch!!
TSCHAKA
SST
Ihr nach!

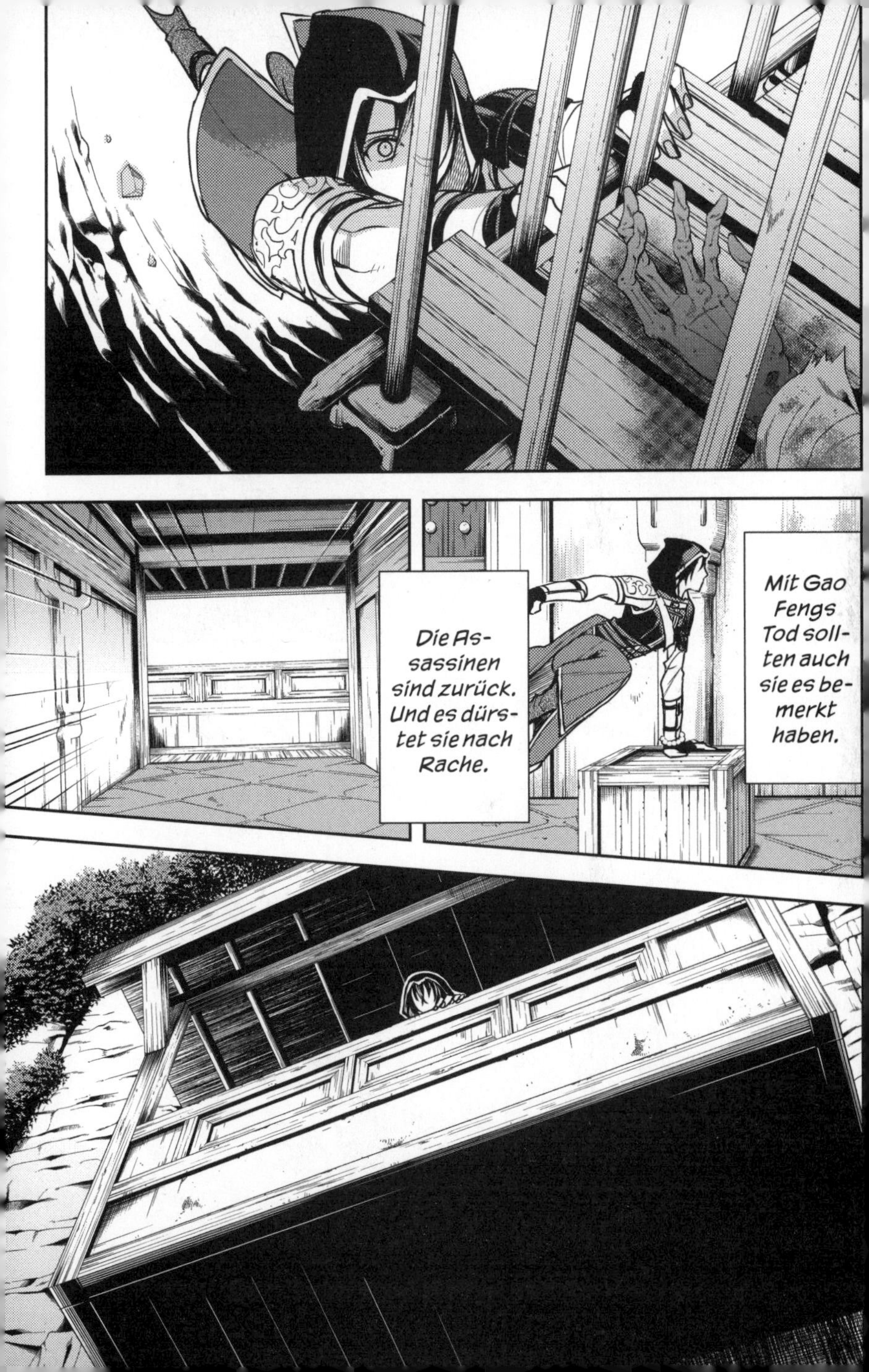
Mit Gao Fengs Tod sollten auch sie es bemerkt haben.
Die Assassinen sind zurück. Und es dürstet sie nach Rache.

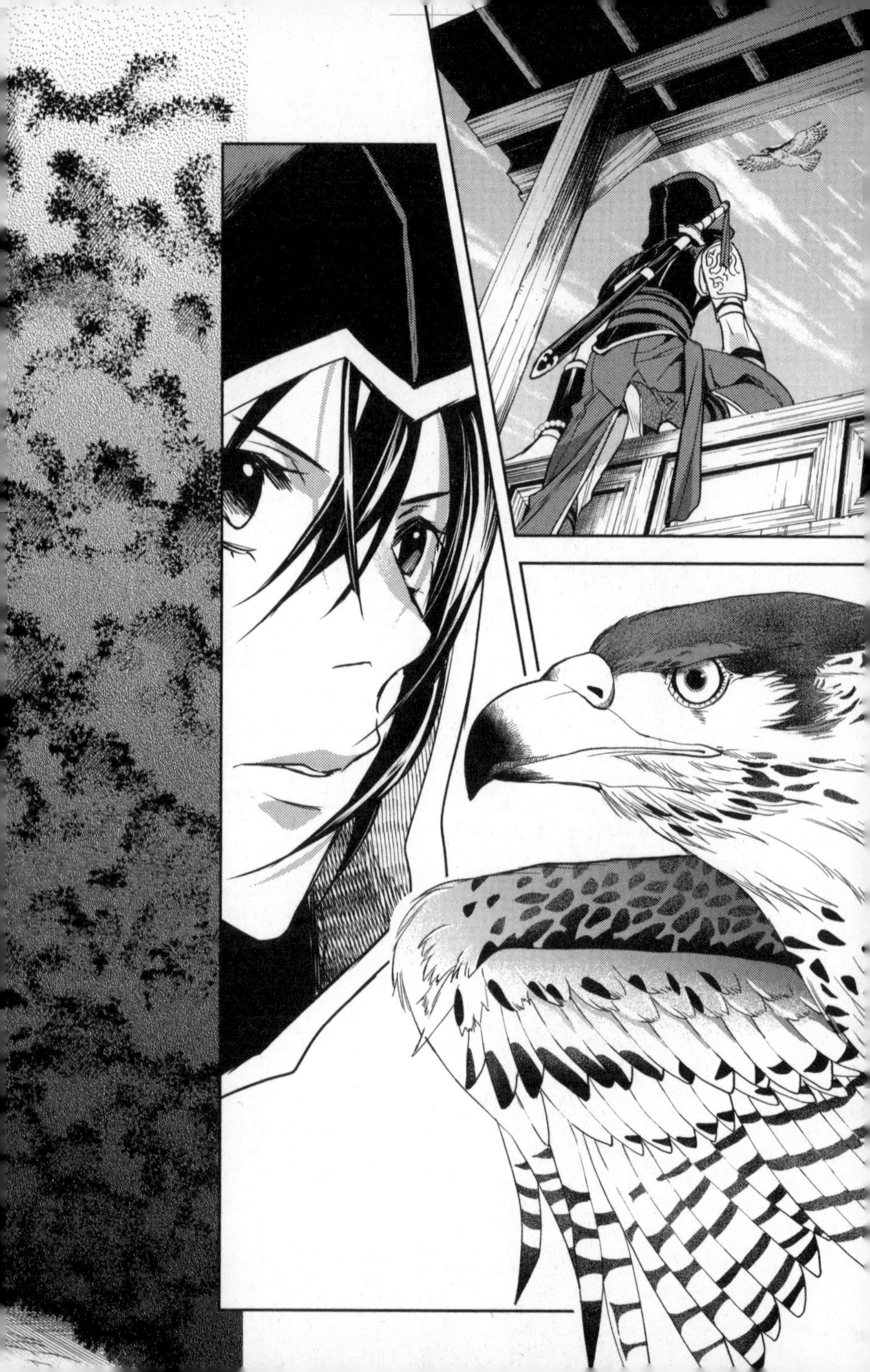

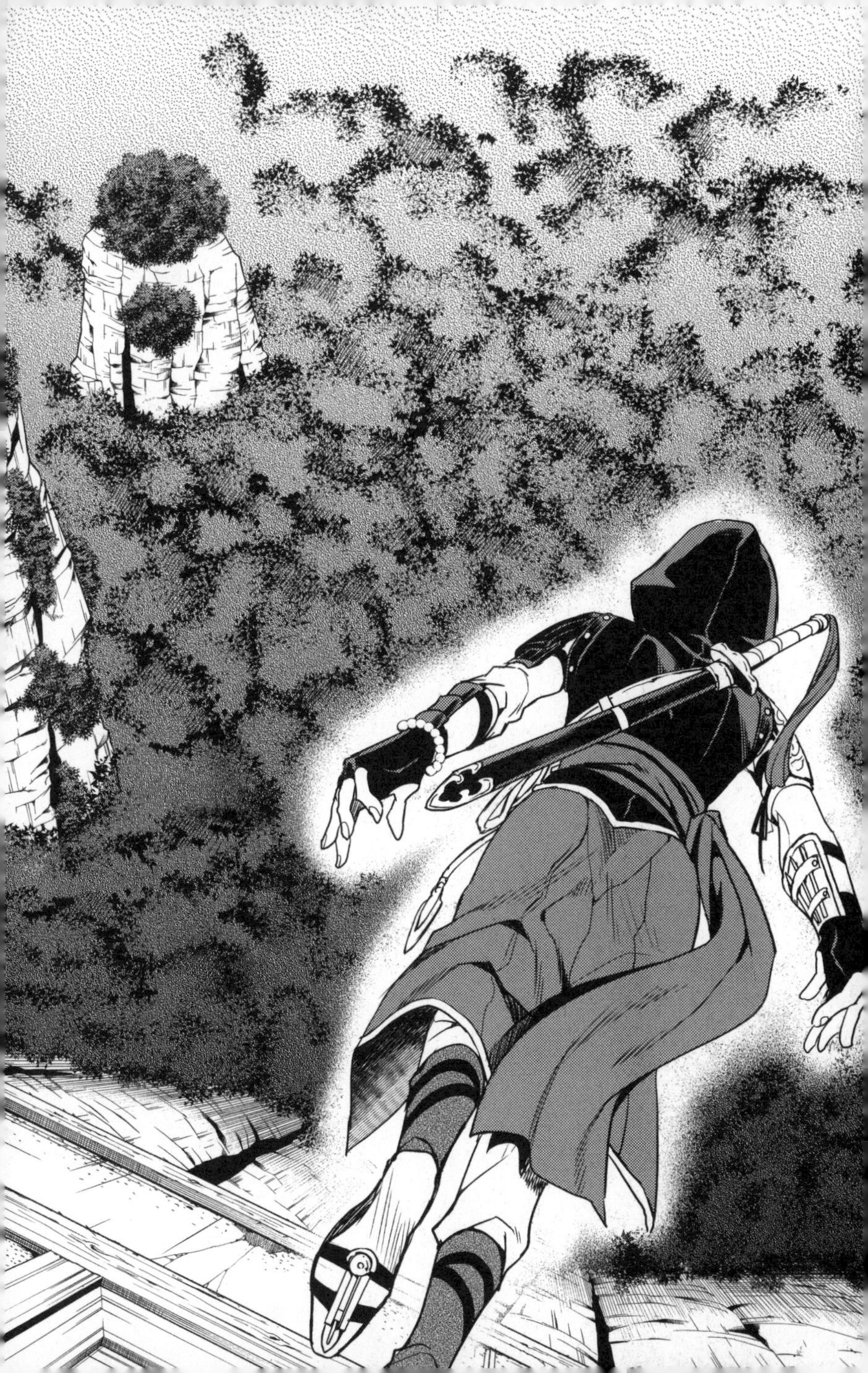

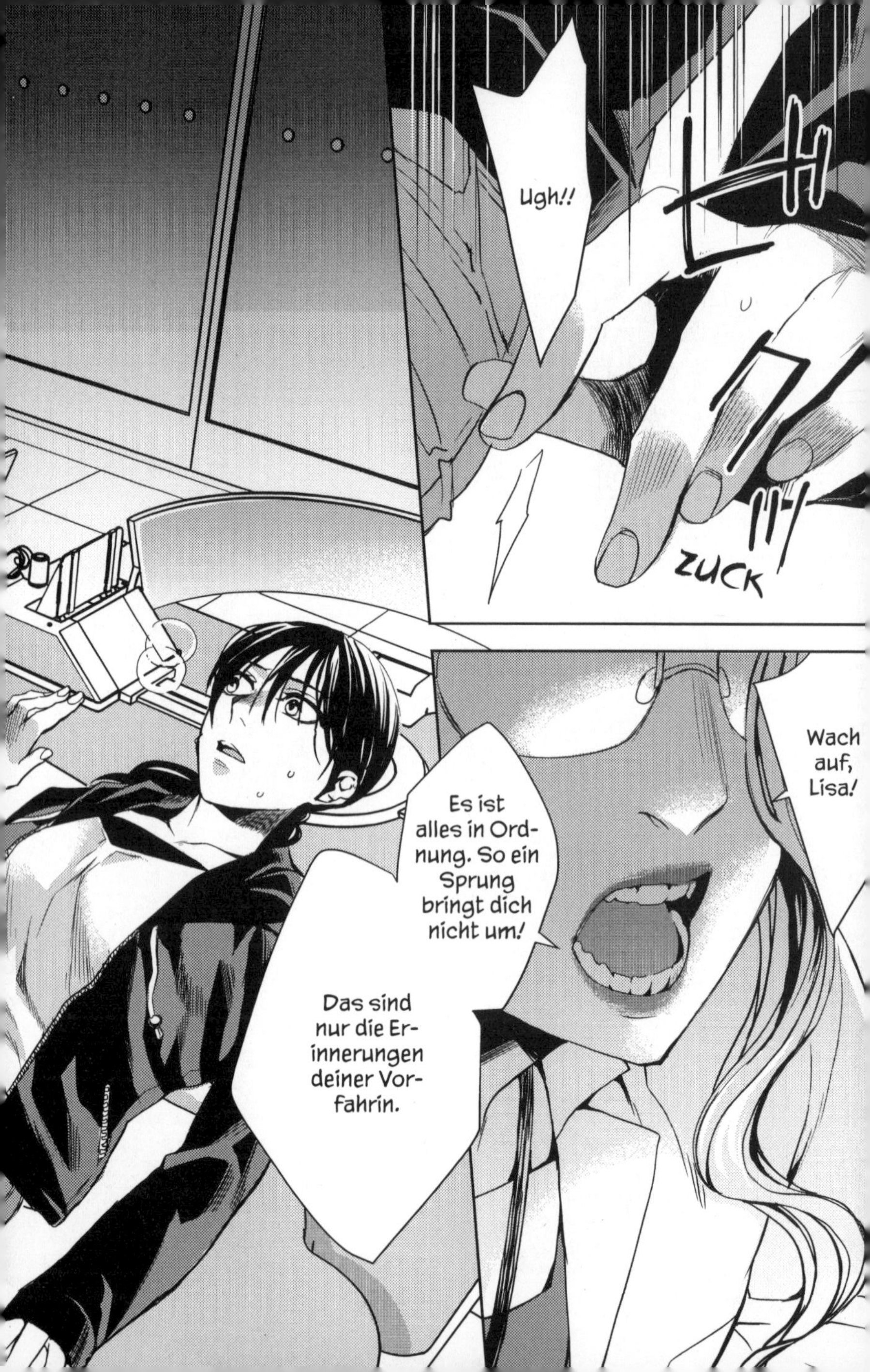

Ugh!!
ZUCK
Wach auf, Lisa!
Es ist alles in Ordnung. So ein Sprung bringt dich nicht um!
Das sind nur die Erinnerungen deiner Vorfahrin.

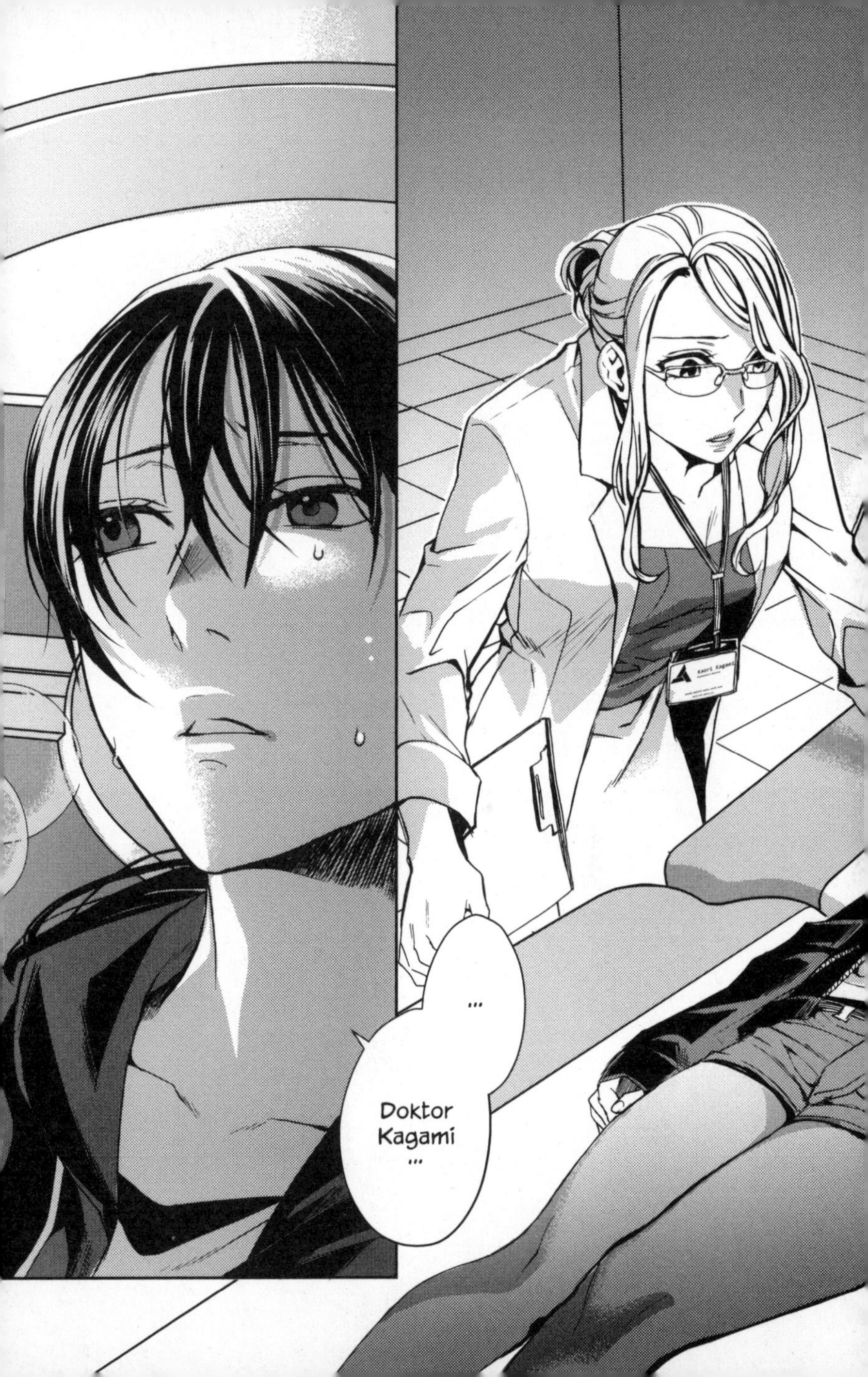
...
Doktor Kagami ...

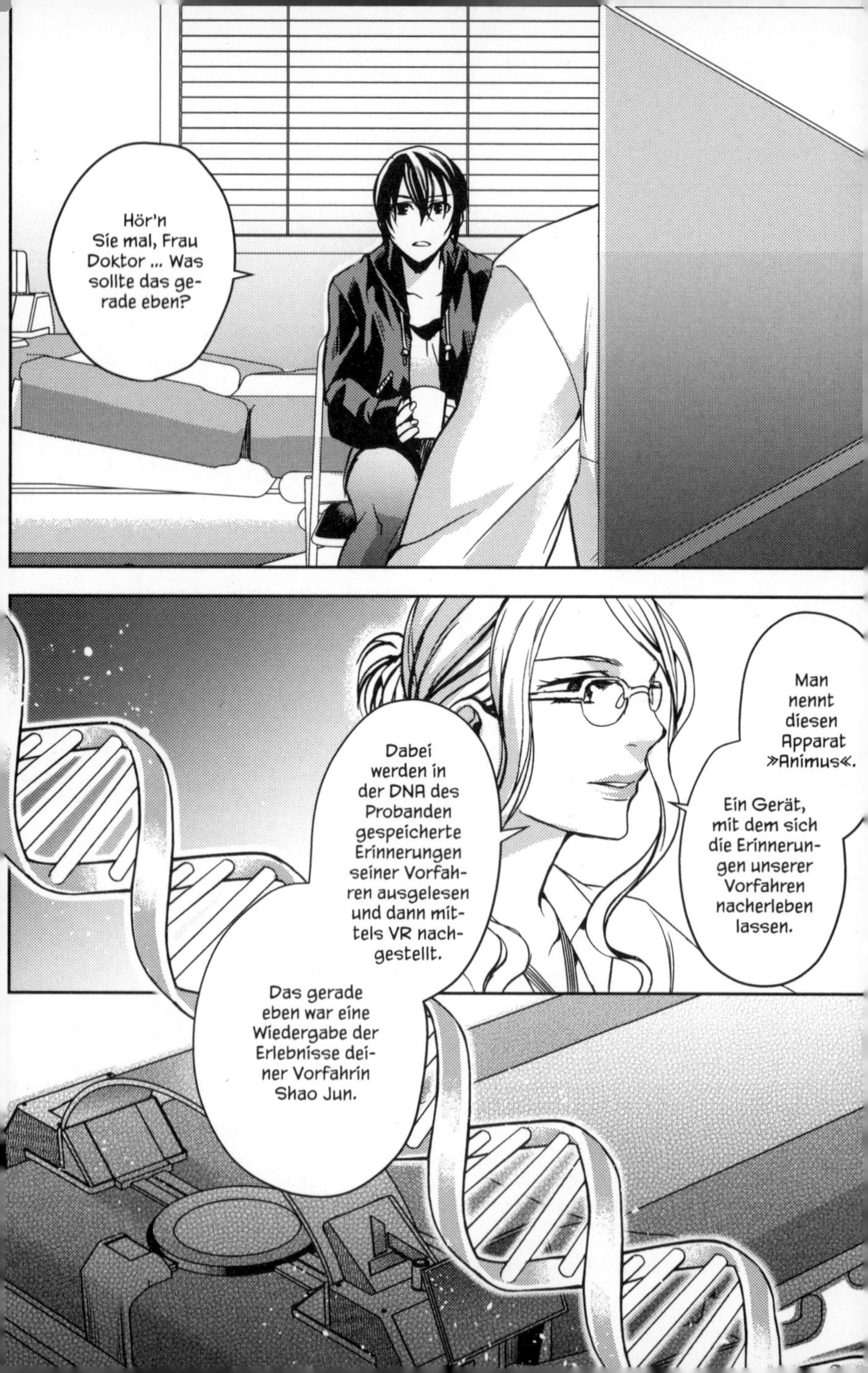
Hör'n Sie mal, Frau Doktor ... Was sollte das gerade eben?
Man nennt diesen Apparat »Animus«.
Ein Gerät, mit dem sich die Erinnerungen unserer Vorfahren nacherleben lassen.
Dabei werden in der DNA des Probanden gespeicherte Erinnerungen seiner Vorfahren ausgelesen und dann mittels VR nachgestellt.
Das gerade eben war eine Wiedergabe der Erlebnisse deiner Vorfahrin Shao Jun.

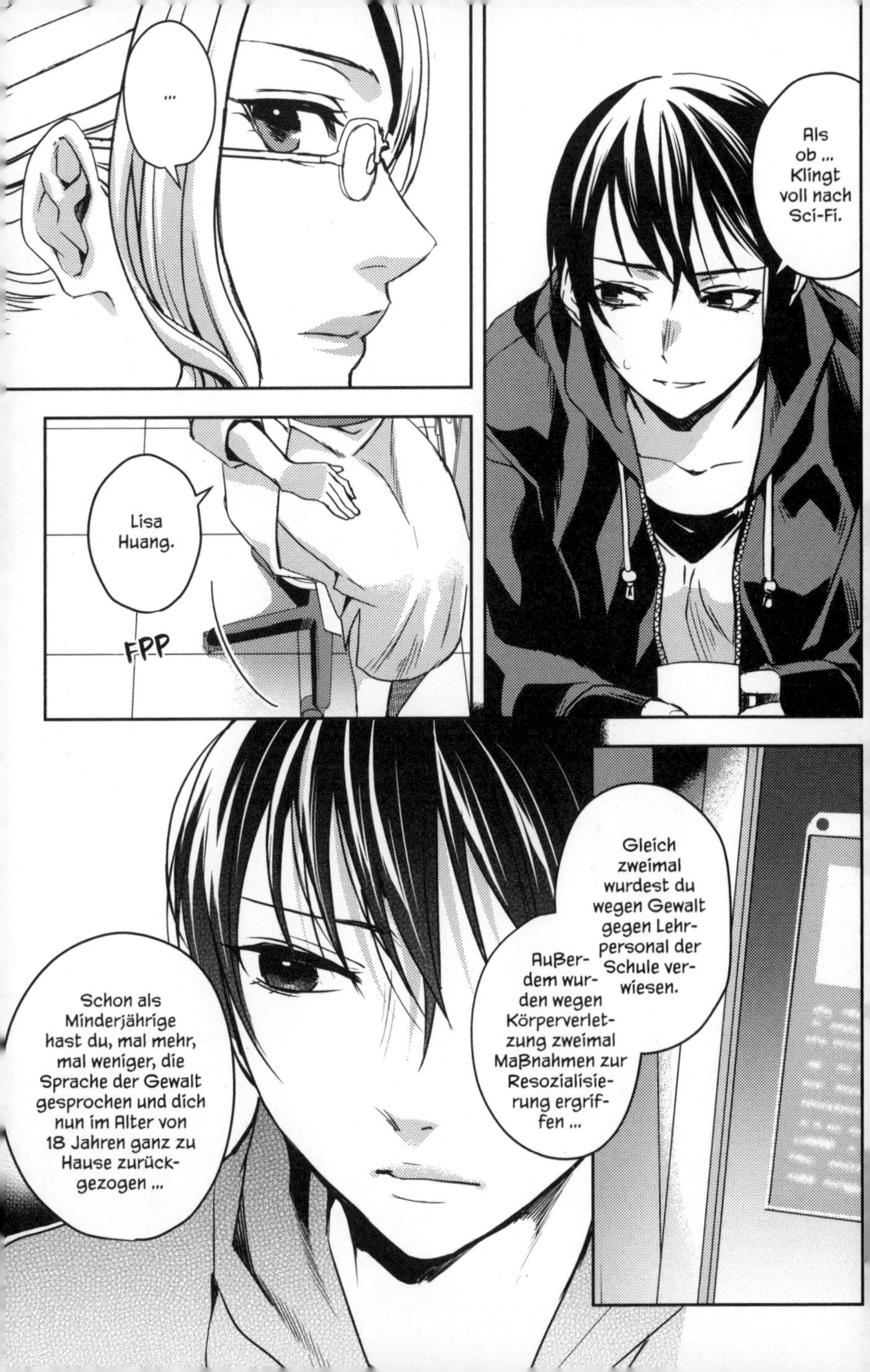
Als ob ... Klingt voll nach Sci-Fi.
...
Lisa Huang.
FPP
Gleich zweimal wurdest du wegen Gewalt gegen Lehrpersonal der Schule verwiesen.
Außerdem wurden wegen Körperverletzung zweimal Maßnahmen zur Resozialisierung ergriffen ...
Schon als Minderjährige hast du, mal mehr, mal weniger, die Sprache der Gewalt gesprochen und dich nun im Alter von 18 Jahren ganz zu Hause zurückgezogen ...

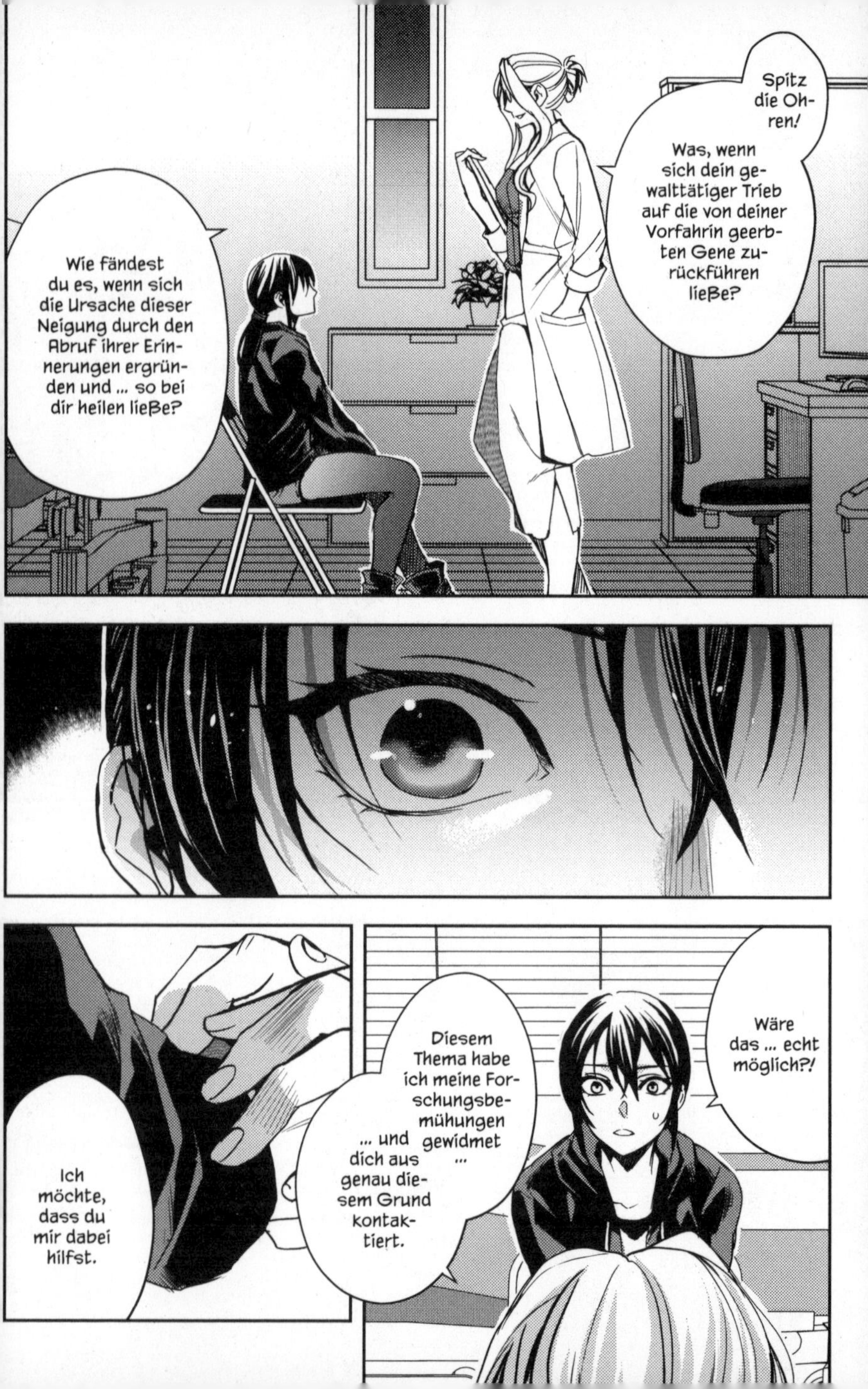
Spitz die Ohren!
Was, wenn sich dein gewalttätiger Trieb auf die von deiner Vorfahrin geerbten Gene zurückführen ließe?
Wie fändest du es, wenn sich die Ursache dieser Neigung durch den Abruf ihrer Erinnerungen ergründen und … so bei dir heilen ließe?
Wäre das … echt möglich?!
Diesem Thema habe ich meine Forschungsbemühungen gewidmet …
… und dich aus genau diesem Grund kontaktiert.
Ich möchte, dass du mir dabei hilfst.

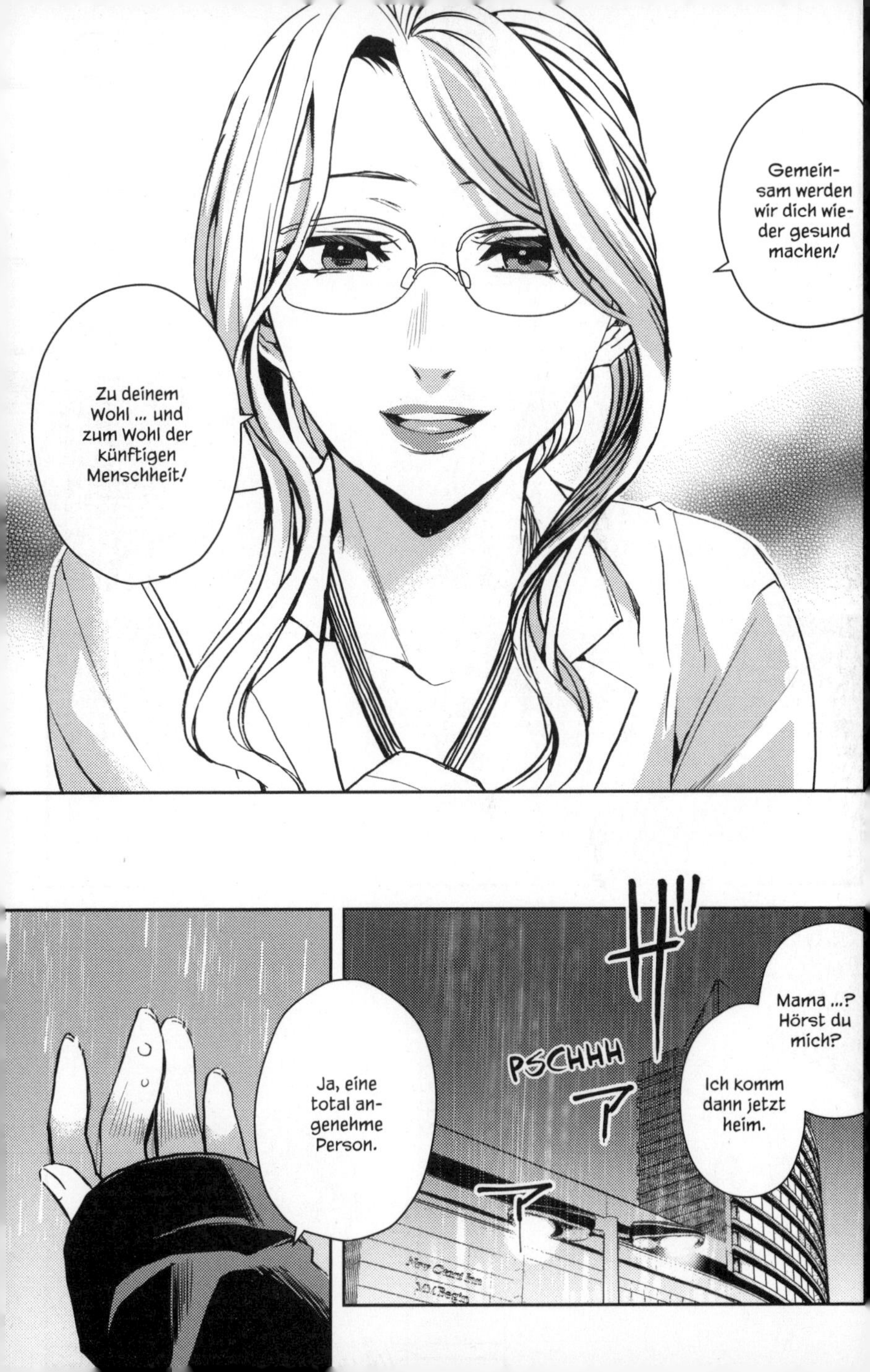
Gemeinsam werden wir dich wieder gesund machen!
Zu deinem Wohl ... und zum Wohl der künftigen Menschheit!
Mama ...? Hörst du mich?
Ich komm dann jetzt heim.
PSCHHH
Ja, eine total angenehme Person.

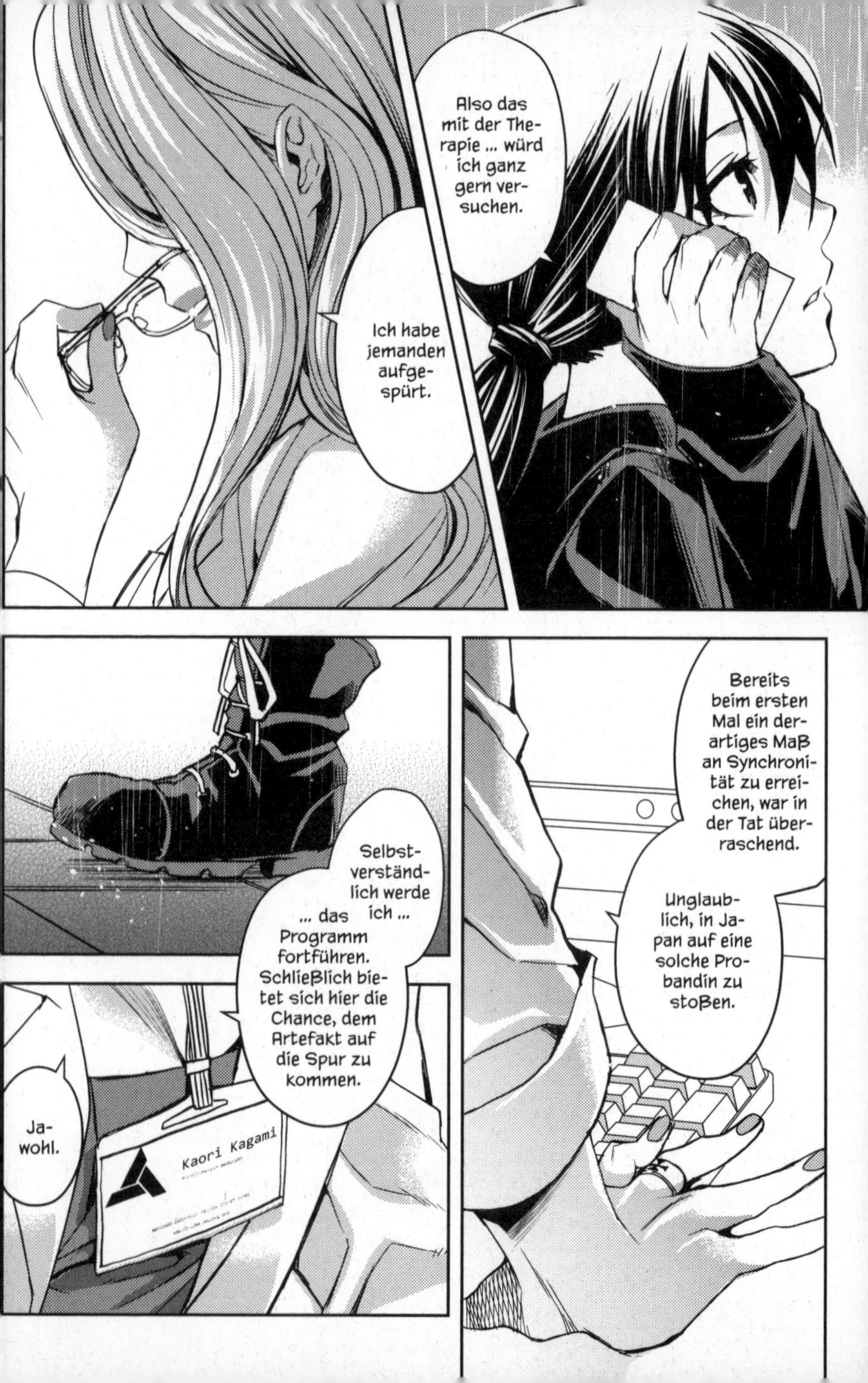

Also das mit der Therapie ... würd ich ganz gern versuchen.
Ich habe jemanden aufgespürt.
Bereits beim ersten Mal ein derartiges Maß an Synchronität zu erreichen, war in der Tat überraschend.
Unglaublich, in Japan auf eine solche Probandin zu stoßen.
Selbstverständlich werde ich ...
... das Programm fortführen. Schließlich bietet sich hier die Chance, dem Artefakt auf die Spur zu kommen.
Jawohl.
Kaori Kagami

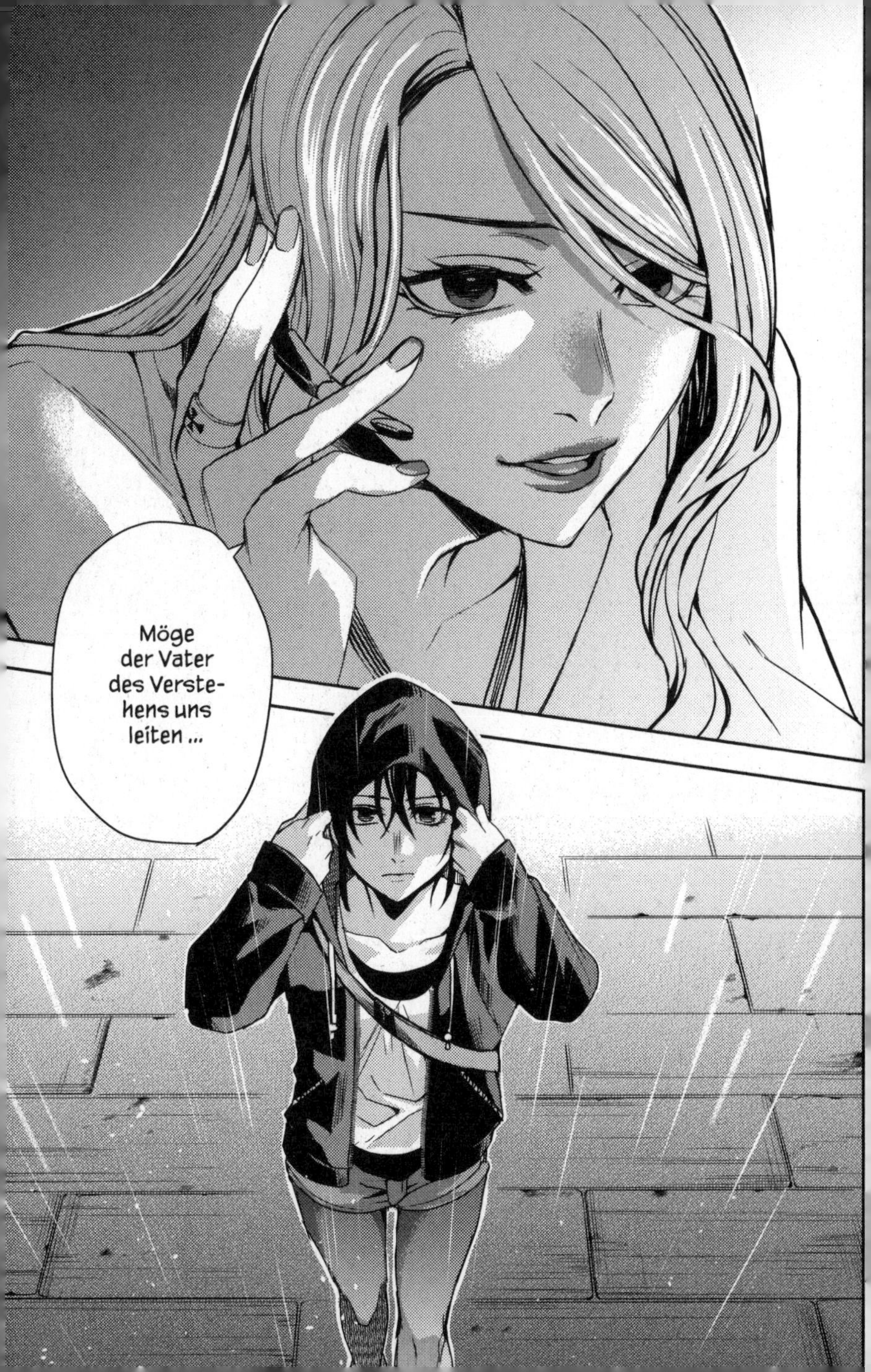
Möge der Vater des Verstehens uns leiten ...

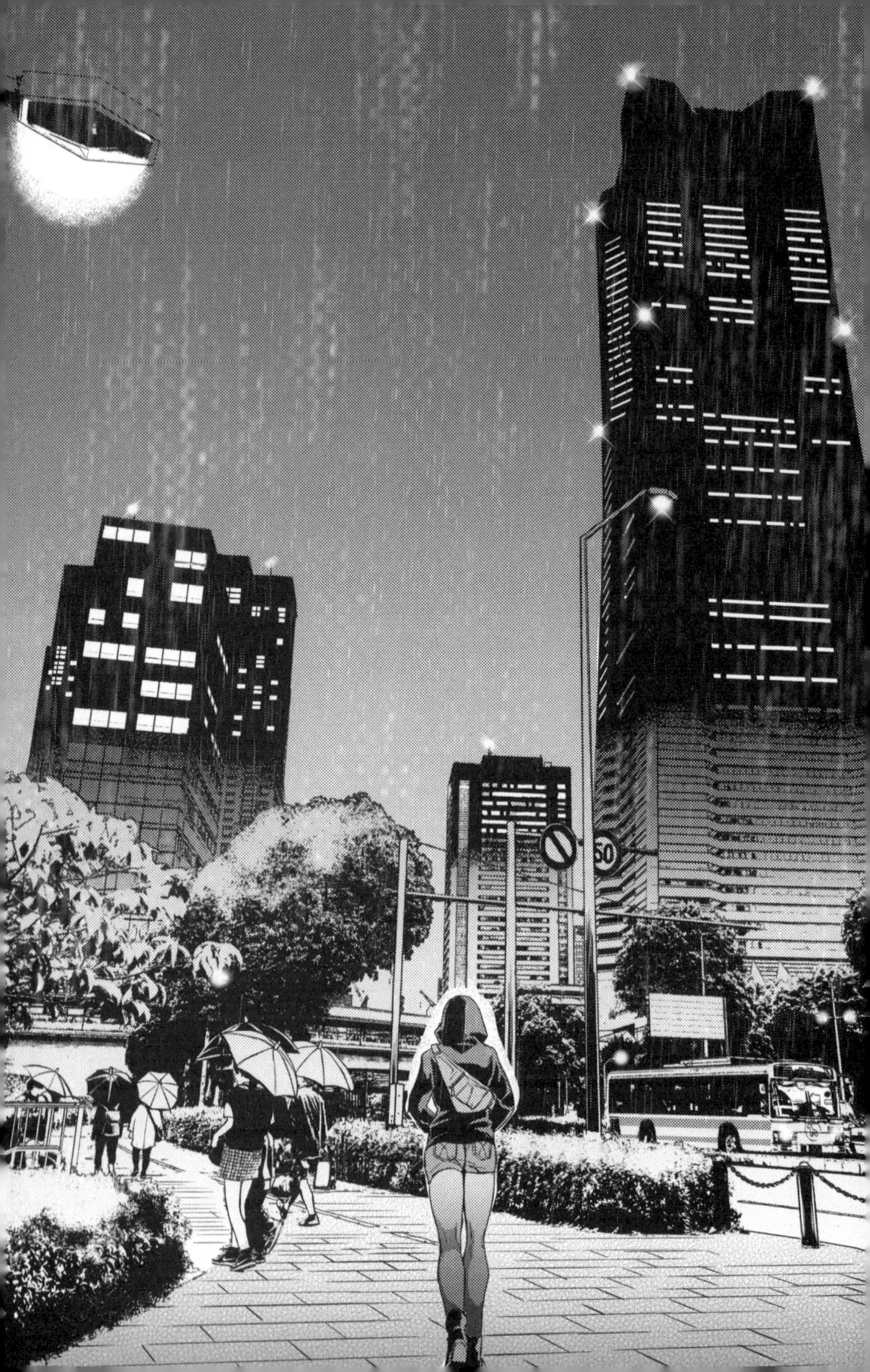
50

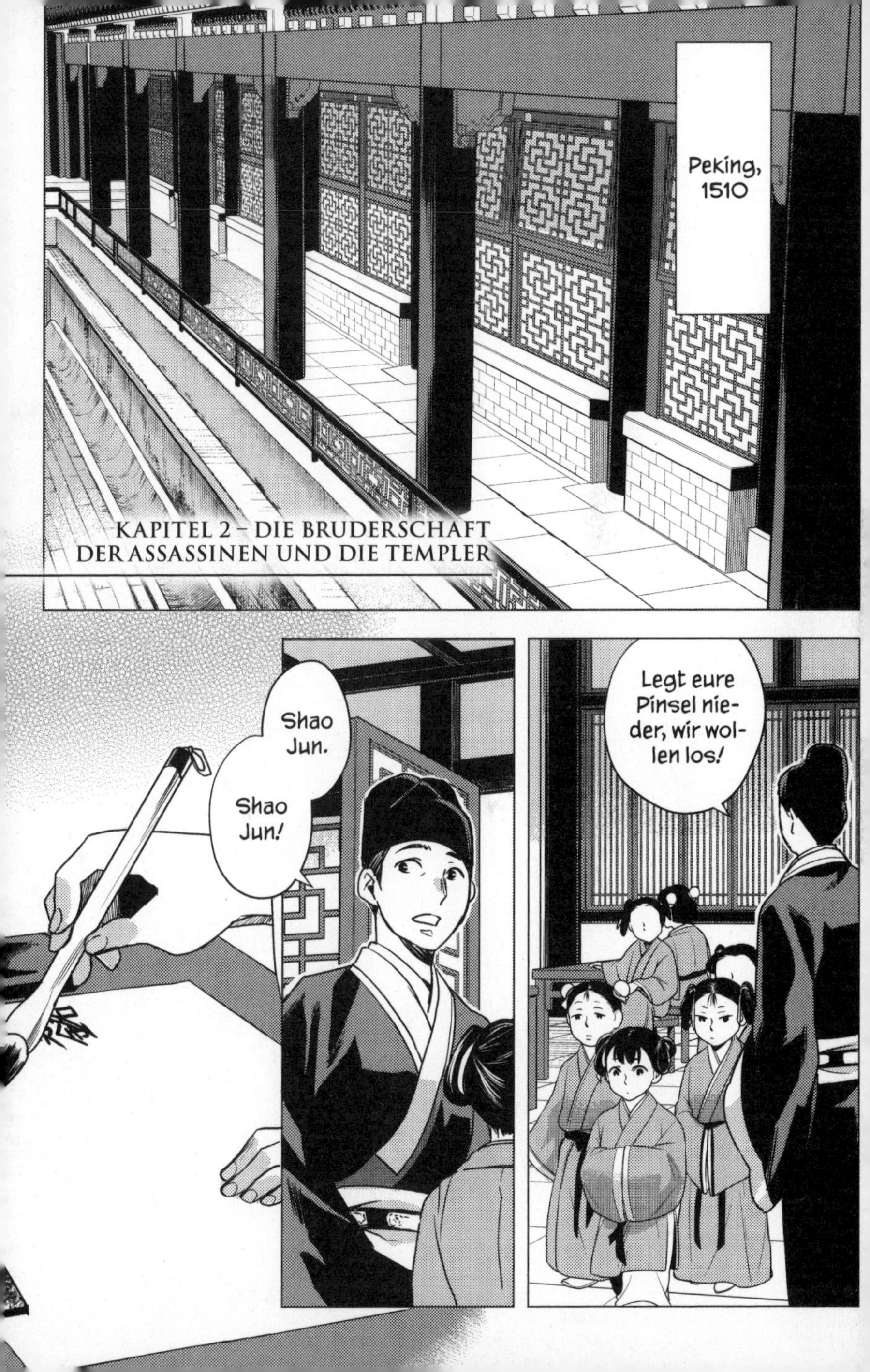
Peking, 1510
KAPITEL 2 – DIE BRUDERSCHAFT DER ASSASSINEN UND DIE TEMPLER
Legt eure Pinsel nieder, wir wollen los!
Shao Jun.
Shao Jun!

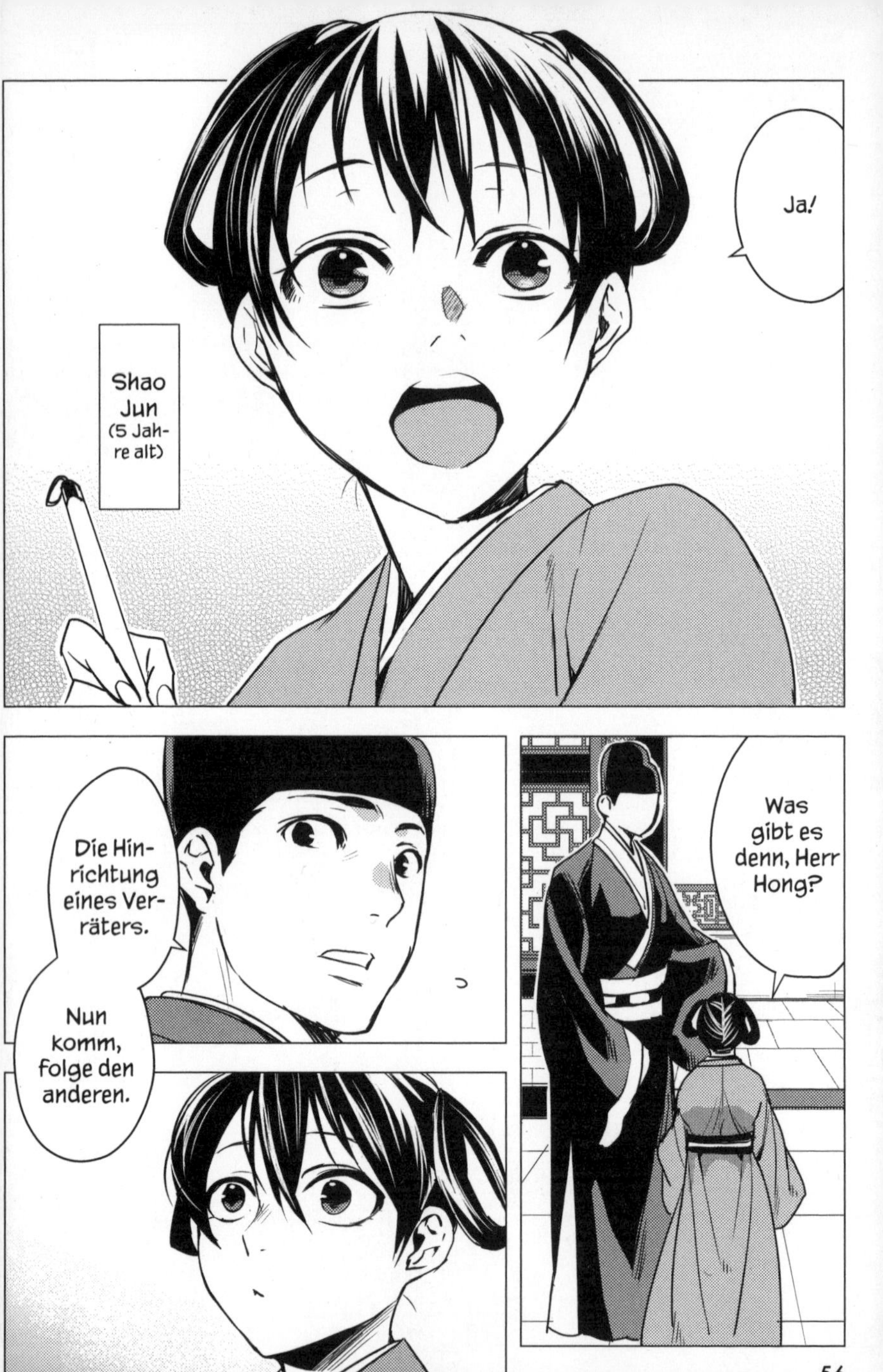
Ja!
Shao Jun (5 Jahre alt)
Was gibt es denn, Herr Hong?
Die Hinrichtung eines Verräters.
Nun komm, folge den anderen.

KAPITEL 2 – DIE BRUDERSCHAFT DER ASSASSINEN UND DIE TEMPLER

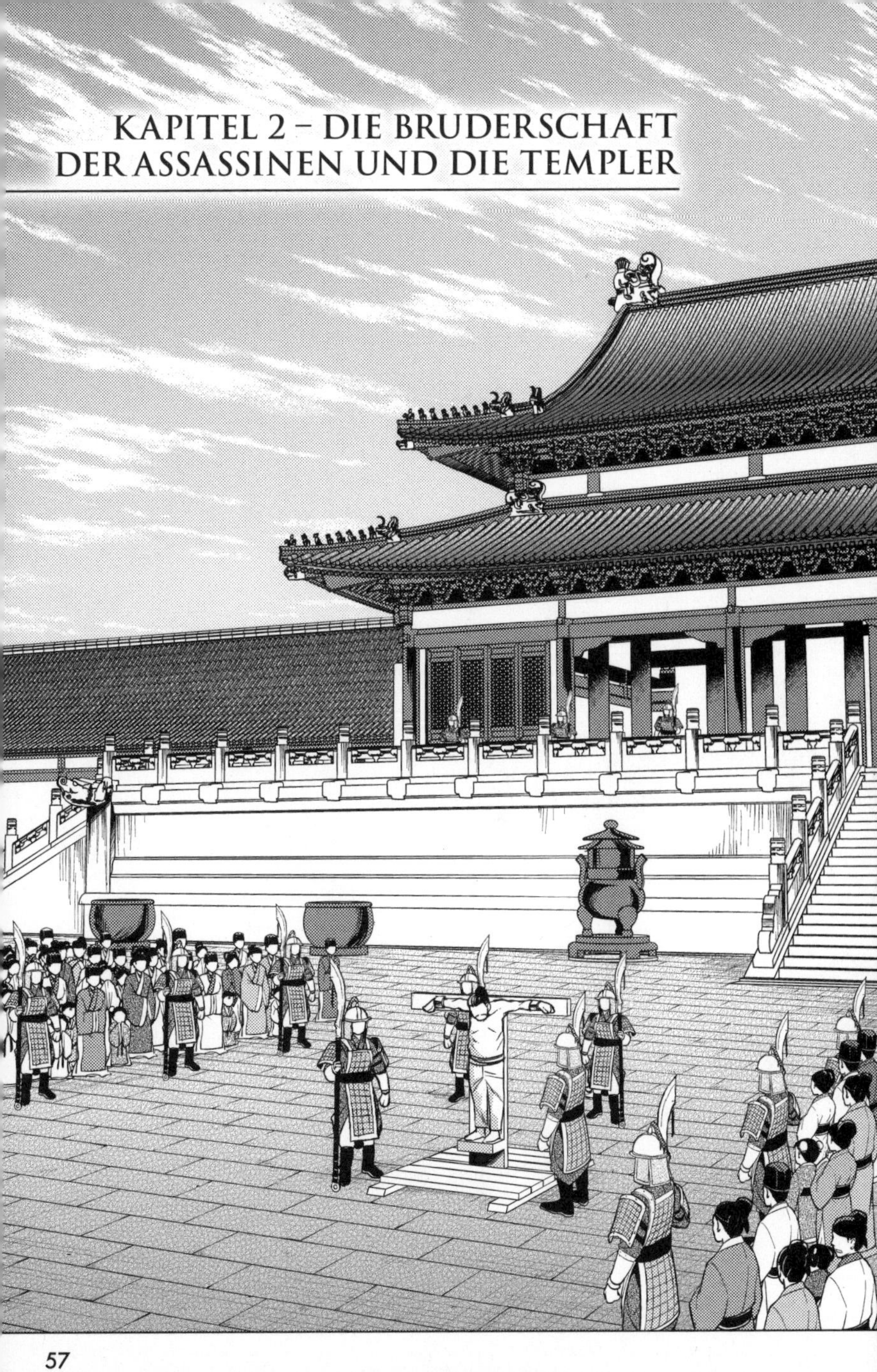

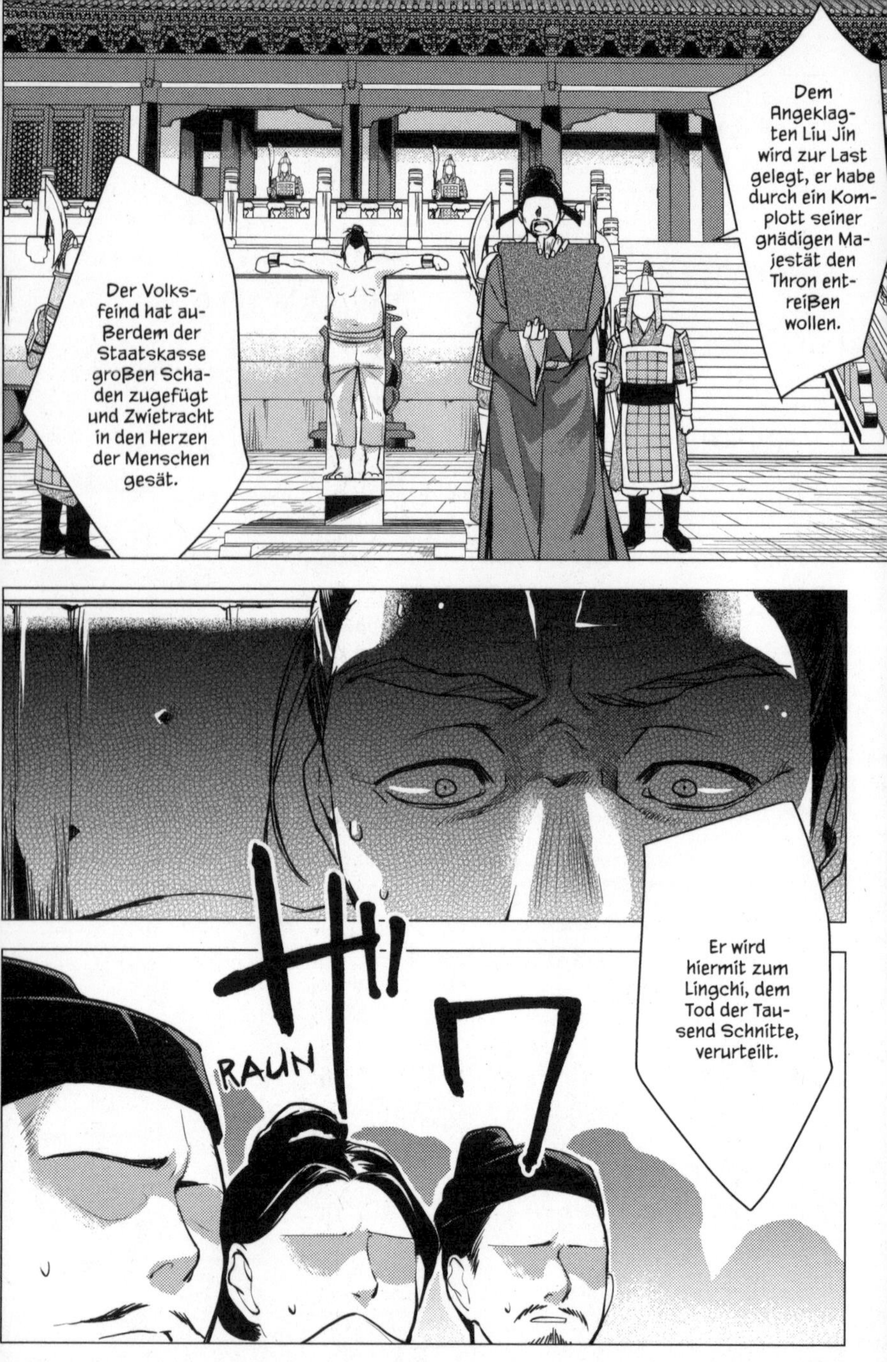
Dem Angeklagten Liu Jin wird zur Last gelegt, er habe durch ein Komplott seiner gnädigen Majestät den Thron entreißen wollen.
Der Volksfeind hat außerdem der Staatskasse großen Schaden zugefügt und Zwietracht in den Herzen der Menschen gesät.
Er wird hiermit zum Lingchi, dem Tod der Tausend Schnitte, verurteilt.
RAUN

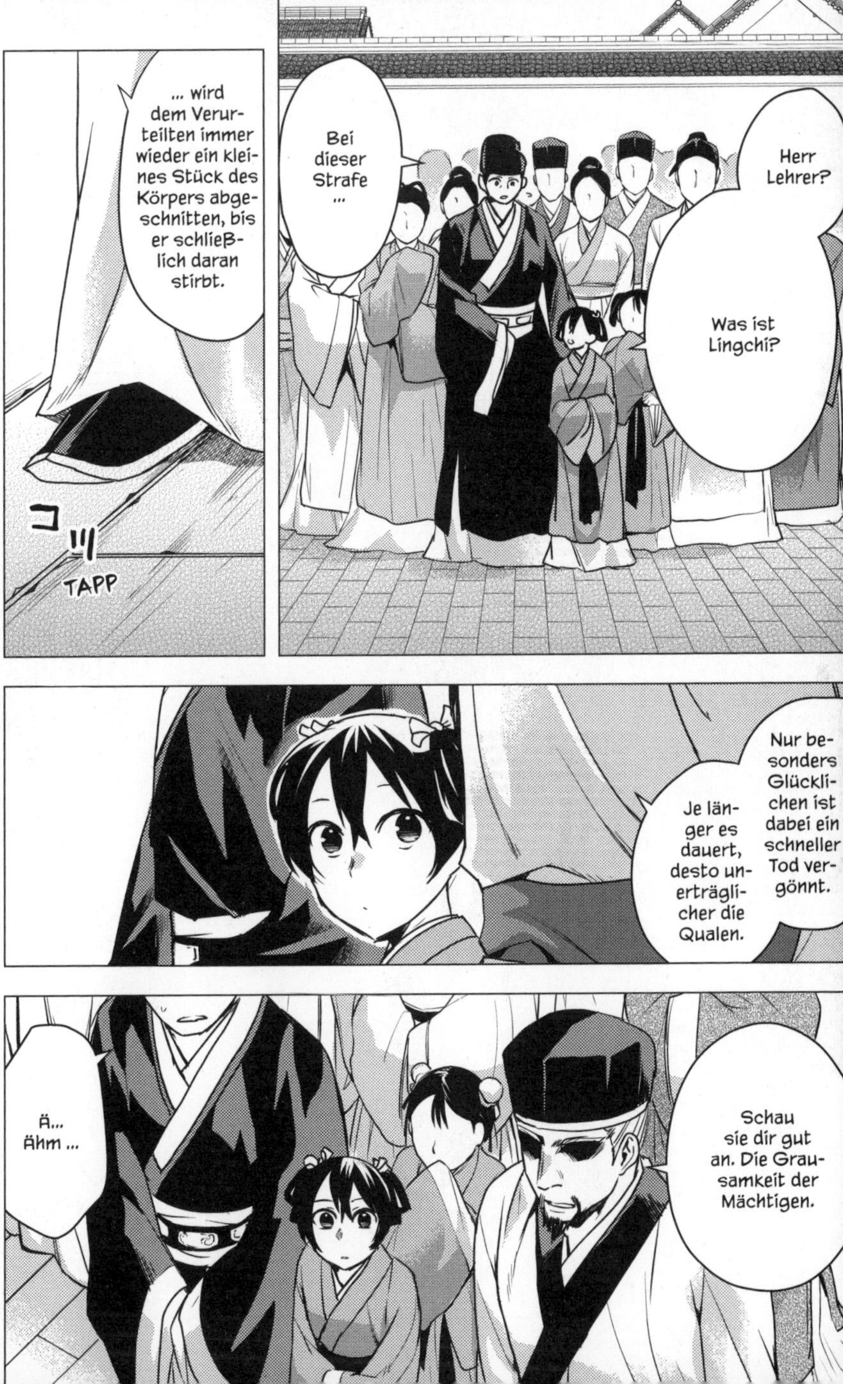
Herr Lehrer?
Was ist Lingchi?
Bei dieser Strafe ...
... wird dem Verurteilten immer wieder ein kleines Stück des Körpers abgeschnitten, bis er schließlich daran stirbt.
コッ
TAPP
Nur besonders Glücklichen ist dabei ein schneller Tod vergönnt.
Je länger es dauert, desto unerträglicher die Qualen.
Schau sie dir gut an. Die Grausamkeit der Mächtigen.
Ä... Ähm ...

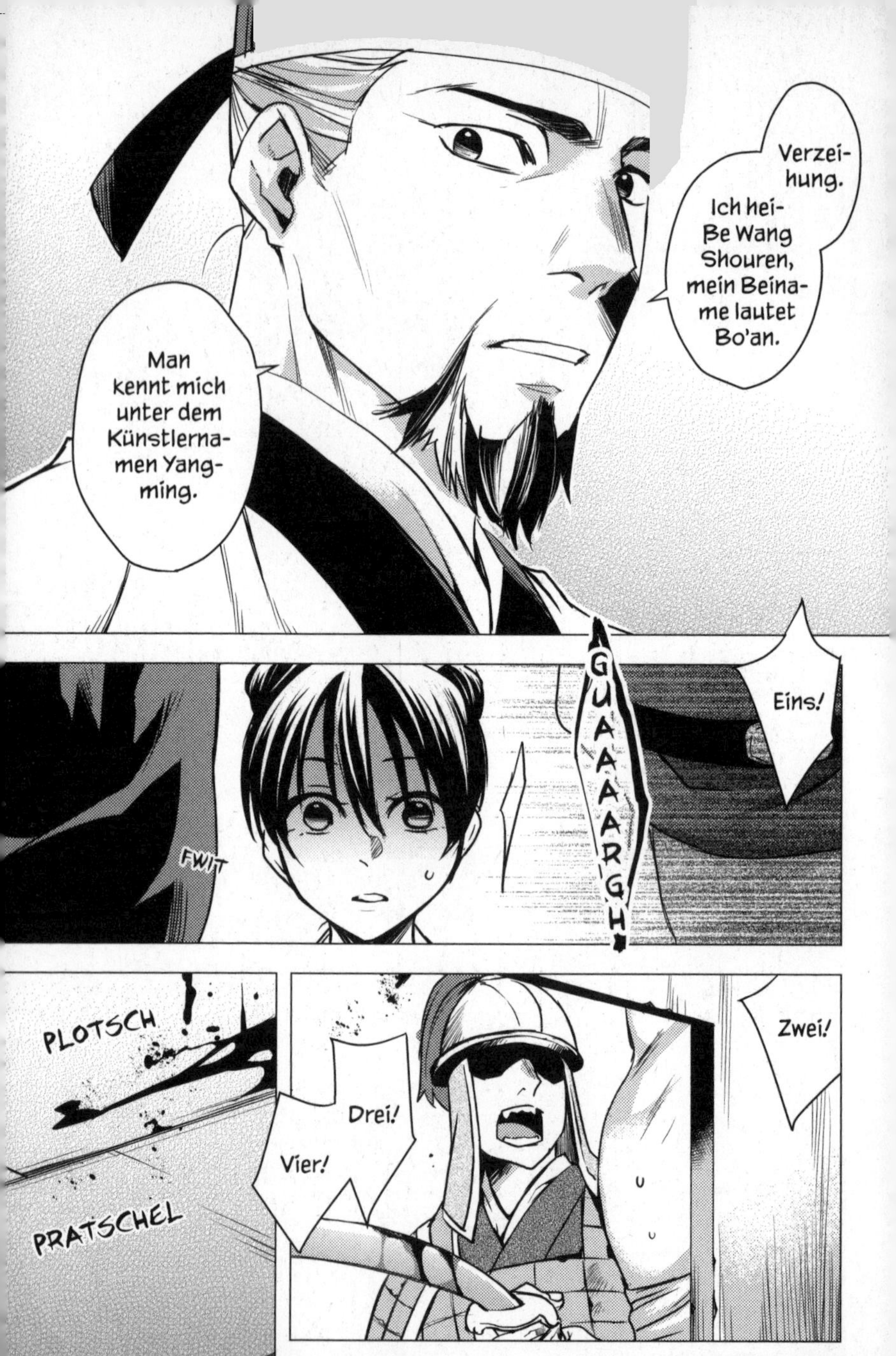

Verzeihung. Ich heiße Wang Shouren, mein Beiname lautet Bo'an.
Man kennt mich unter dem Künstlernamen Yangming.
Eins!
GUAAAARGH!
FWIT
Zwei!
Drei!
Vier!
PLOTSCH
PRATSCHEL

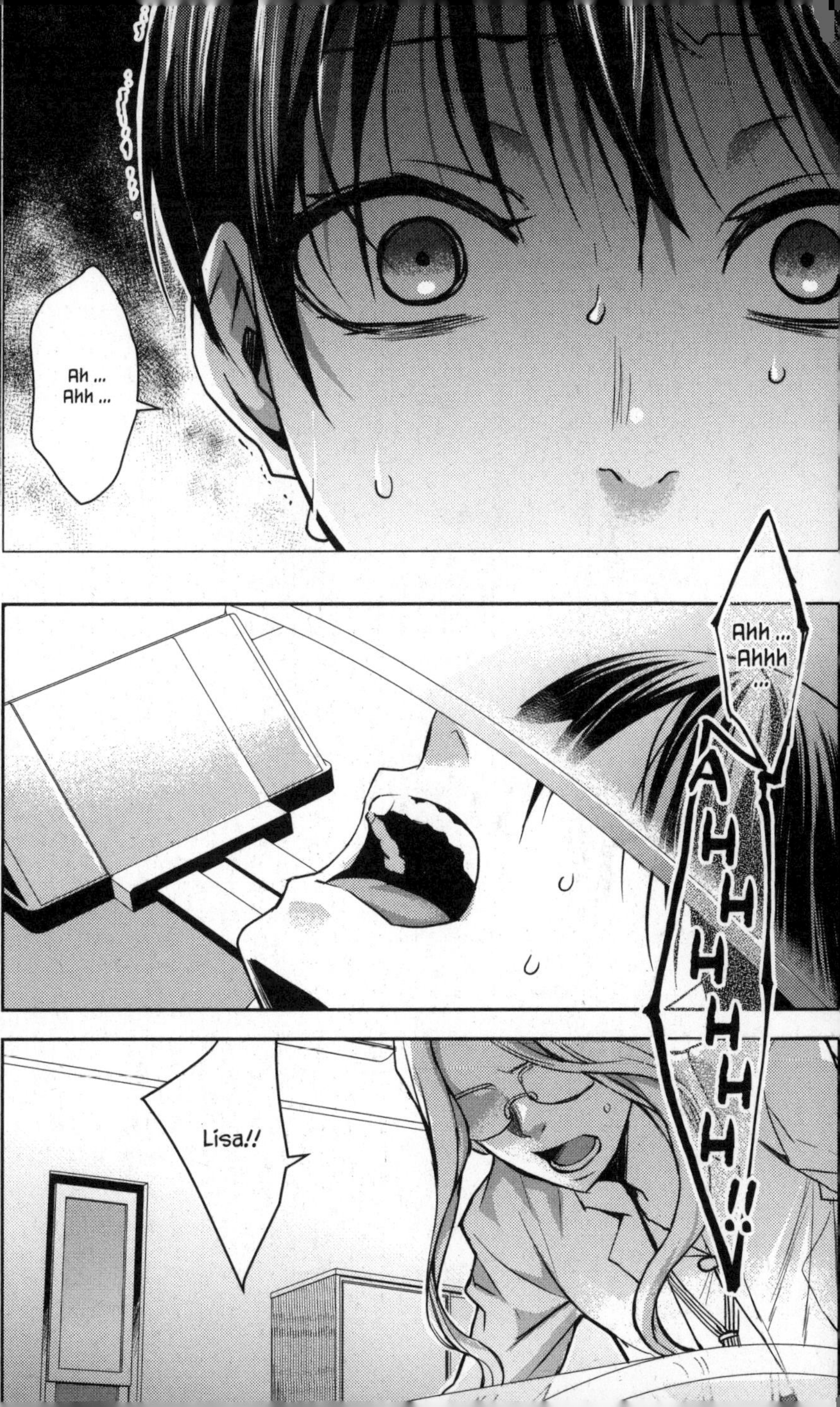
Ah ...
Ahh ...
Ahh ...
Ahhh
...
AHHHHHH!!
Lisa!!

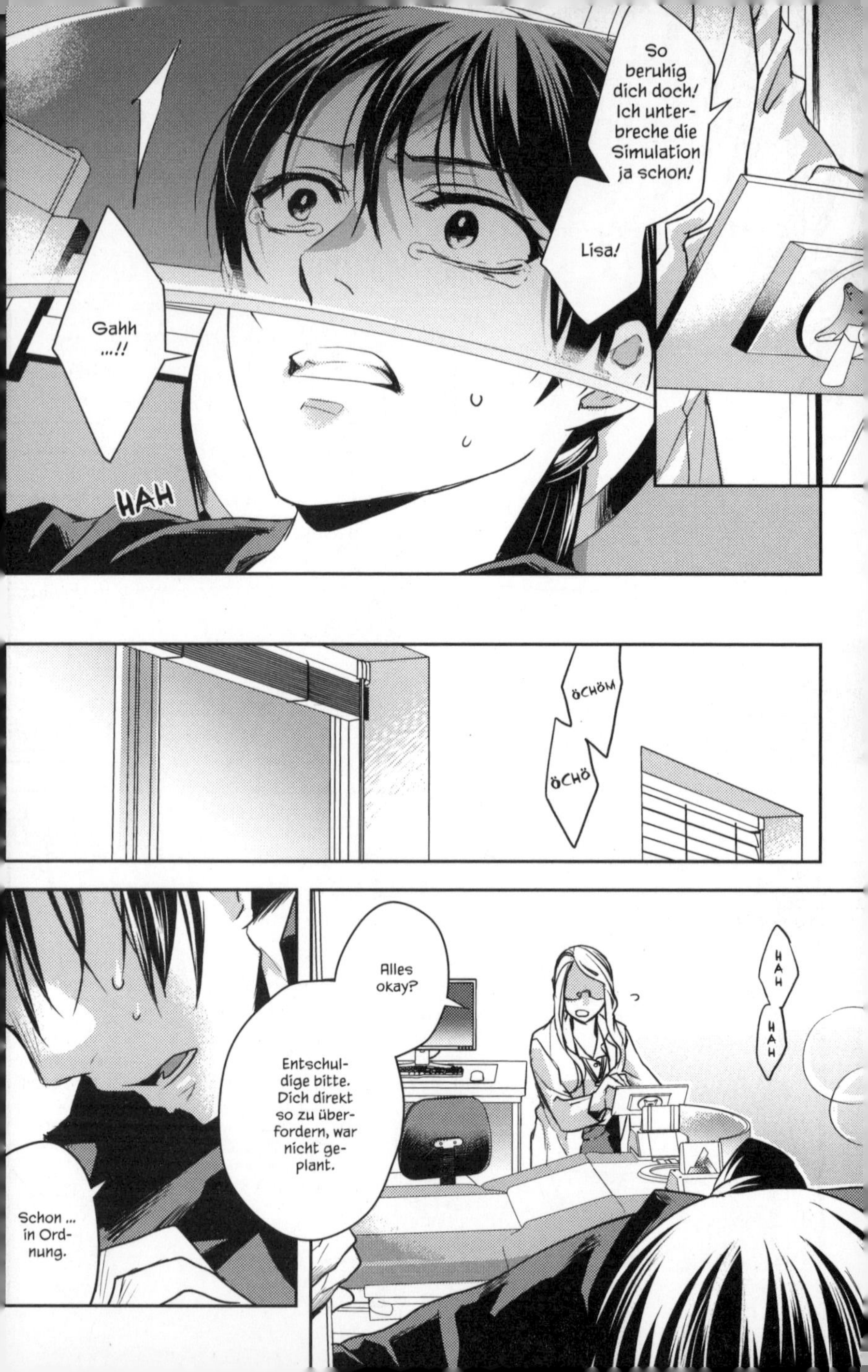
So beruhig dich doch! Ich unterbreche die Simulation ja schon!
Lisa!
Gahh ...!!
HAH
ÖCHÖM
ÖCHÖ
HAH
HAH
Alles okay?
Entschuldige bitte. Dich direkt so zu überfordern, war nicht geplant.
Schon ... in Ordnung.

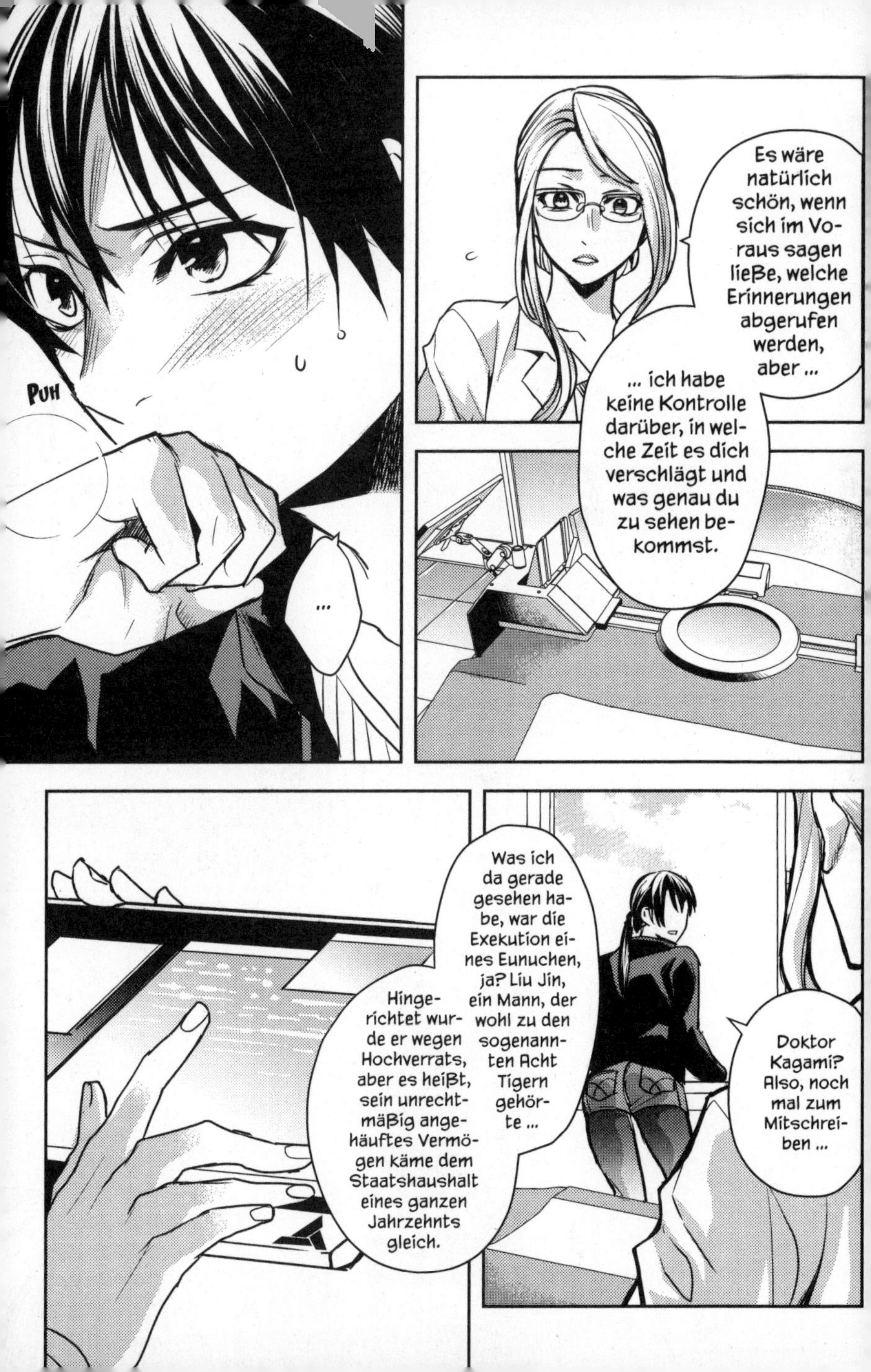
Es wäre natürlich schön, wenn sich im Voraus sagen ließe, welche Erinnerungen abgerufen werden, aber ...
... ich habe keine Kontrolle darüber, in welche Zeit es dich verschlägt und was genau du zu sehen bekommst.
PUH
...
Doktor Kagami? Also, noch mal zum Mitschreiben ...
Was ich da gerade gesehen habe, war die Exekution eines Eunuchen, ja? Liu Jin, ein Mann, der wohl zu den sogenannten Acht Tigern gehörte ...
Hingerichtet wurde er wegen Hochverrats, aber es heißt, sein unrechtmäßig angehäuftes Vermögen käme dem Staatshaushalt eines ganzen Jahrzehnts gleich.

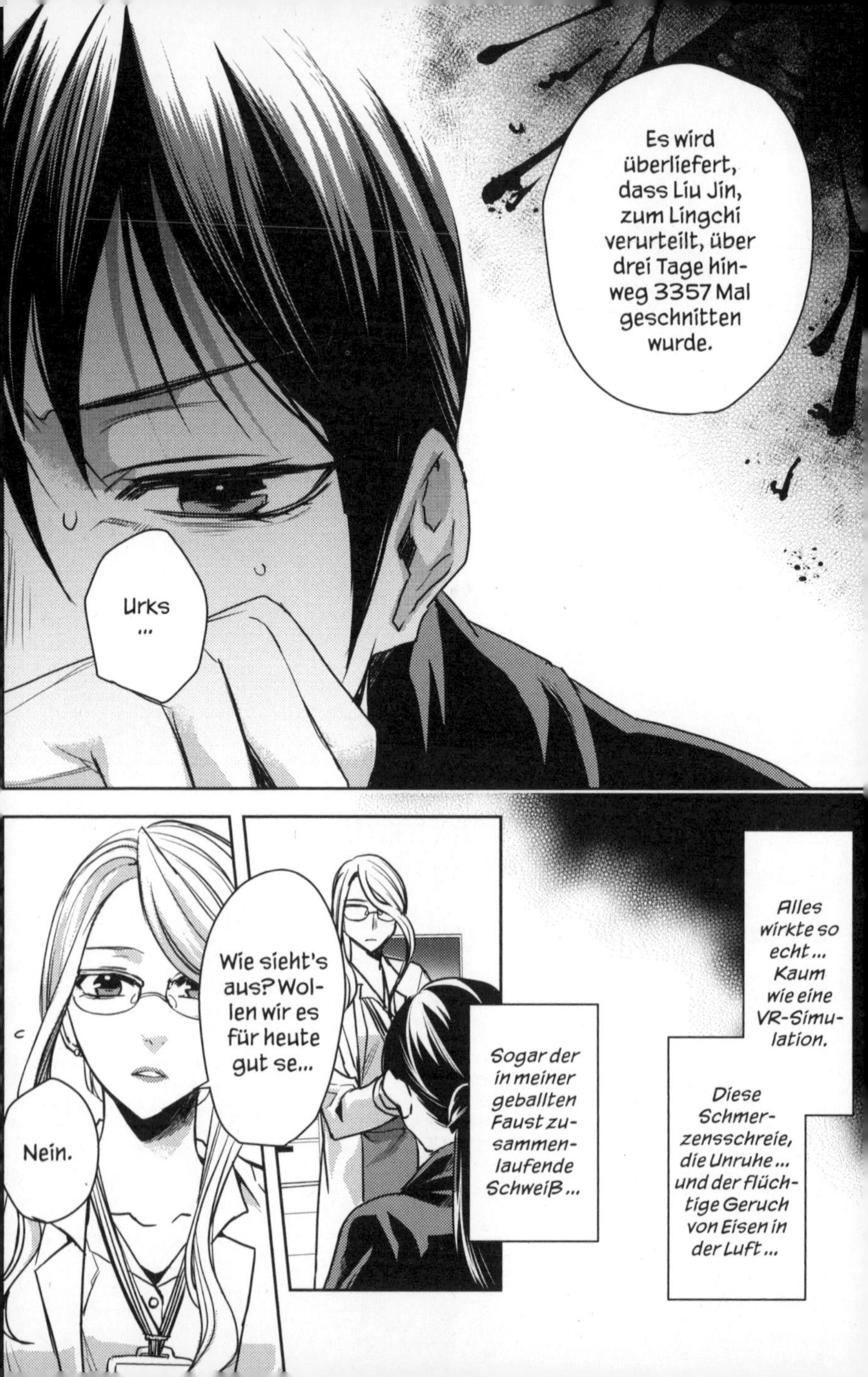
Es wird überliefert, dass Liu Jin, zum Lingchi verurteilt, über drei Tage hinweg 3357 Mal geschnitten wurde.
Urks ...
Alles wirkte so echt ... Kaum wie eine VR-Simulation.
Diese Schmerzensschreie, die Unruhe ... und der flüchtige Geruch von Eisen in der Luft ...
Sogar der in meiner geballten Faust zusammenlaufende Schweiß ...
Wie sieht's aus? Wollen wir es für heute gut se...
Nein.

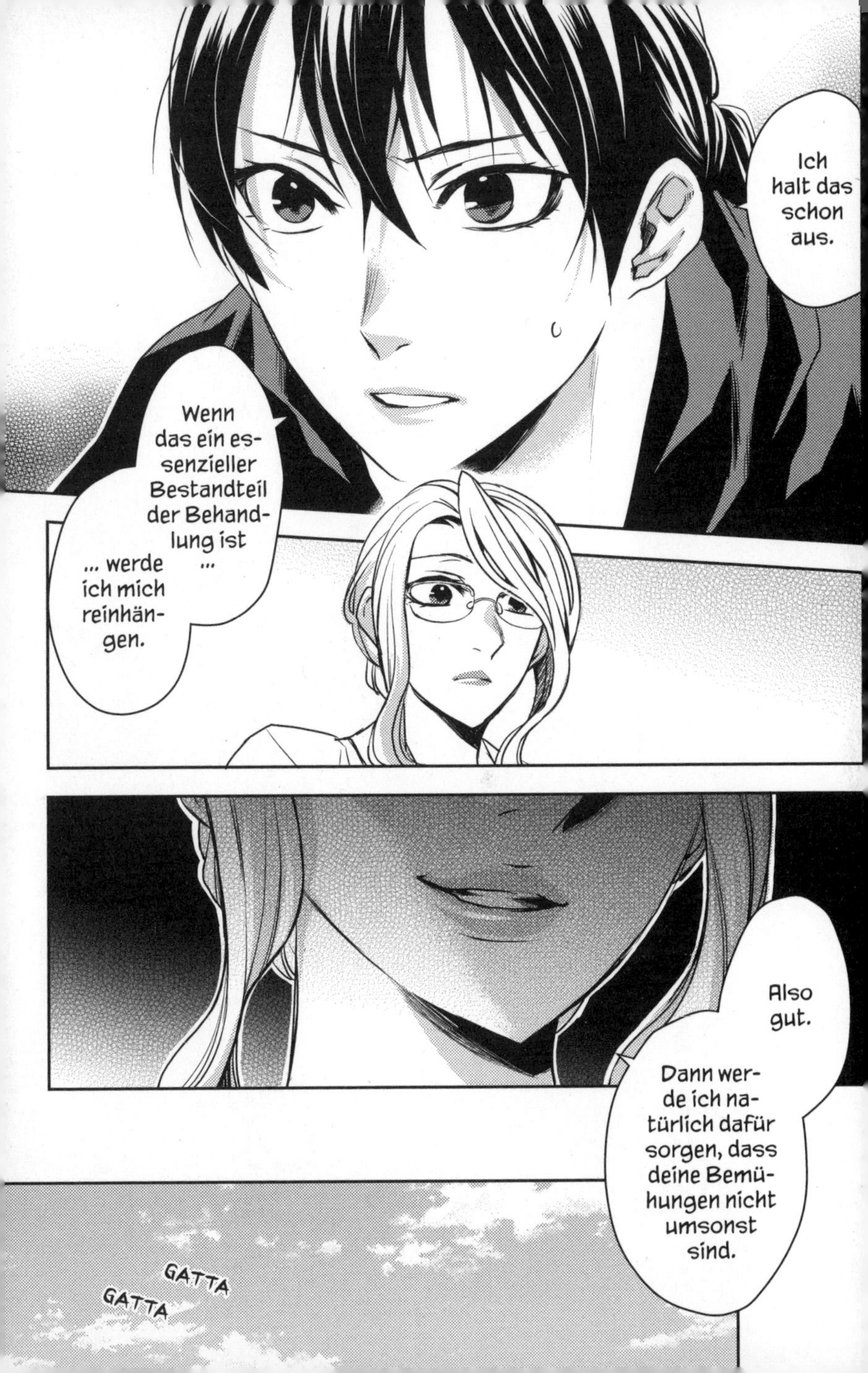
Ich halt das schon aus.
Wenn das ein essenzieller Bestandteil der Behandlung ist ...
... werde ich mich reinhängen.
Also gut.
Dann werde ich natürlich dafür sorgen, dass deine Bemühungen nicht umsonst sind.
GATTA
GATTA

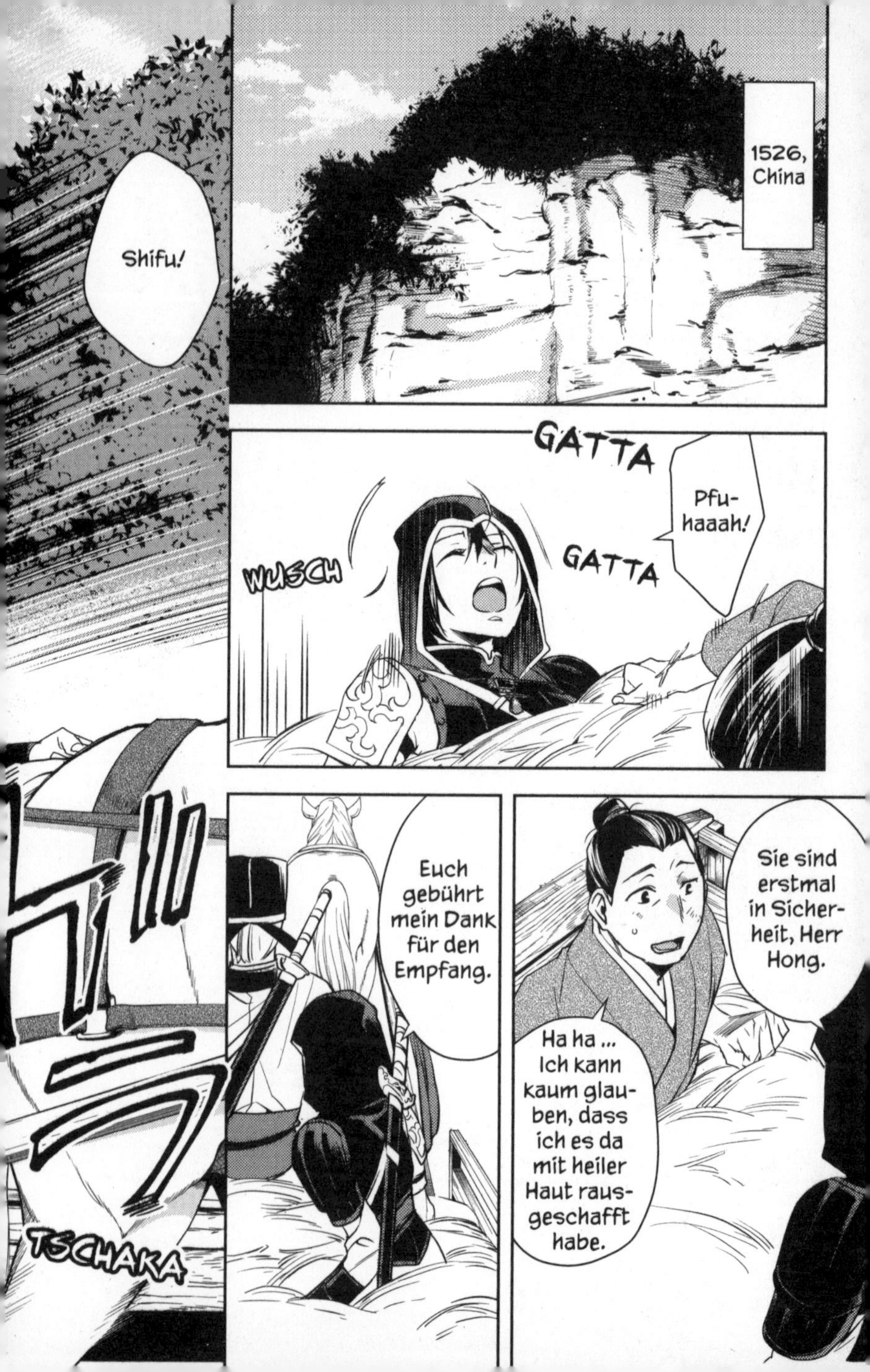
1526, China
Shifu!
GATTA
Pfu-haaah!
GATTA
WUSCH
Sie sind erstmal in Sicherheit, Herr Hong.
Ha ha ... Ich kann kaum glauben, dass ich es da mit heiler Haut rausgeschafft habe.
Euch gebührt mein Dank für den Empfang.
TSCHAKA

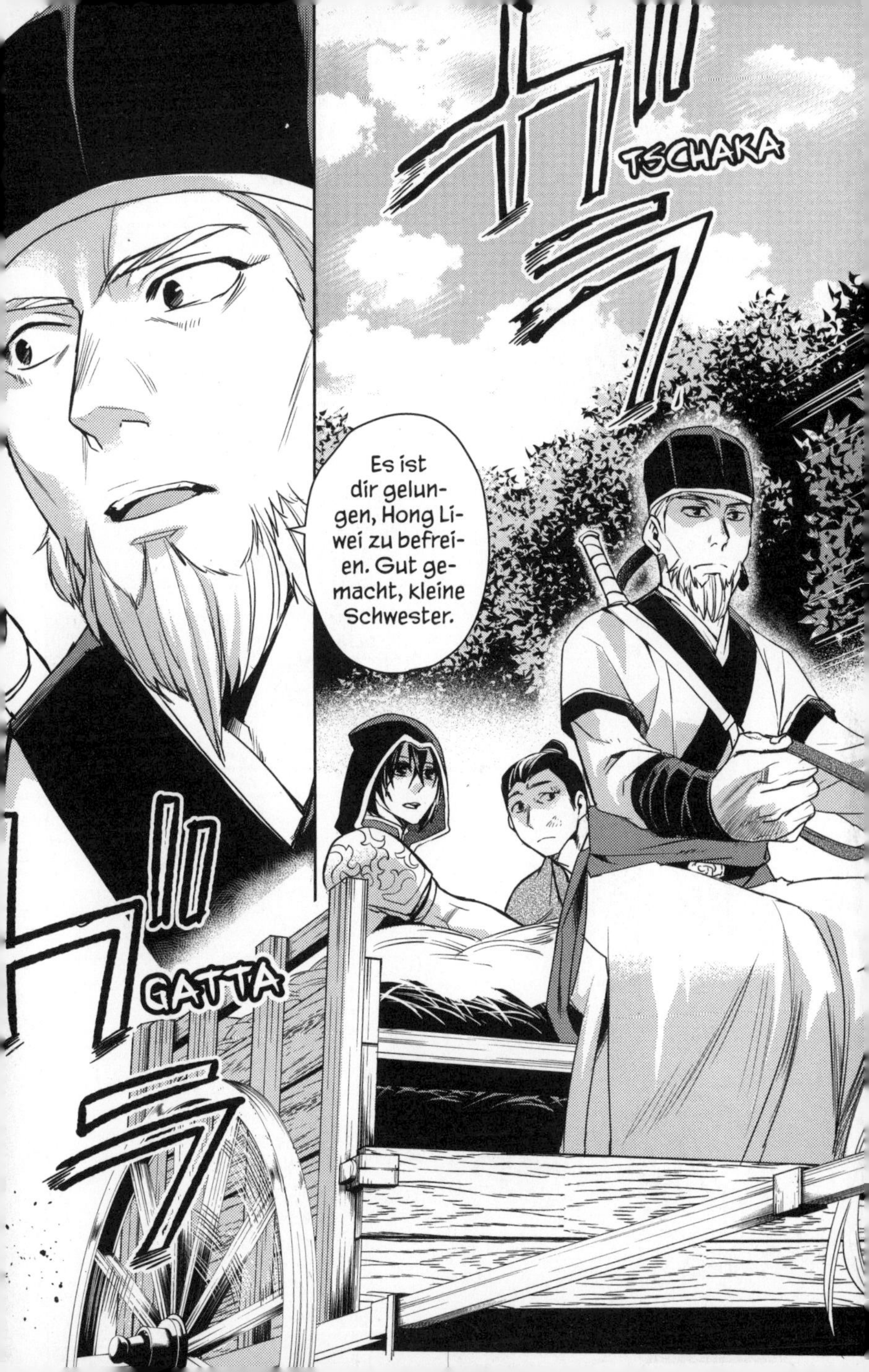
TSCHAKA
Es ist dir gelungen, Hong Liwei zu befreien. Gut gemacht, kleine Schwester.
GATTA

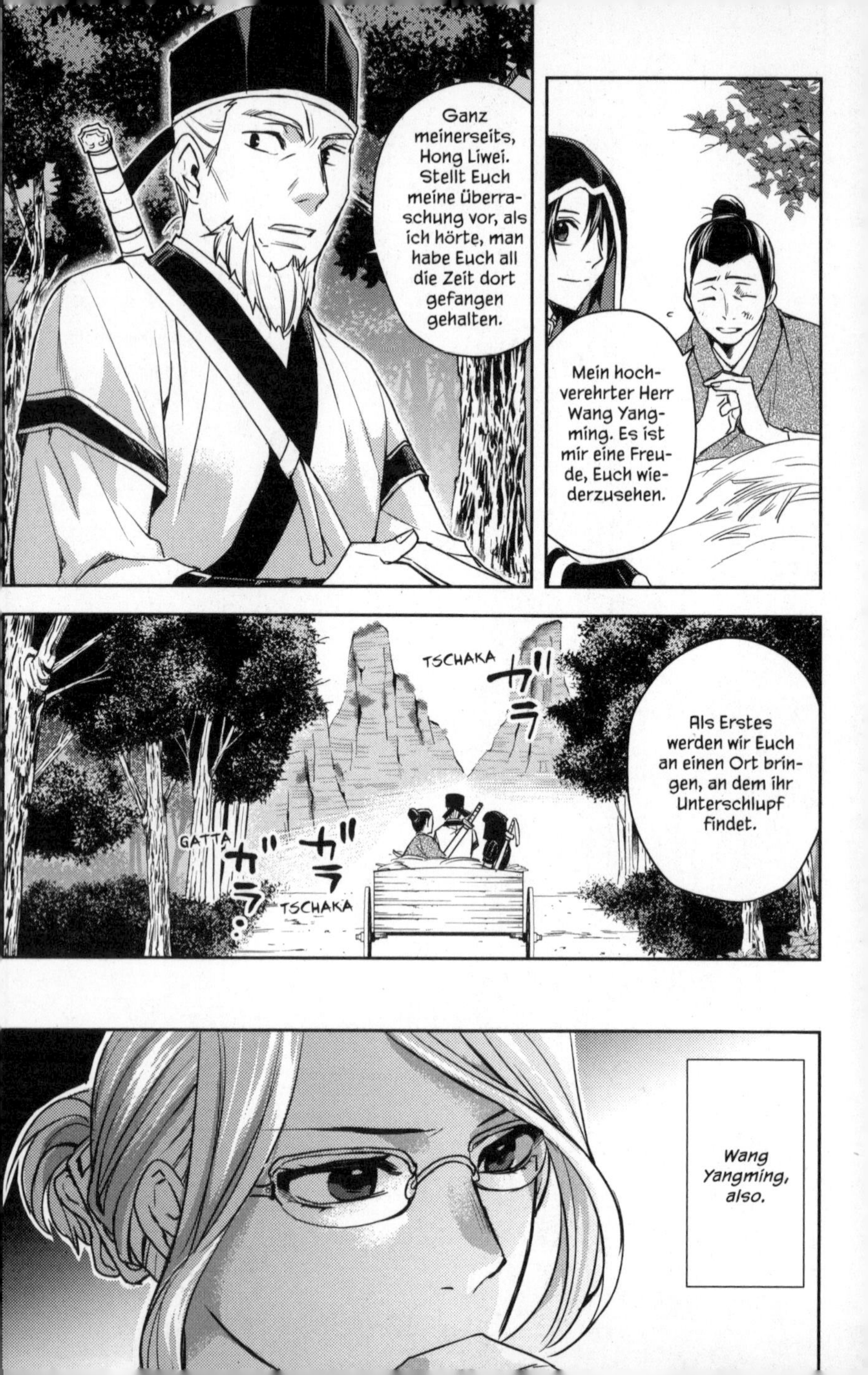

Mein hochverehrter Herr Wang Yangming. Es ist mir eine Freude, Euch wiederzusehen.
Ganz meinerseits, Hong Liwei. Stellt Euch meine Überraschung vor, als ich hörte, man habe Euch all die Zeit dort gefangen gehalten.
Als Erstes werden wir Euch an einen Ort bringen, an dem ihr Unterschlupf findet.
TSCHAKA
GATTA
TSCHAKA
Wang Yangming, also.

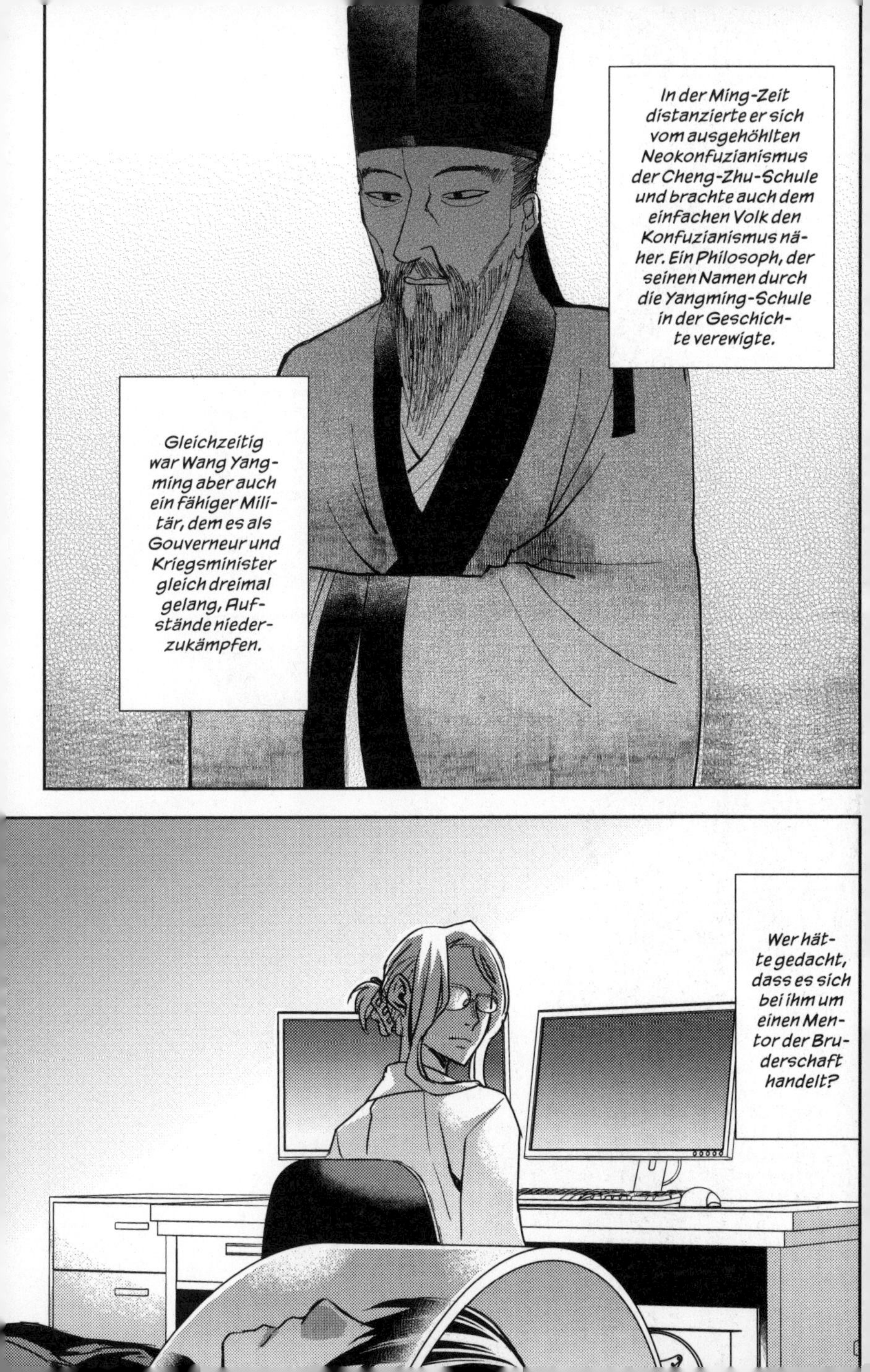
In der Ming-Zeit distanzierte er sich vom ausgehöhlten Neokonfuzianismus der Cheng-Zhu-Schule und brachte auch dem einfachen Volk den Konfuzianismus näher. Ein Philosoph, der seinen Namen durch die Yangming-Schule in der Geschichte verewigte.
Gleichzeitig war Wang Yangming aber auch ein fähiger Militär, dem es als Gouverneur und Kriegsminister gleich dreimal gelang, Aufstände niederzukämpfen.
Wer hätte gedacht, dass es sich bei ihm um einen Mentor der Bruderschaft handelt?

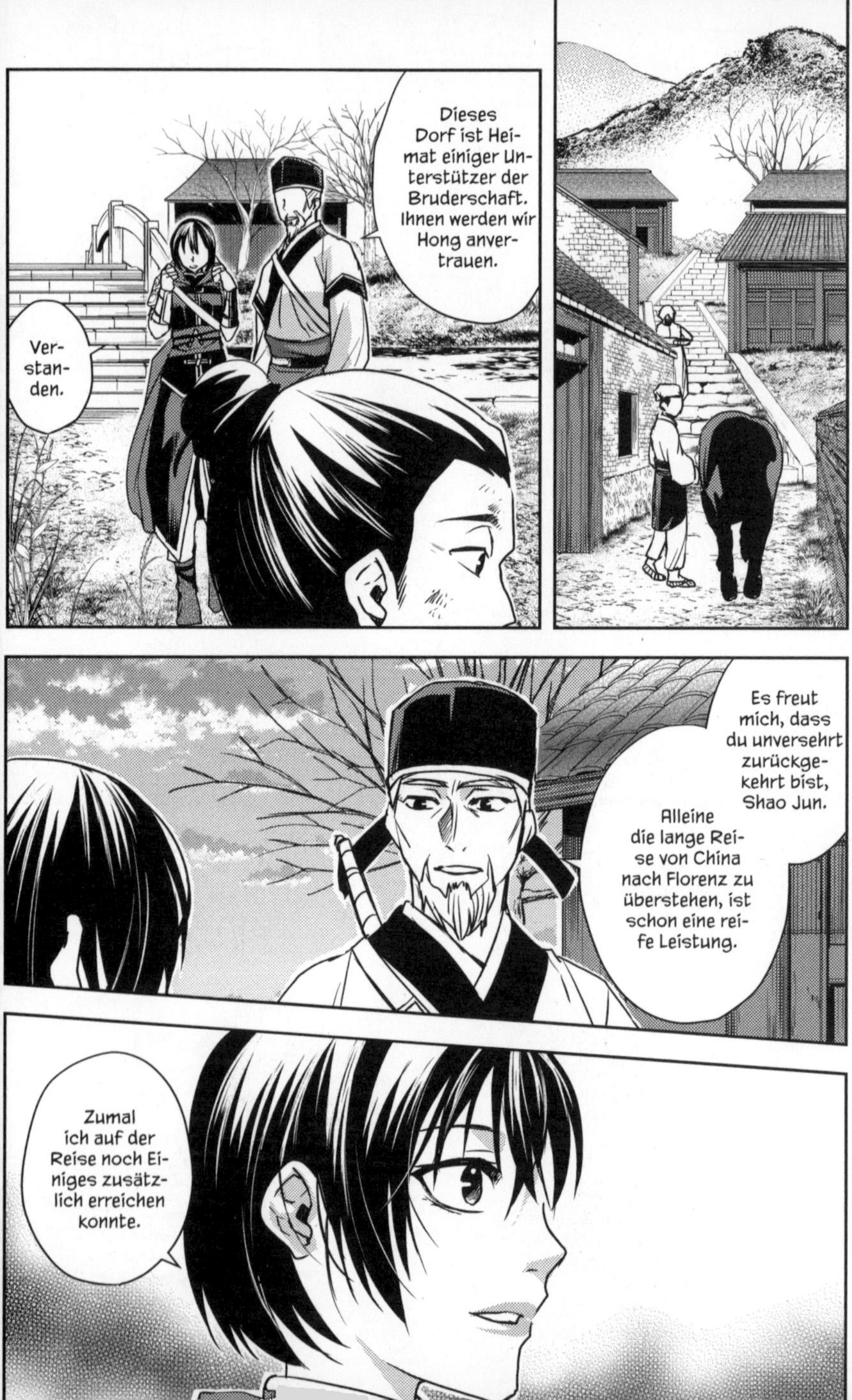
Dieses Dorf ist Heimat einiger Unterstützer der Bruderschaft. Ihnen werden wir Hong anvertrauen.
Verstanden.
Es freut mich, dass du unversehrt zurückgekehrt bist, Shao Jun.
Alleine die lange Reise von China nach Florenz zu überstehen, ist schon eine reife Leistung.
Zumal ich auf der Reise noch Einiges zusätzlich erreichen konnte.

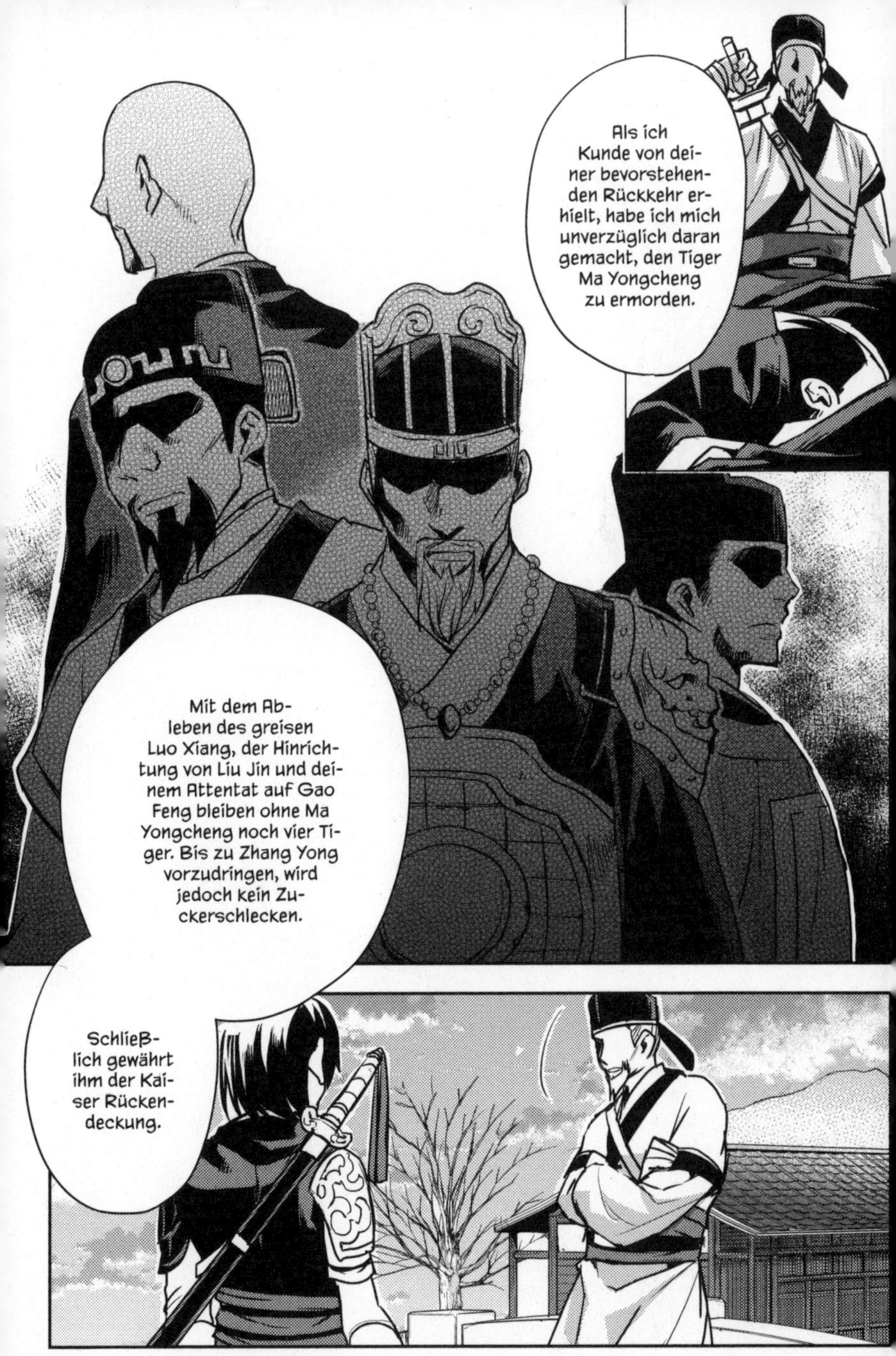

Als ich Kunde von deiner bevorstehenden Rückkehr erhielt, habe ich mich unverzüglich daran gemacht, den Tiger Ma Yongcheng zu ermorden.
Mit dem Ableben des greisen Luo Xiang, der Hinrichtung von Liu Jin und deinem Attentat auf Gao Feng bleiben ohne Ma Yongcheng noch vier Tiger. Bis zu Zhang Yong vorzudringen, wird jedoch kein Zuckerschlecken.
Schließlich gewährt ihm der Kaiser Rückendeckung.

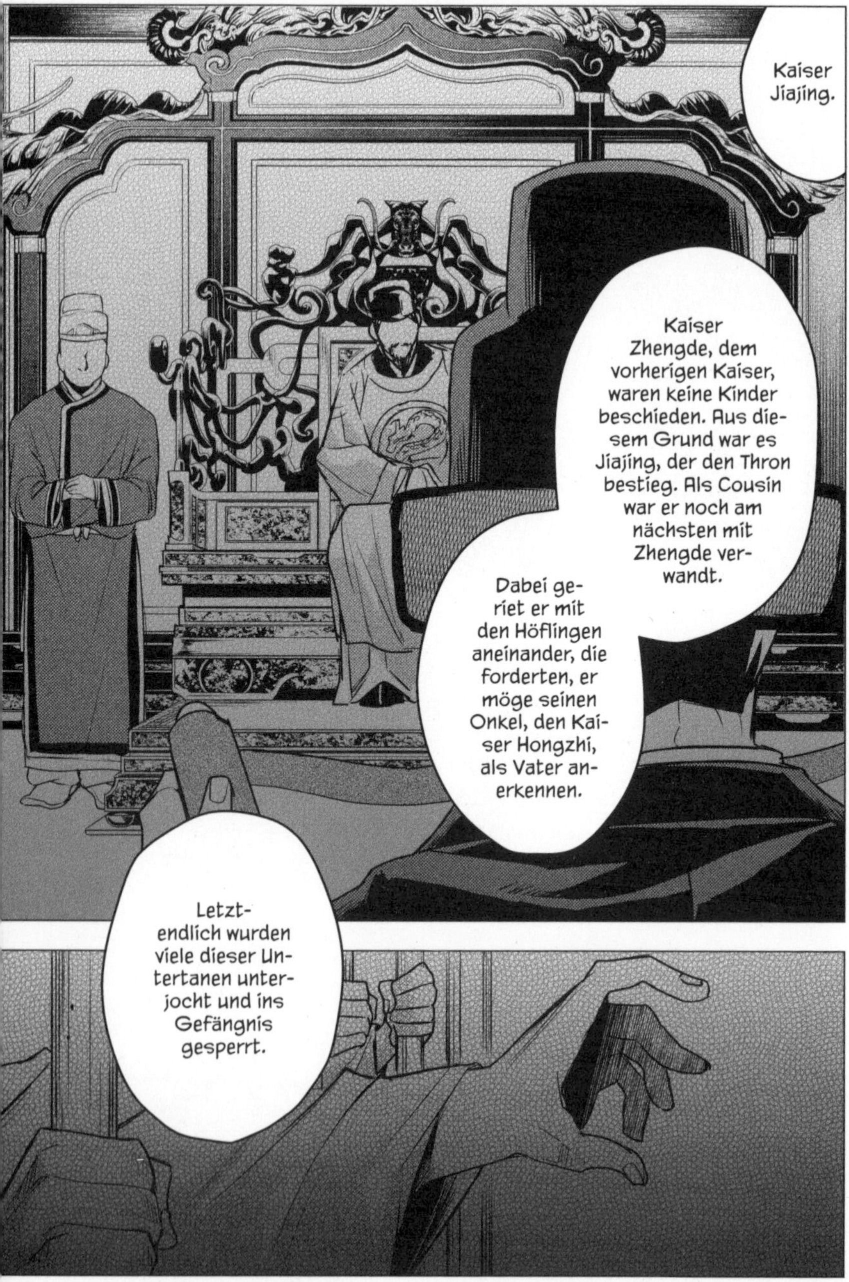
Kaiser Jiajing.
Kaiser Zhengde, dem vorherigen Kaiser, waren keine Kinder beschieden. Aus diesem Grund war es Jiajing, der den Thron bestieg. Als Cousin war er noch am nächsten mit Zhengde verwandt.
Dabei geriet er mit den Höflingen aneinander, die forderten, er möge seinen Onkel, den Kaiser Hongzhi, als Vater anerkennen.
Letztendlich wurden viele dieser Untertanen unterjocht und ins Gefängnis gesperrt.

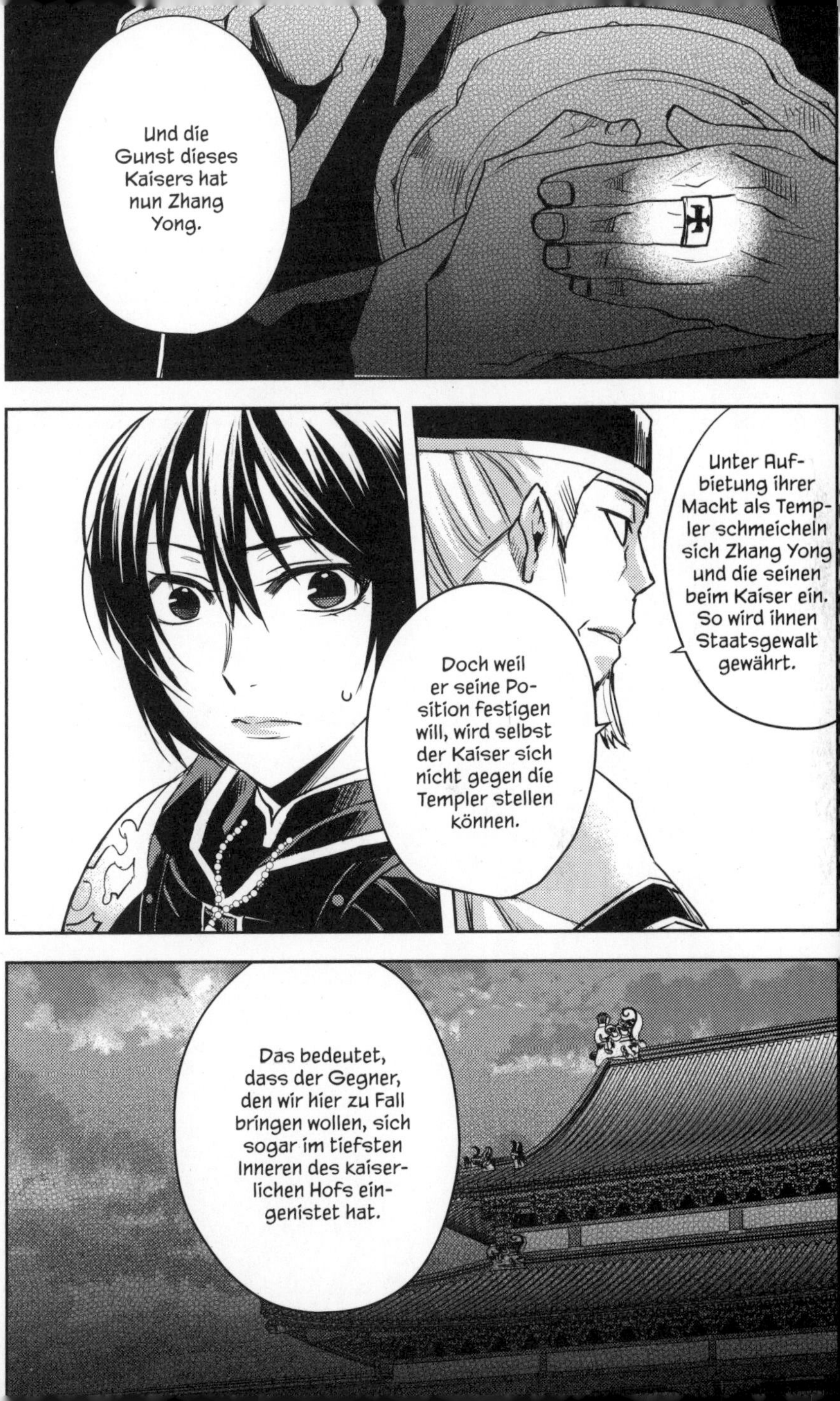
Und die Gunst dieses Kaisers hat nun Zhang Yong.
Unter Aufbietung ihrer Macht als Templer schmeicheln sich Zhang Yong und die seinen beim Kaiser ein. So wird ihnen Staatsgewalt gewährt.
Doch weil er seine Position festigen will, wird selbst der Kaiser sich nicht gegen die Templer stellen können.
Das bedeutet, dass der Gegner, den wir hier zu Fall bringen wollen, sich sogar im tiefsten Inneren des kaiserlichen Hofs eingenistet hat.

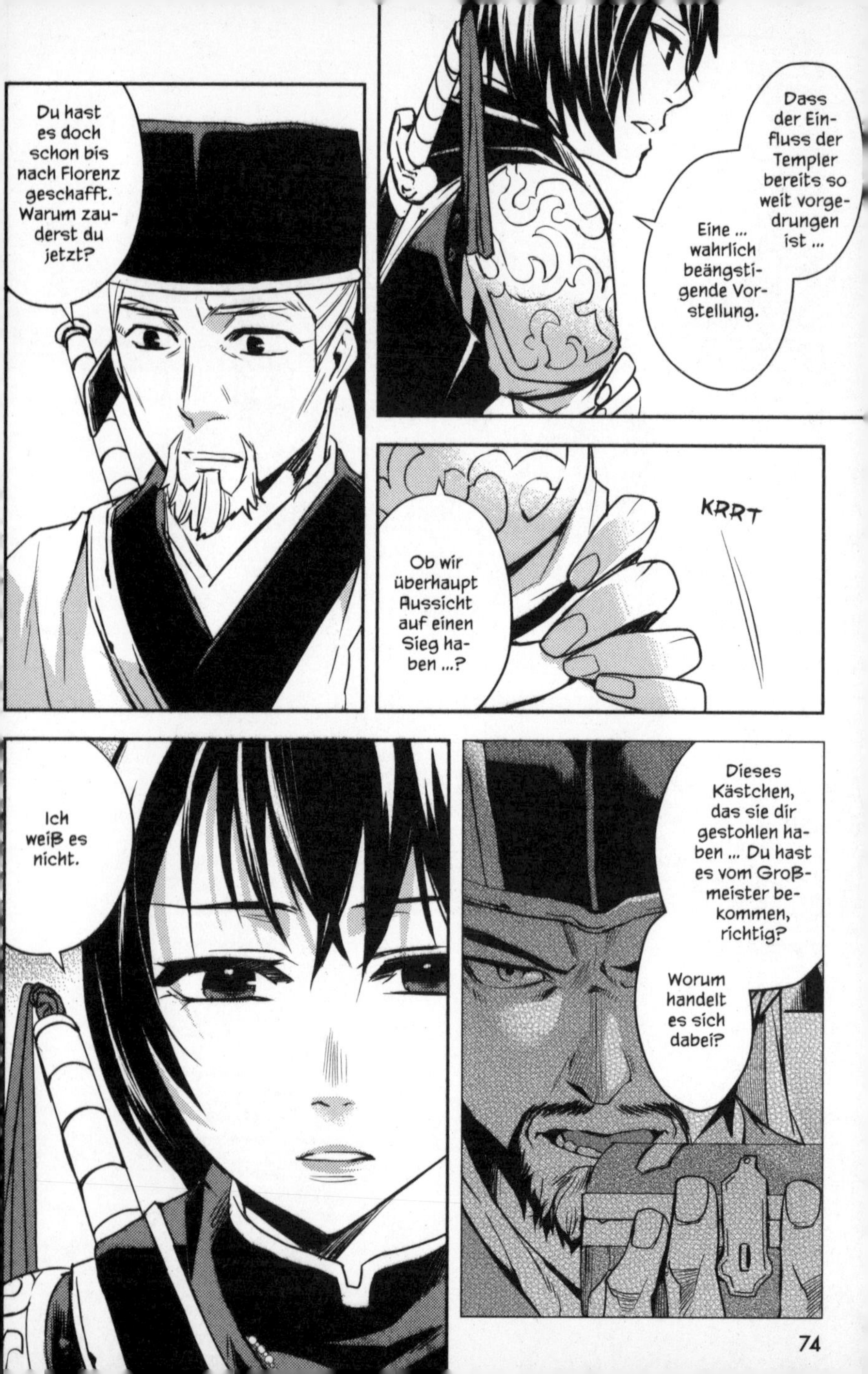

Dass der Einfluss der Templer bereits so weit vorgedrungen ist ...
Eine ... wahrlich beängstigende Vorstellung.
KRRT
Ob wir überhaupt Aussicht auf einen Sieg haben ...?
Du hast es doch schon bis nach Florenz geschafft. Warum zauderst du jetzt?
Dieses Kästchen, das sie dir gestohlen haben ... Du hast es vom Großmeister bekommen, richtig?
Worum handelt es sich dabei?
Ich weiß es nicht.

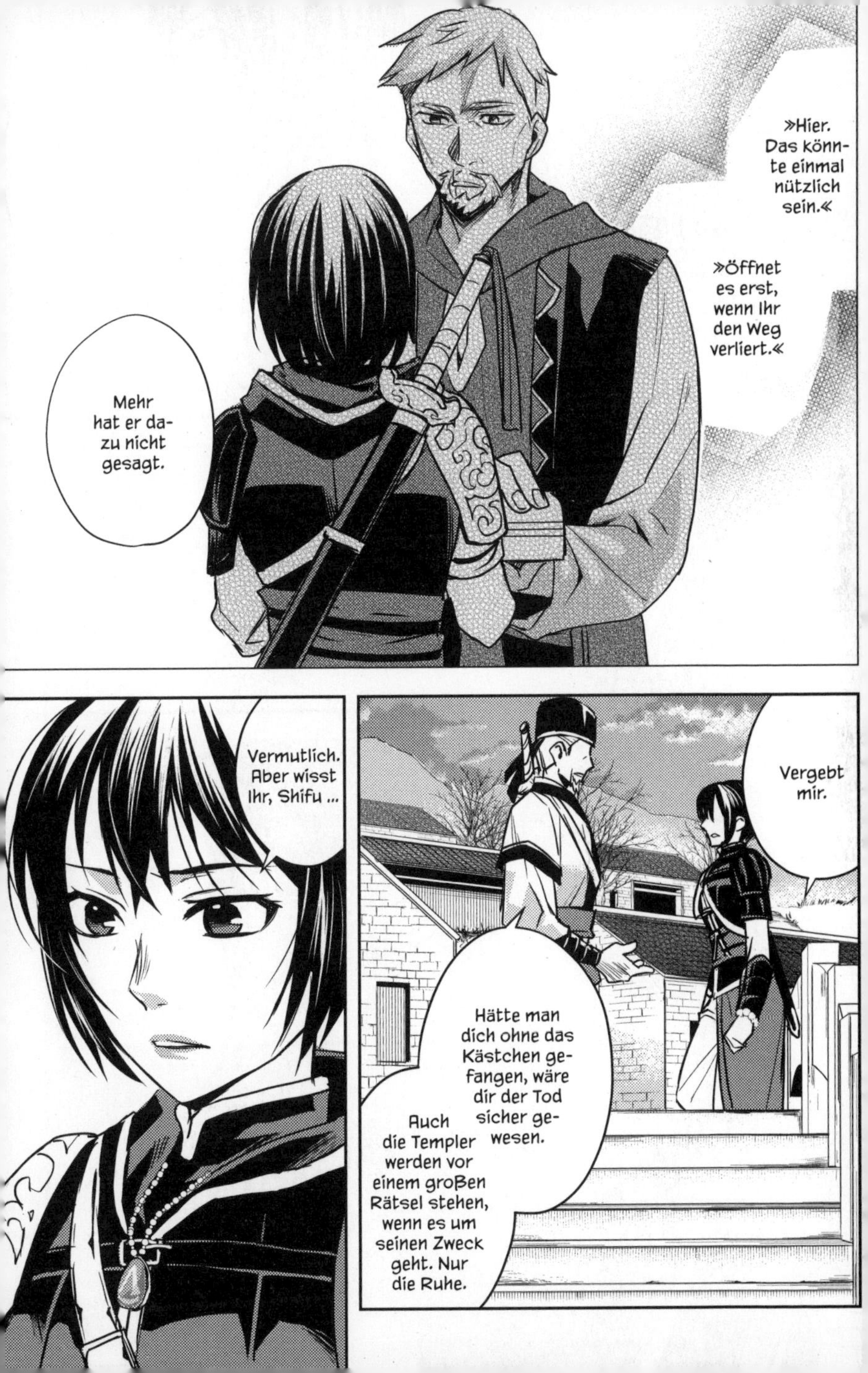
»Hier. Das könnte einmal nützlich sein.«
»Öffnet es erst, wenn Ihr den Weg verliert.«
Mehr hat er dazu nicht gesagt.
Vergebt mir.
Hätte man dich ohne das Kästchen gefangen, wäre dir der Tod sicher gewesen.
Auch die Templer werden vor einem großen Rätsel stehen, wenn es um seinen Zweck geht. Nur die Ruhe.
Vermutlich. Aber wisst Ihr, Shifu ...

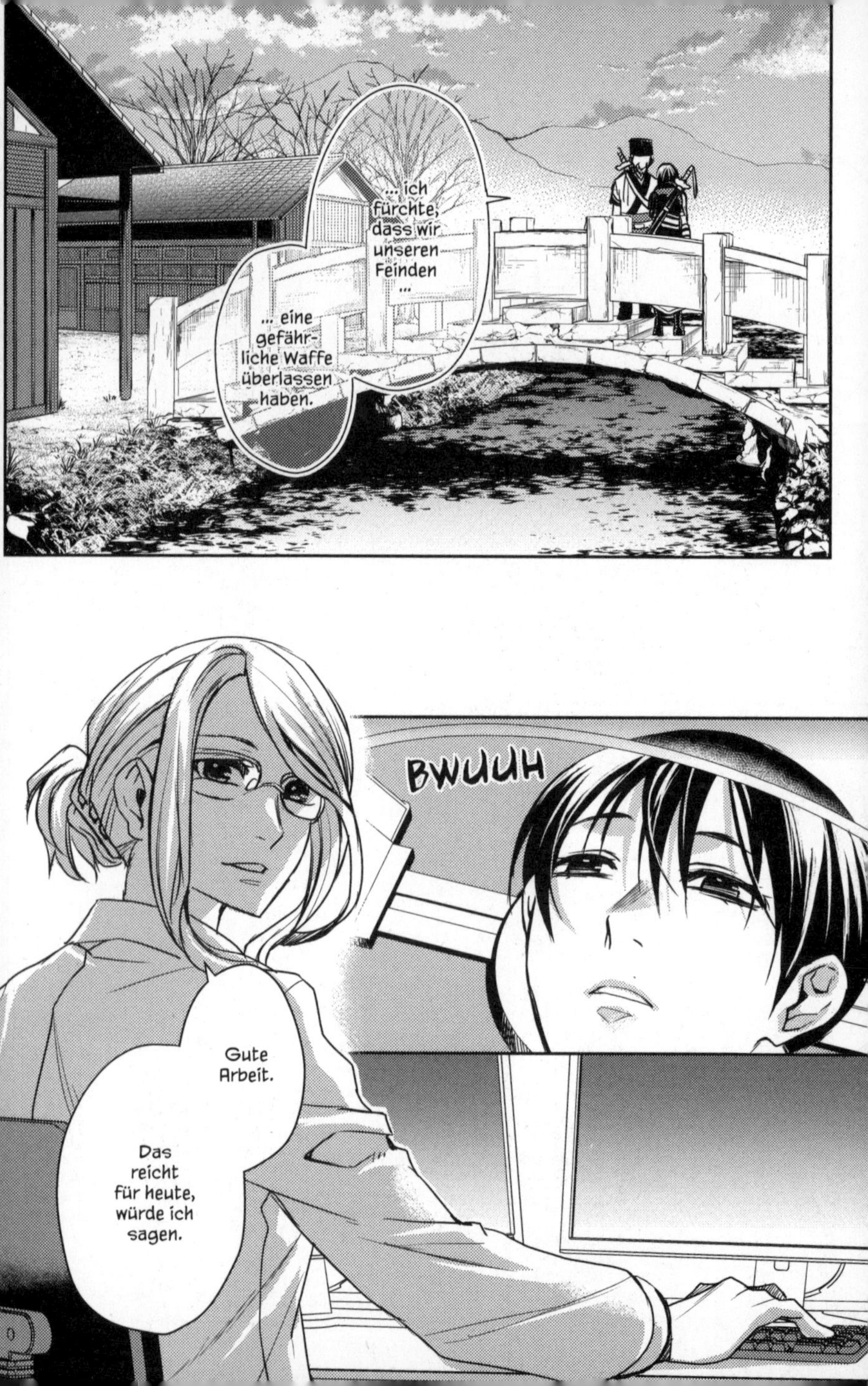
... ich fürchte, dass wir unseren Feinden ...
... eine gefährliche Waffe überlassen haben.
BWUUH
Gute Arbeit.
Das reicht für heute, würde ich sagen.

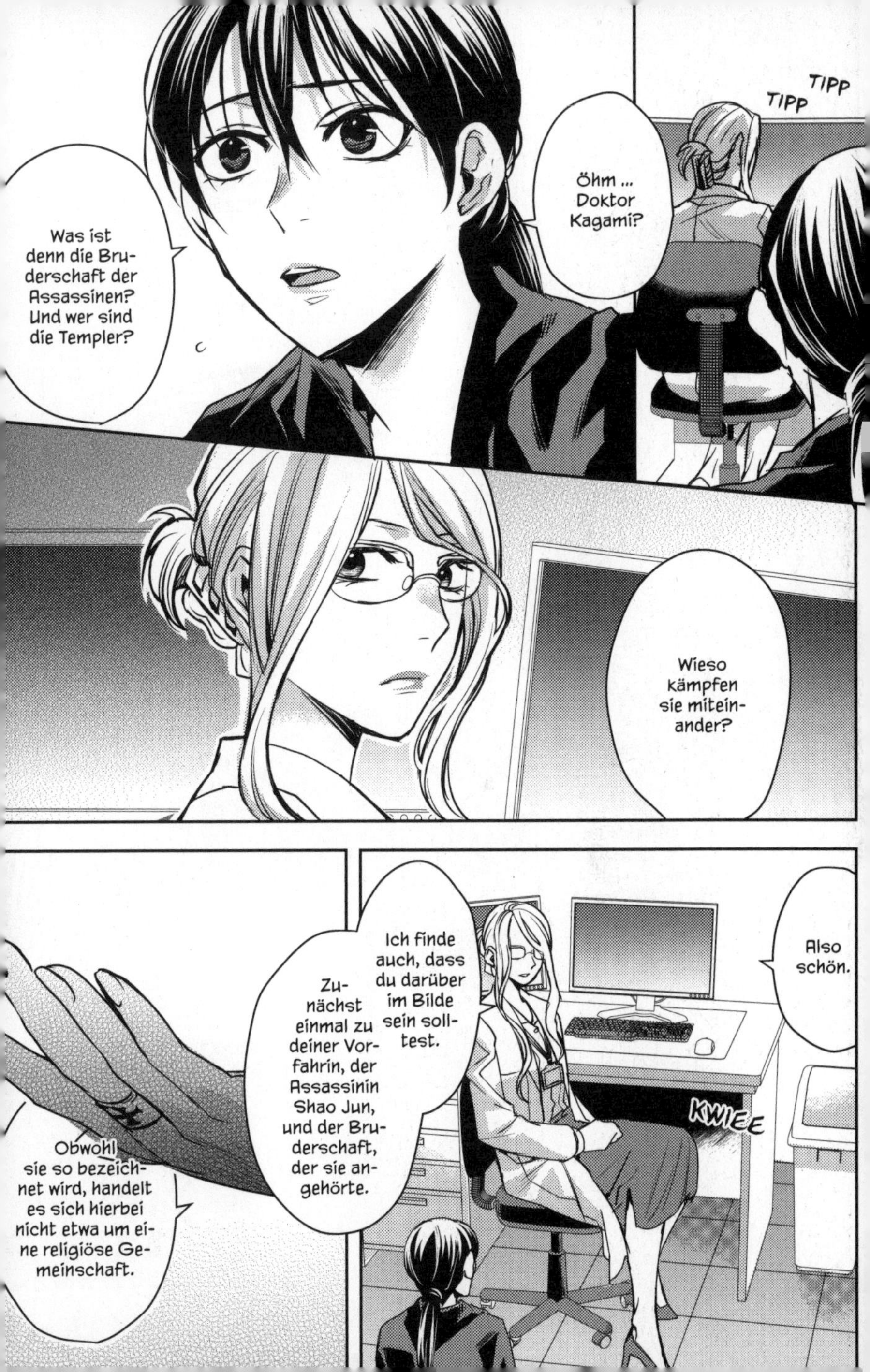
TIPP TIPP
Öhm ... Doktor Kagami?
Was ist denn die Bruderschaft der Assassinen? Und wer sind die Templer?
Wieso kämpfen sie miteinander?
Also schön.
KWIEE
Ich finde auch, dass du darüber im Bilde sein solltest.
Zunächst einmal zu deiner Vorfahrin, der Assassinin Shao Jun, und der Bruderschaft, der sie angehörte.
Obwohl sie so bezeichnet wird, handelt es sich hierbei nicht etwa um eine religiöse Gemeinschaft.

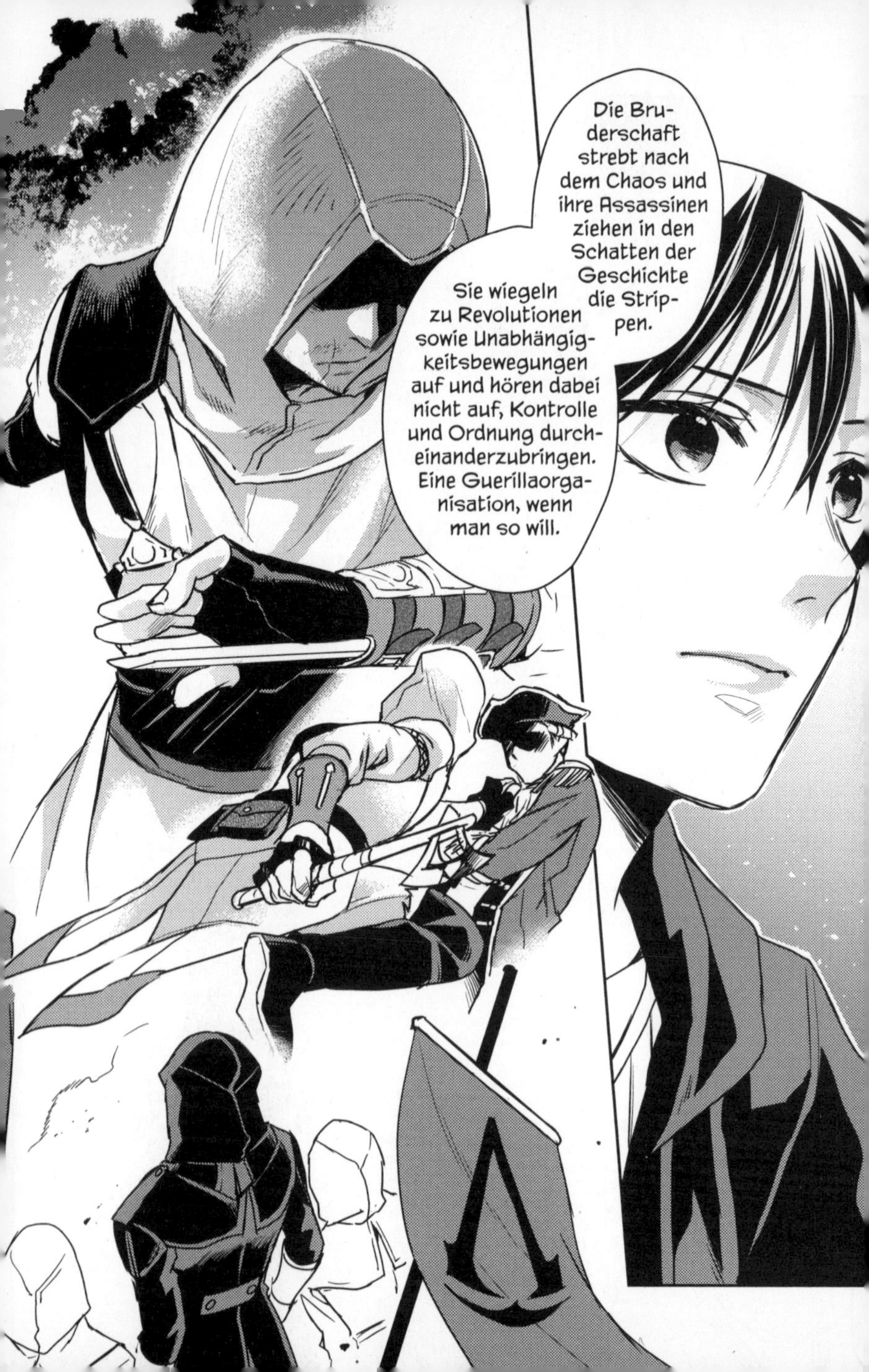
Die Bruderschaft strebt nach dem Chaos und ihre Assassinen ziehen in den Schatten der Geschichte die Strippen.
Sie wiegeln zu Revolutionen sowie Unabhängigkeitsbewegungen auf und hören dabei nicht auf, Kontrolle und Ordnung durcheinanderzubringen. Eine Guerillaorganisation, wenn man so will.

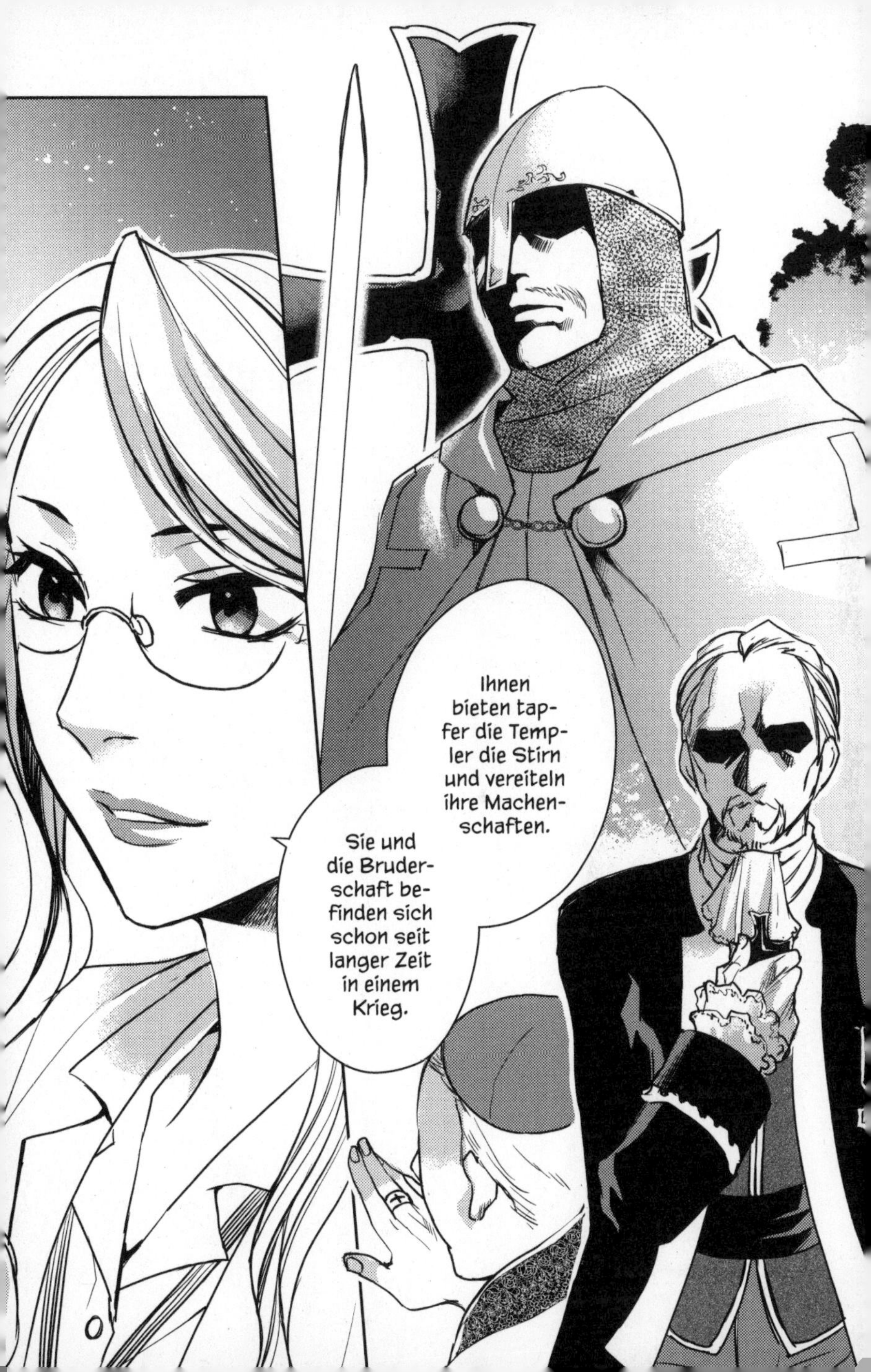
Sie und die Bruderschaft befinden sich schon seit langer Zeit in einem Krieg.
Ihnen bieten tapfer die Templer die Stirn und vereiteln ihre Machenschaften.

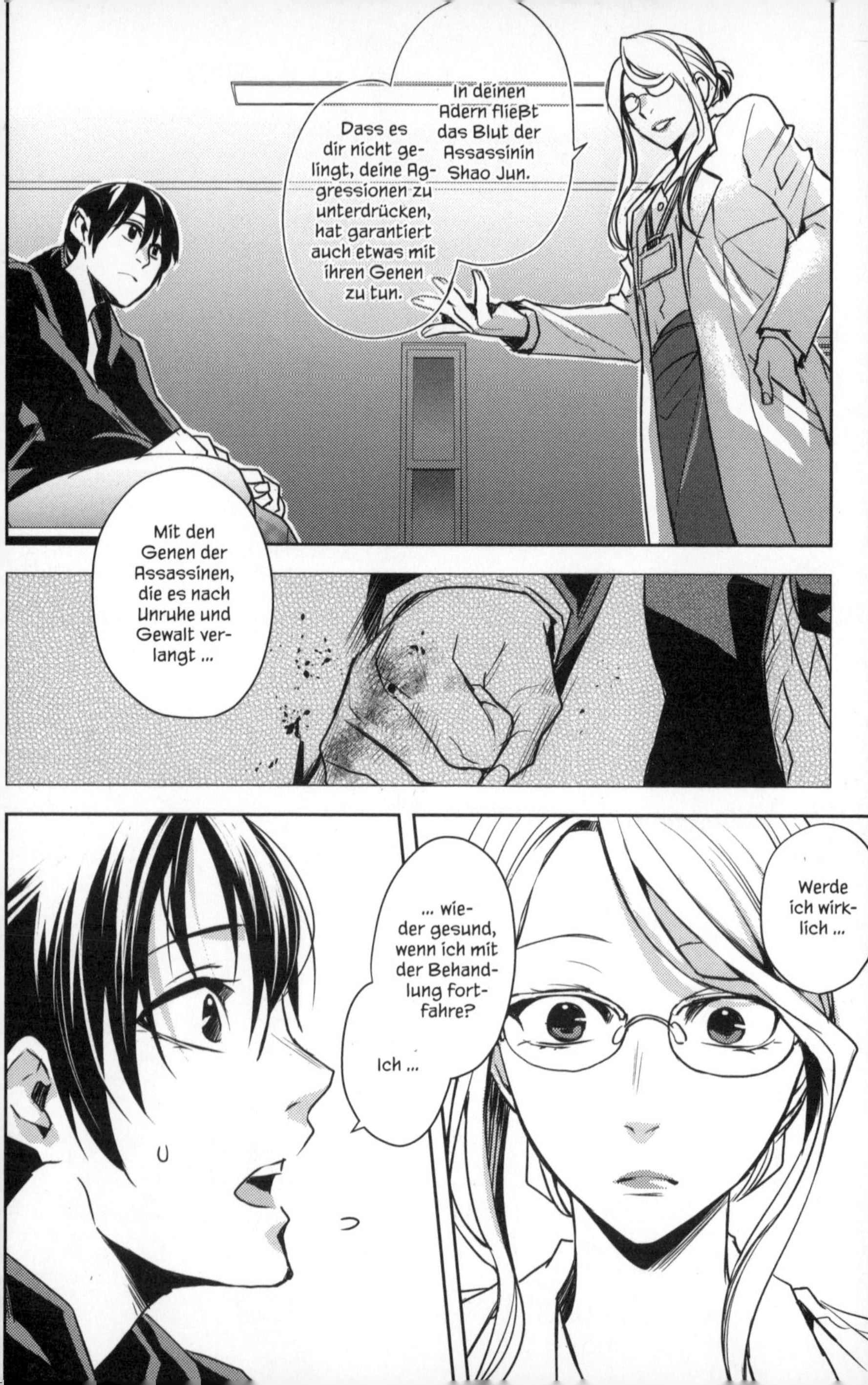
In deinen Adern fließt das Blut der Assassinin Shao Jun.
Dass es dir nicht gelingt, deine Aggressionen zu unterdrücken, hat garantiert auch etwas mit ihren Genen zu tun.
Mit den Genen der Assassinen, die es nach Unruhe und Gewalt verlangt ...
Werde ich wirklich ...
... wieder gesund, wenn ich mit der Behandlung fortfahre?
Ich ...

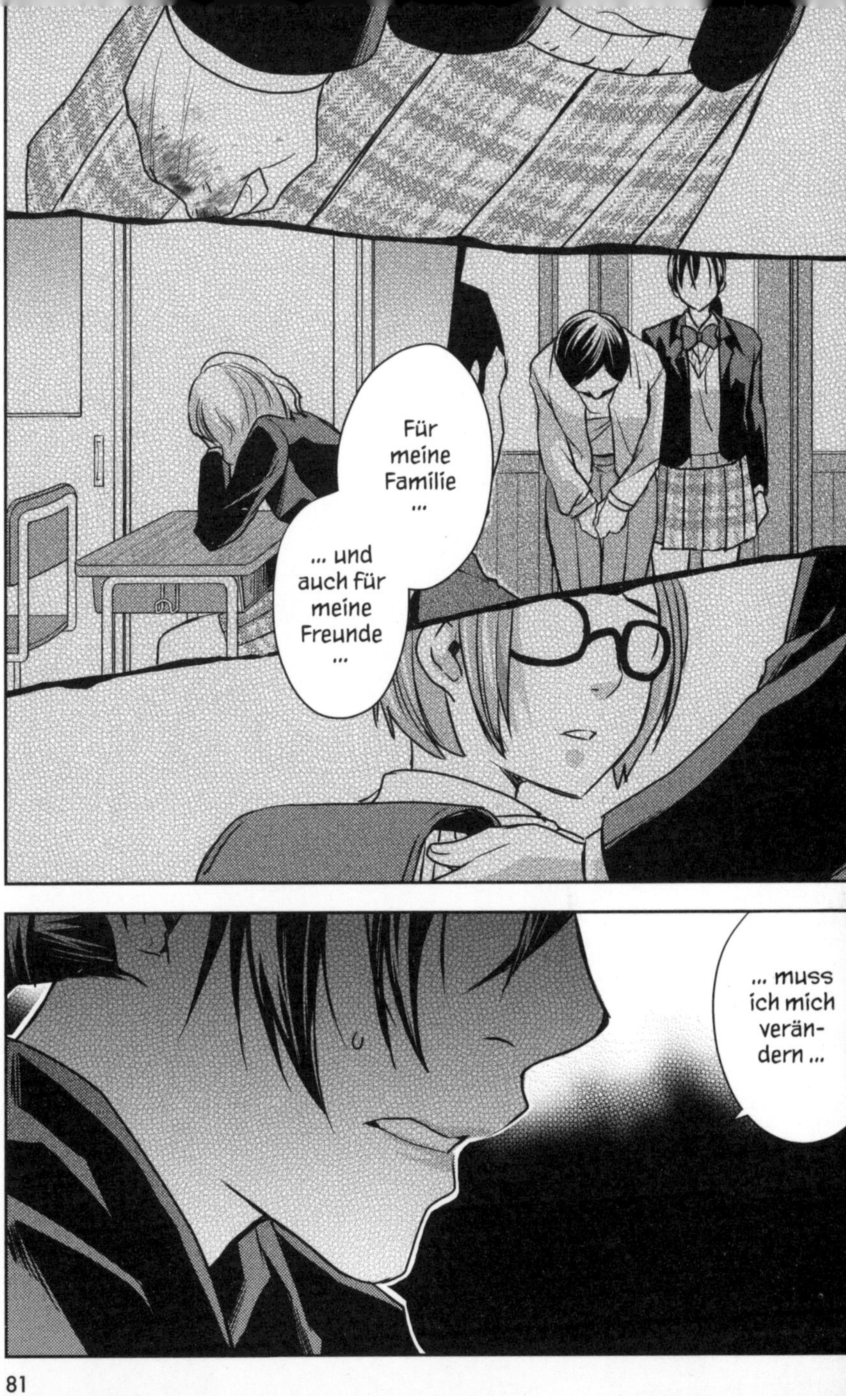
Für meine Familie ...
... und auch für meine Freunde ...
... muss ich mich verän-dern ...

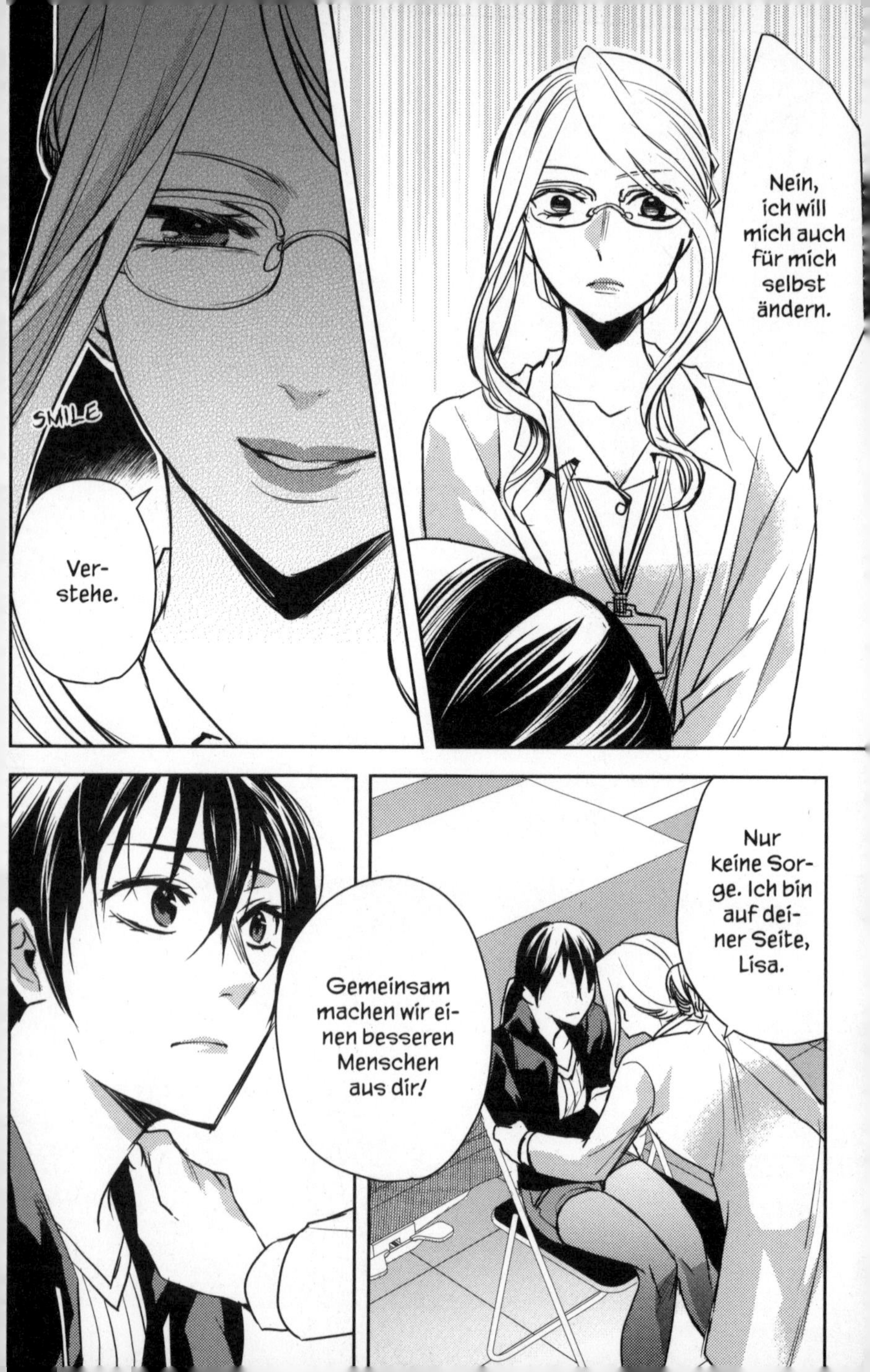
Nein, ich will mich auch für mich selbst ändern.
SMILE
Ver- stehe.
Nur keine Sor- ge. Ich bin auf dei- ner Seite, Lisa.
Gemeinsam machen wir ei- nen besseren Menschen aus dir!

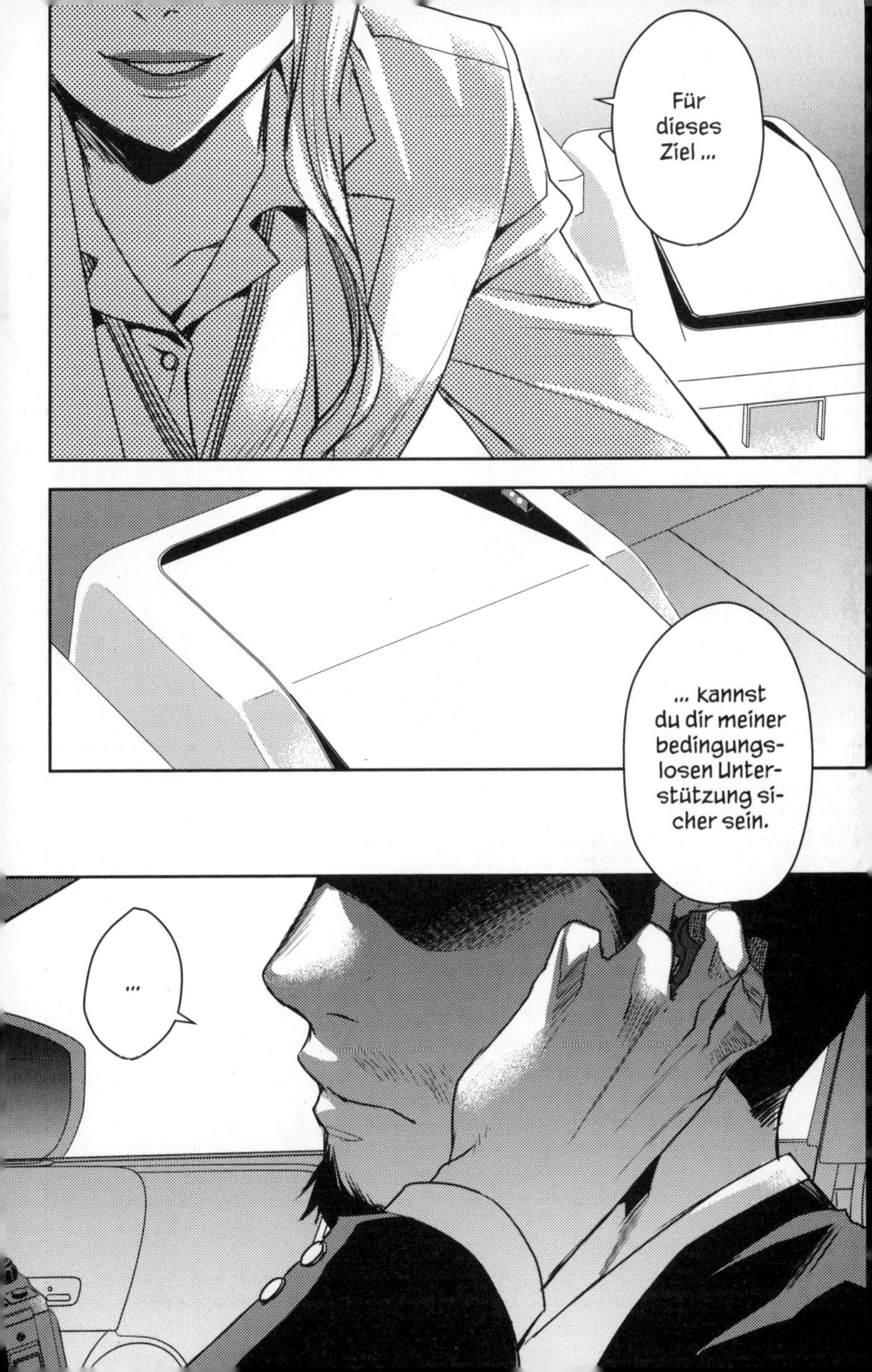
Für dieses Ziel ...
... kannst du dir meiner bedingungslosen Unterstützung sicher sein.
...

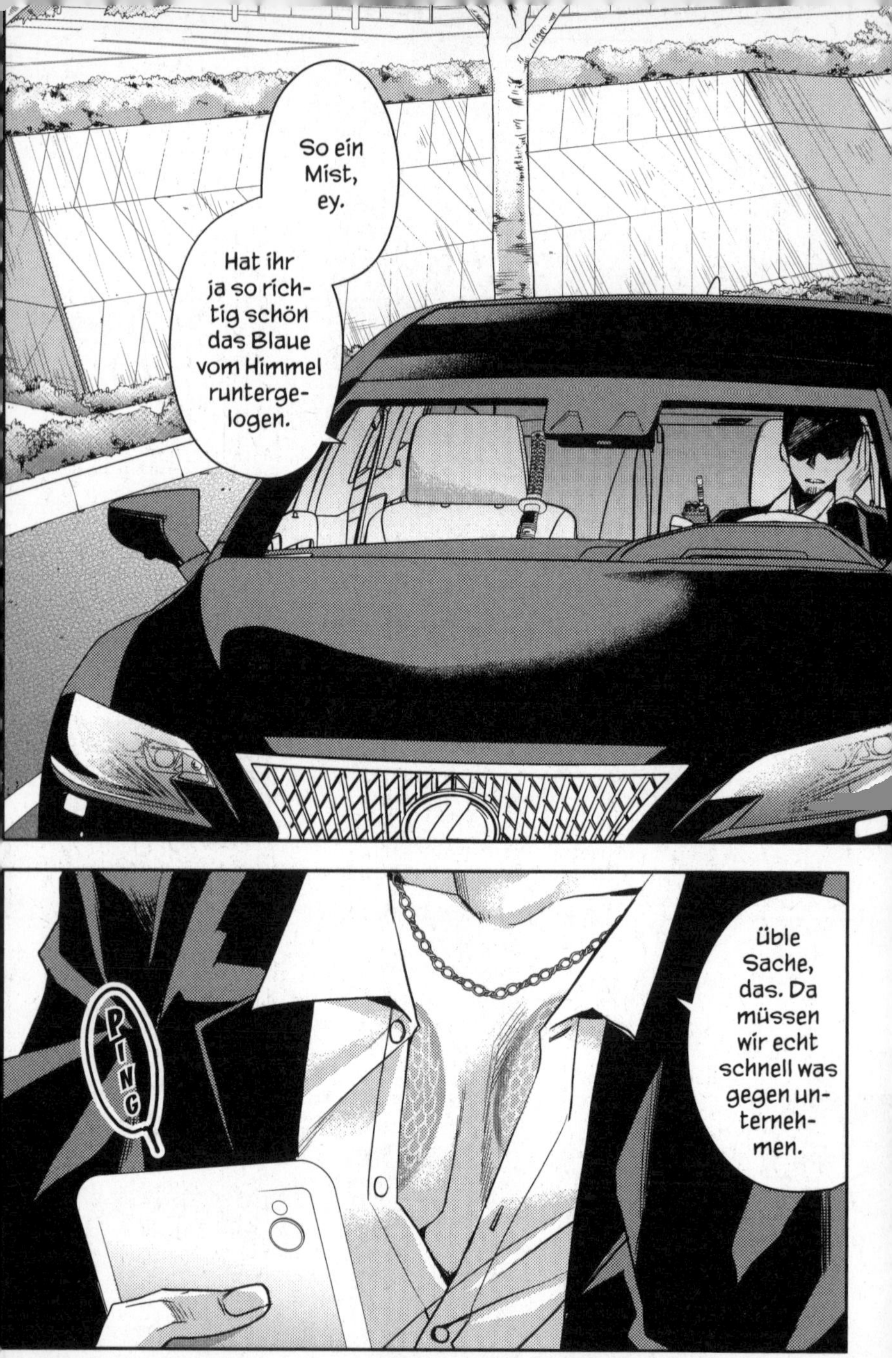
So ein Mist, ey.
Hat ihr ja so richtig schön das Blaue vom Himmel runtergelogen.
PING
Üble Sache, das. Da müssen wir echt schnell was gegen unternehmen.

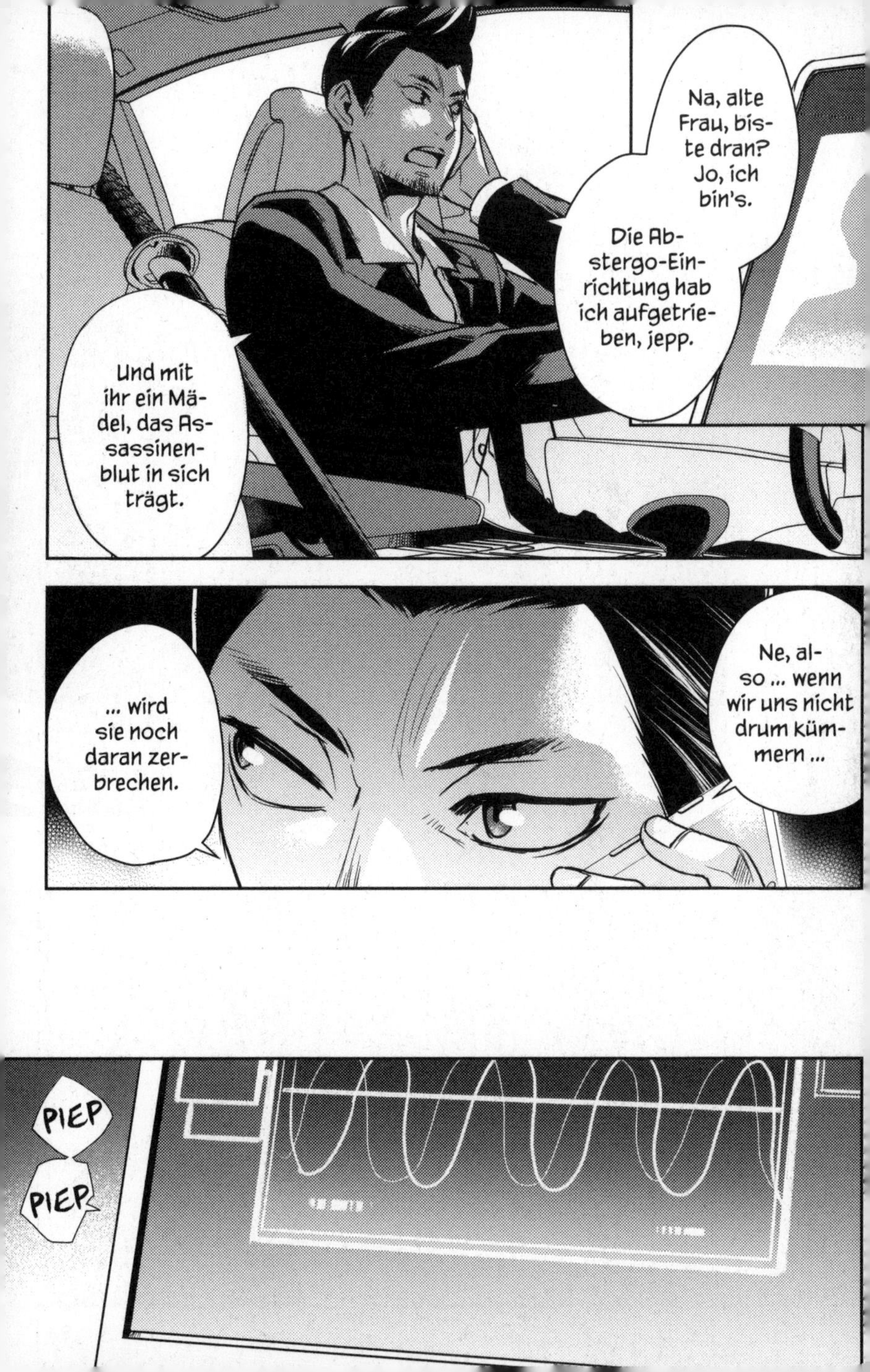
Na, alte Frau, biste dran? Jo, ich bin's.
Die Abstergo-Einrichtung hab ich aufgetrieben, jepp.
Und mit ihr ein Mädel, das Assassinenblut in sich trägt.
Ne, also ... wenn wir uns nicht drum kümmern ...
... wird sie noch daran zerbrechen.
PIEP
PIEP

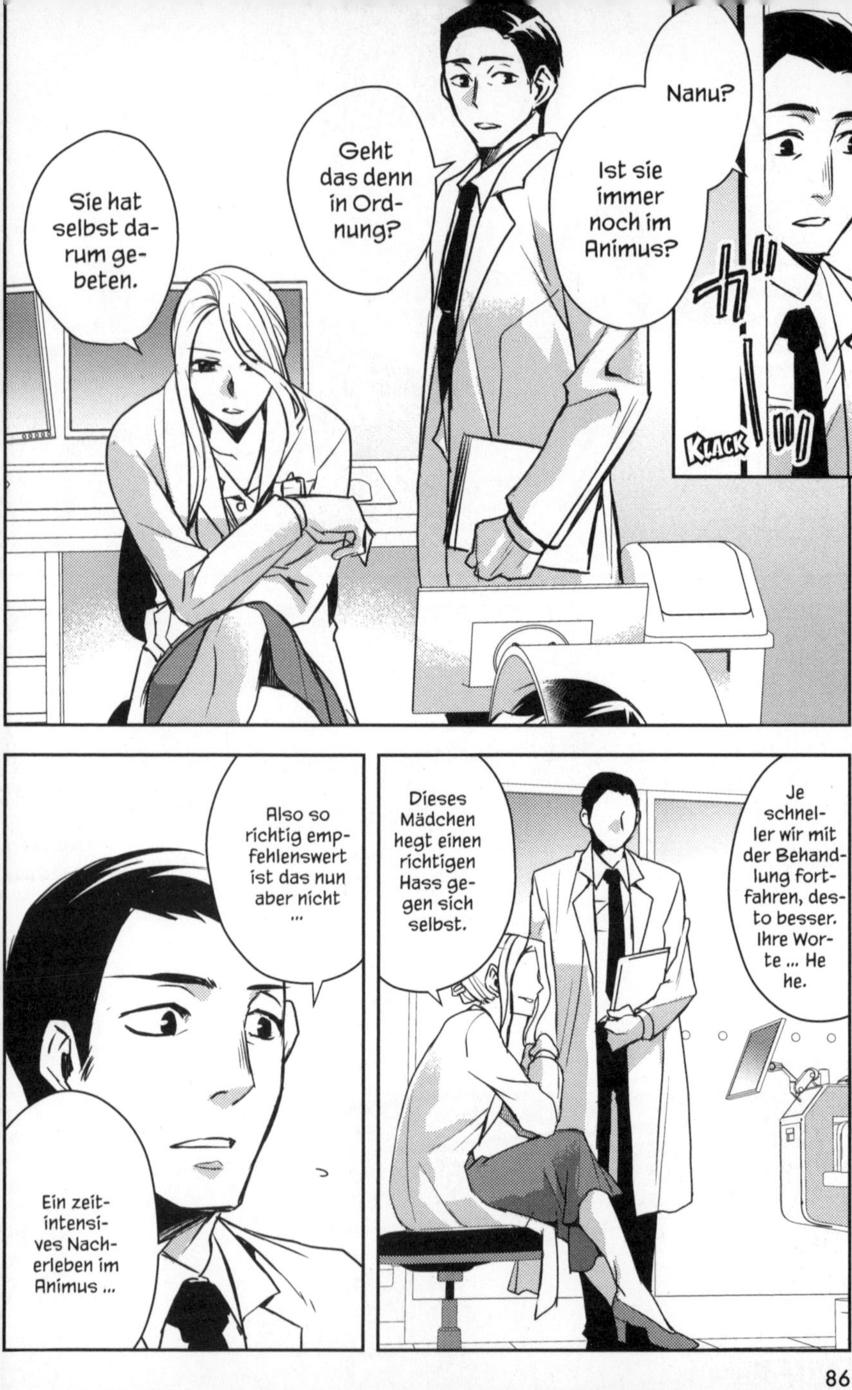
Nanu?
Ist sie immer noch im Animus?
KLACK
Geht das denn in Ordnung?
Sie hat selbst darum gebeten.
Je schneller wir mit der Behandlung fortfahren, desto besser. Ihre Worte ... He he.
Dieses Mädchen hegt einen richtigen Hass gegen sich selbst.
Also so richtig empfehlenswert ist das nun aber nicht ...
Ein zeitintensives Nacherleben im Animus ...

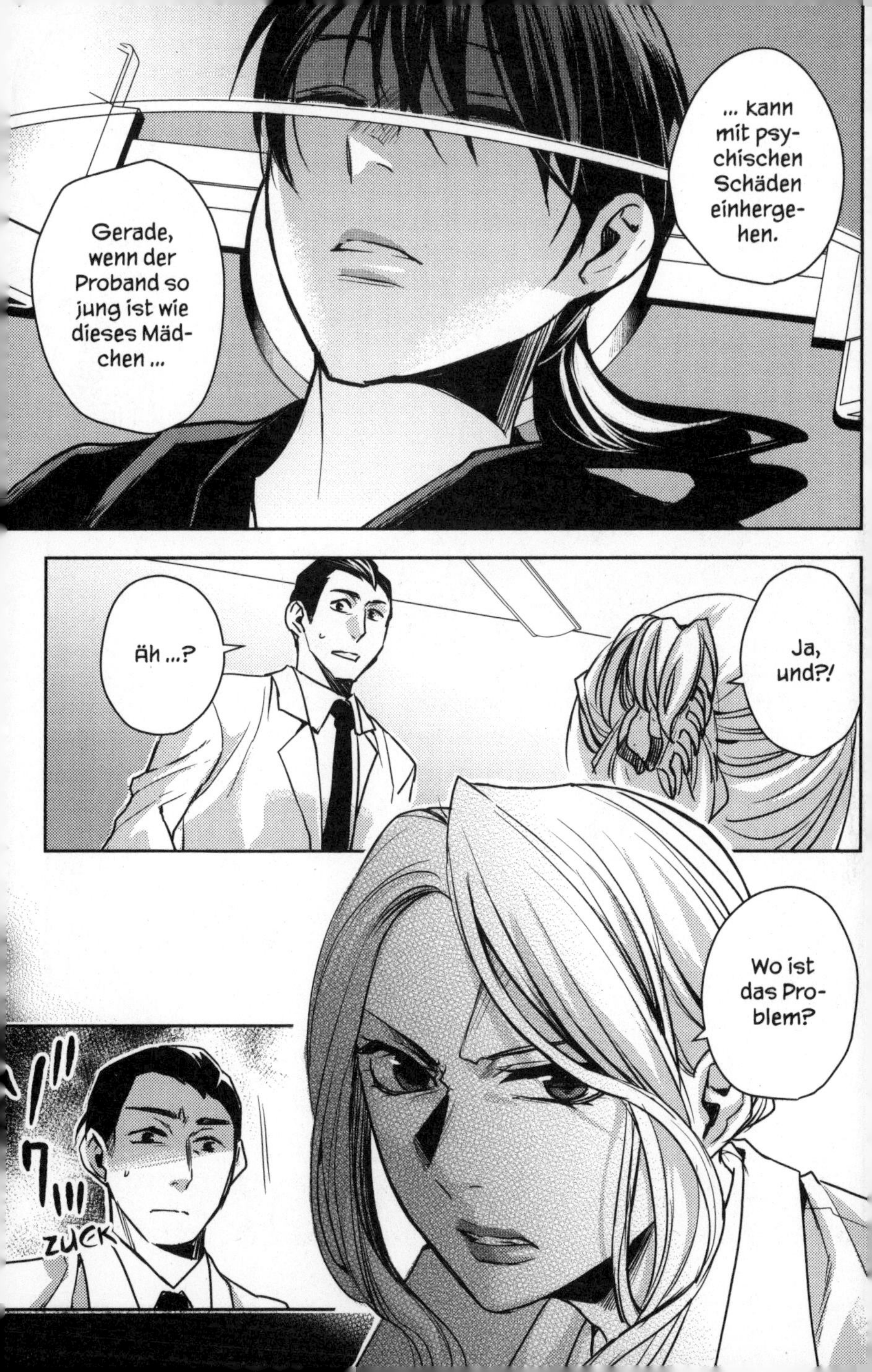
... kann mit psychischen Schäden einhergehen.
Gerade, wenn der Proband so jung ist wie dieses Mädchen ...
Ja, und?!
Äh ...?
Wo ist das Problem?
ZUCK

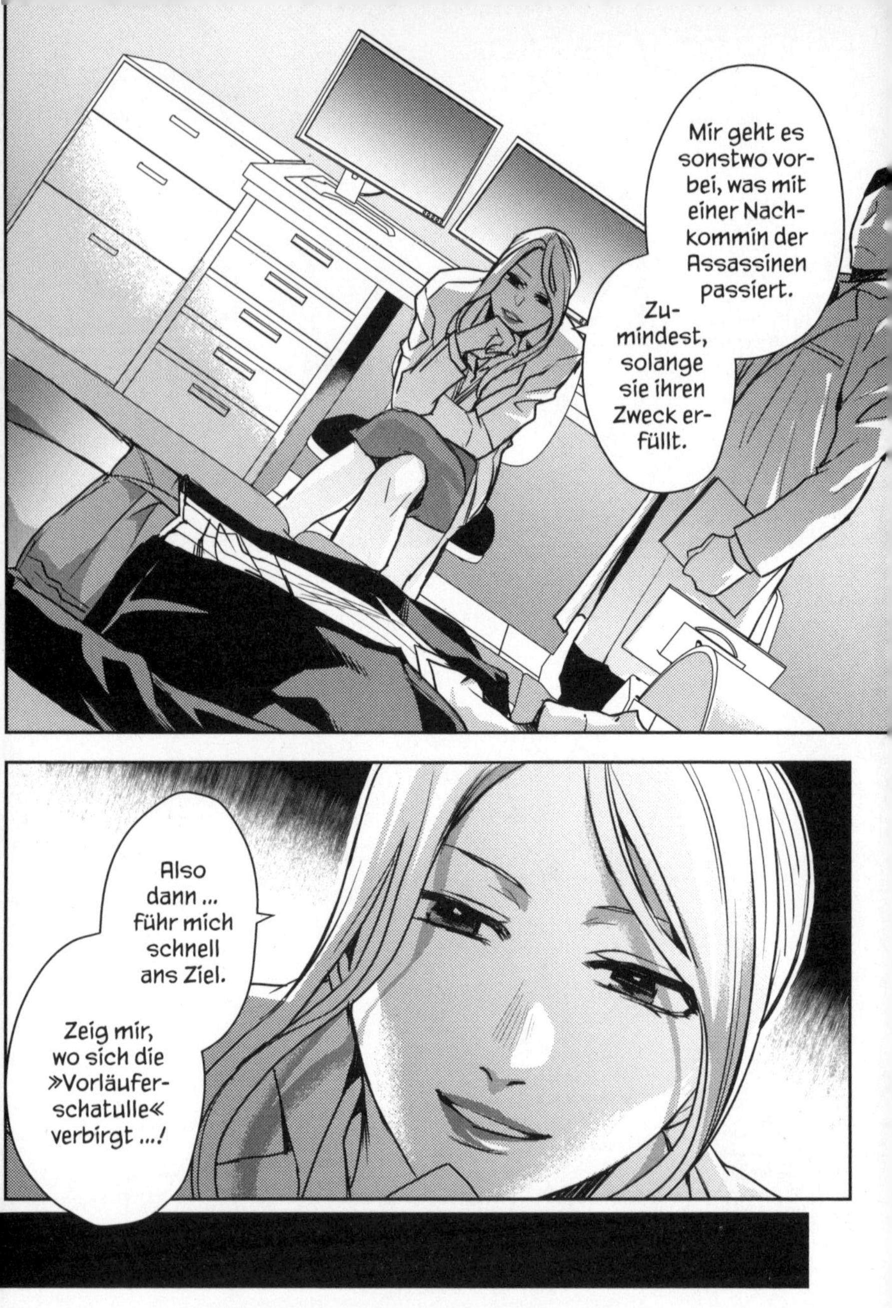
Mir geht es sonstwo vorbei, was mit einer Nachkommin der Assassinen passiert.
Zumindest, solange sie ihren Zweck erfüllt.
Also dann ... führ mich schnell ans Ziel.
Zeig mir, wo sich die »Vorläuferschatulle« verbirgt ...!

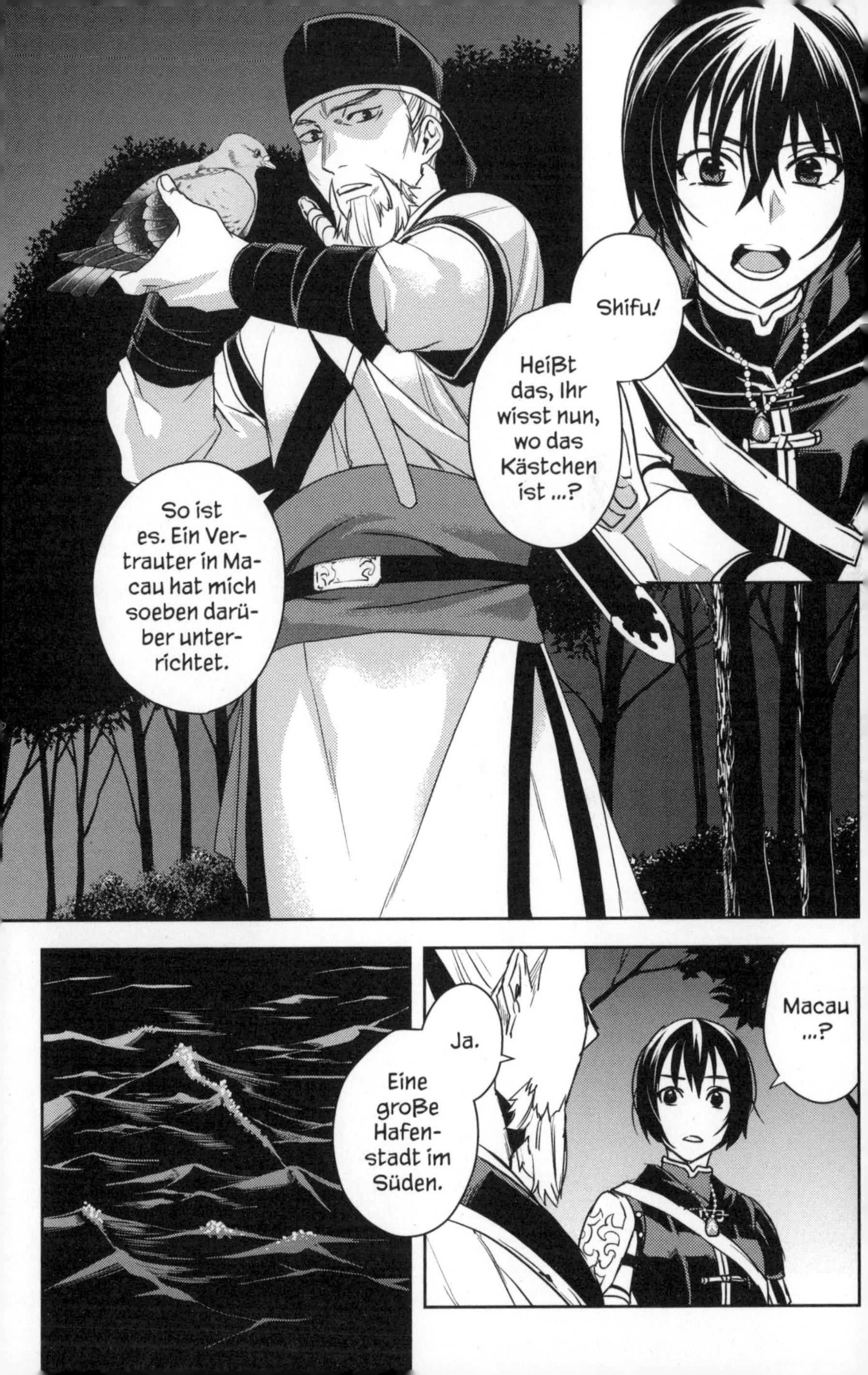

Shifu!
Heißt das, Ihr wisst nun, wo das Kästchen ist ...?
So ist es. Ein Vertrauter in Macau hat mich soeben darüber unterrichtet.
Macau ...?
Ja.
Eine große Hafenstadt im Süden.

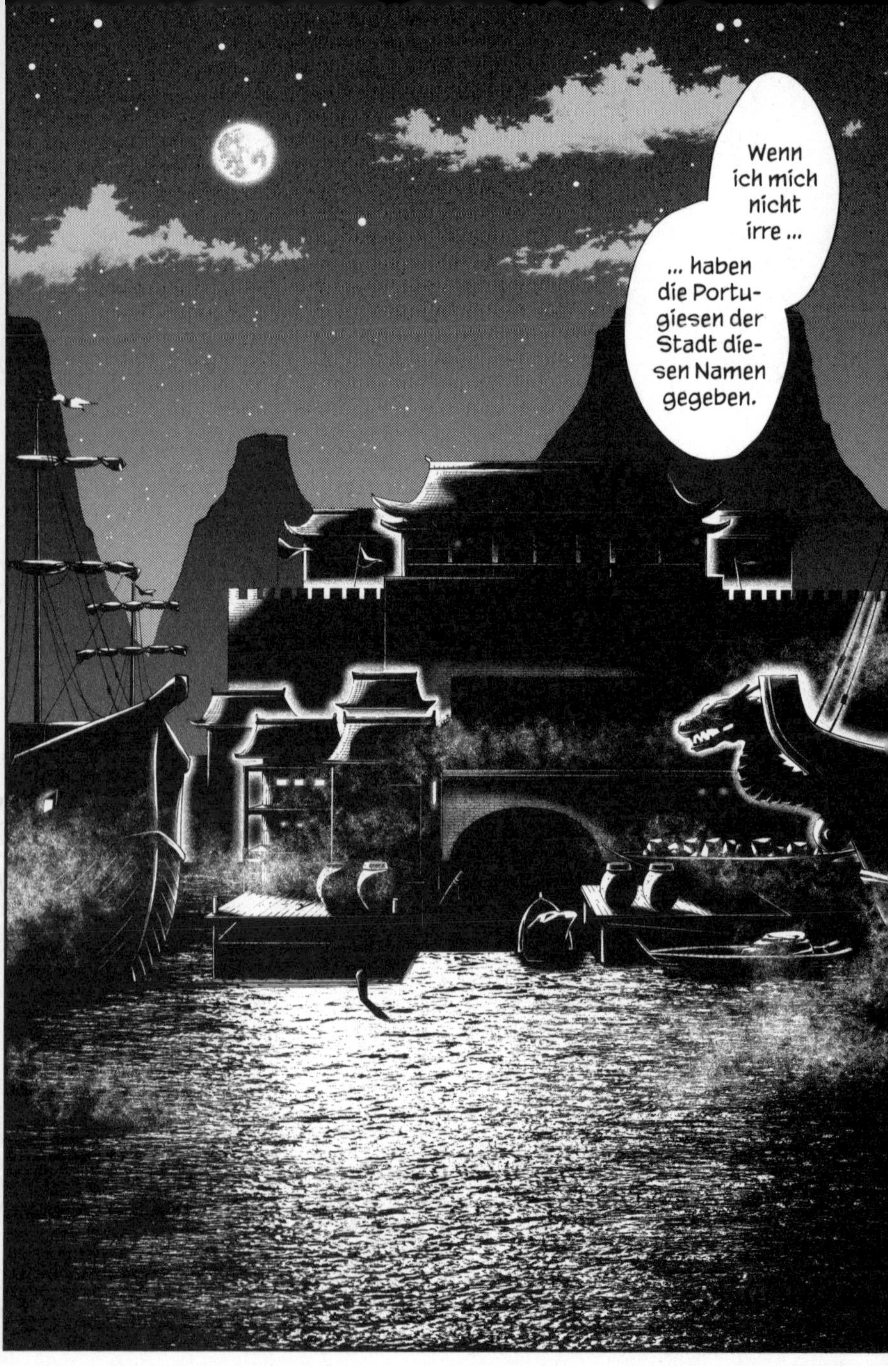
Wenn ich mich nicht irre ...
... haben die Portugiesen der Stadt diesen Namen gegeben.

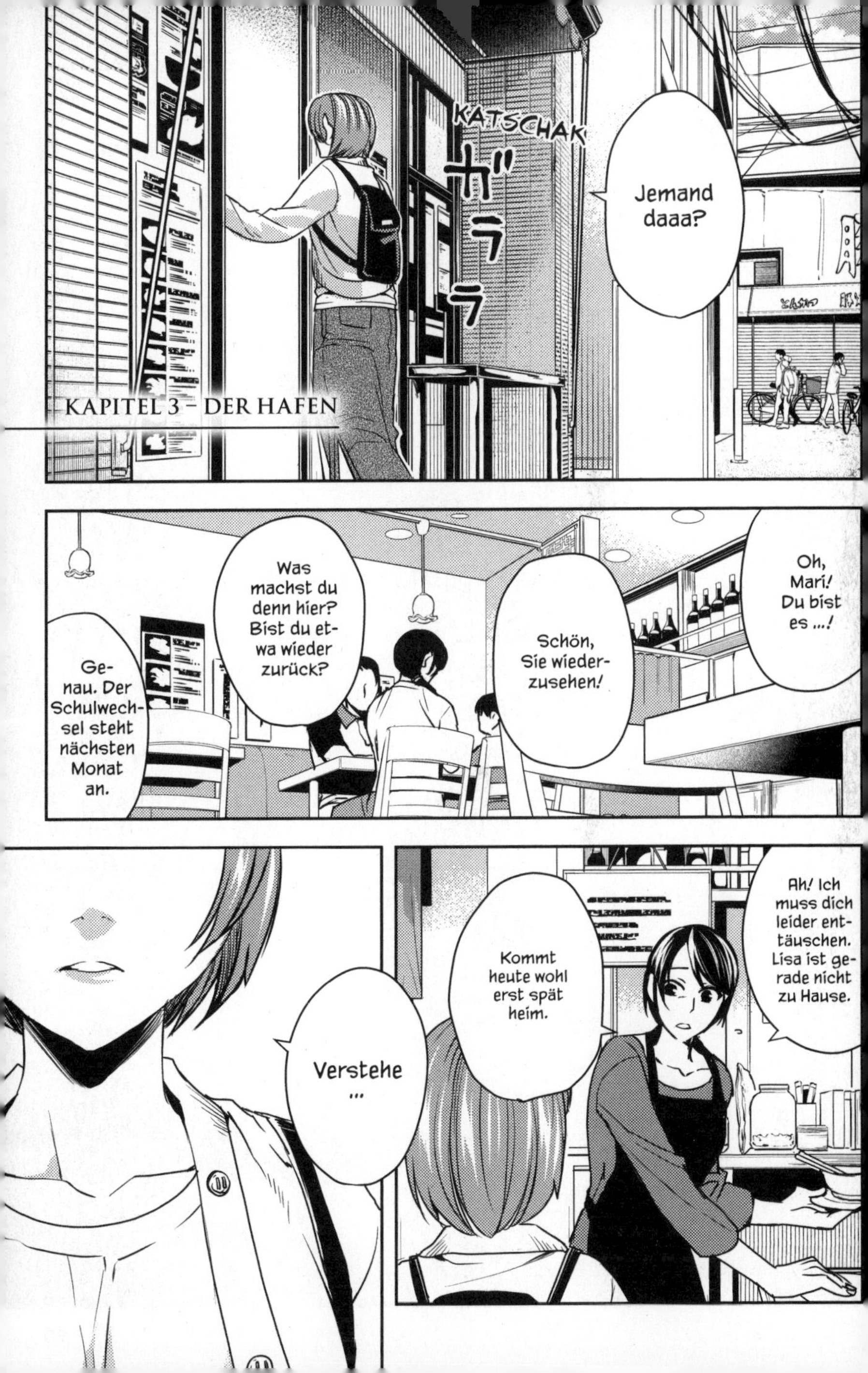
KAPITEL 3 – DER HAFEN
KATSCHAK
ガラ ラ
Jemand daaa?
Oh, Mari! Du bist es ...!
Schön, Sie wiederzusehen!
Was machst du denn hier? Bist du etwa wieder zurück?
Genau. Der Schulwechsel steht nächsten Monat an.
Ah! Ich muss dich leider enttäuschen. Lisa ist gerade nicht zu Hause.
Kommt heute wohl erst spät heim.
Verstehe ...

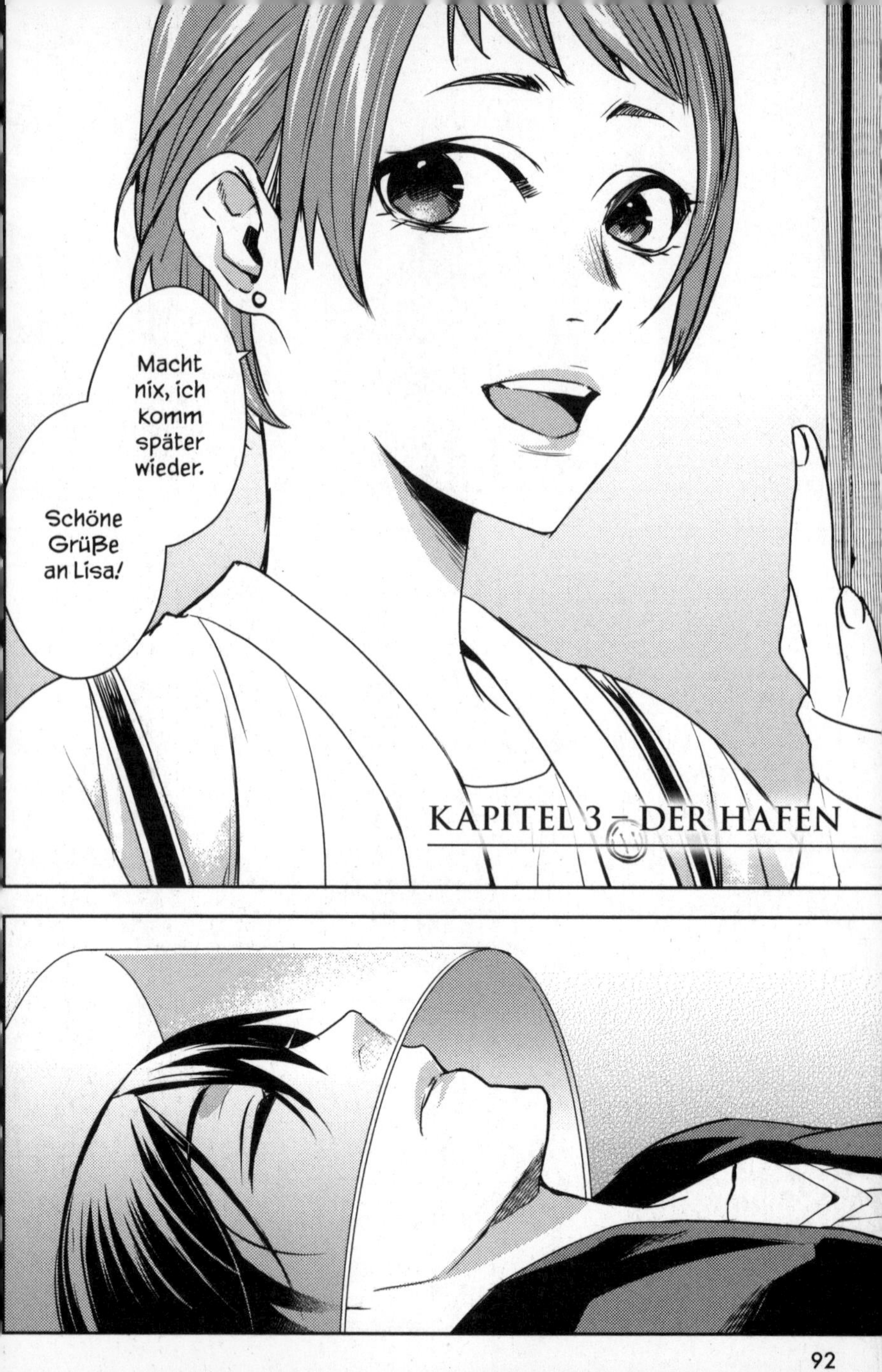
KAPITEL 3 – DER HAFEN
Macht nix, ich komm später wieder.
Schöne Grüße an Lisa!

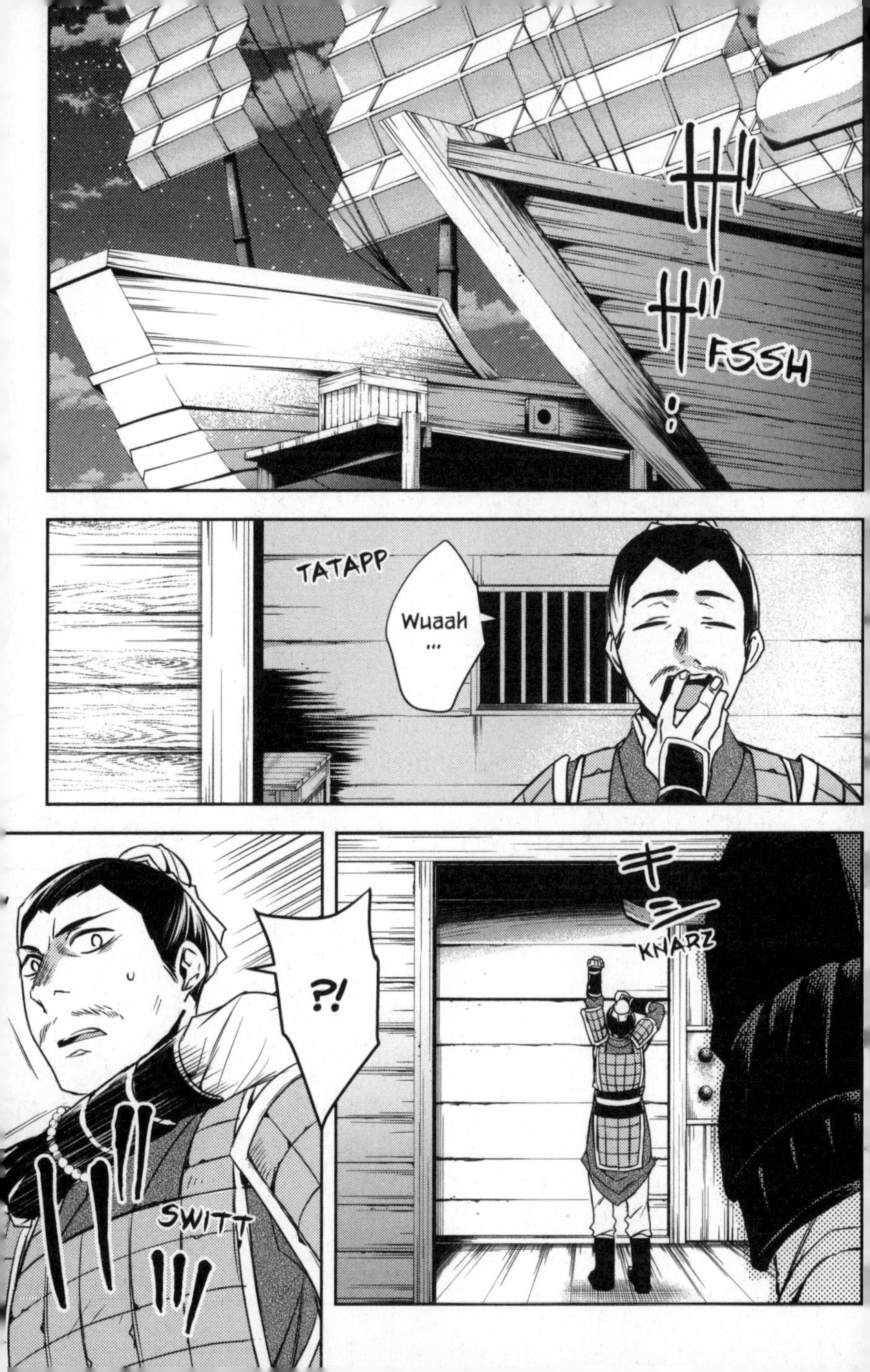

FSSH
TATAPP
Wuaah ...
KNARZ
?!
SWITT

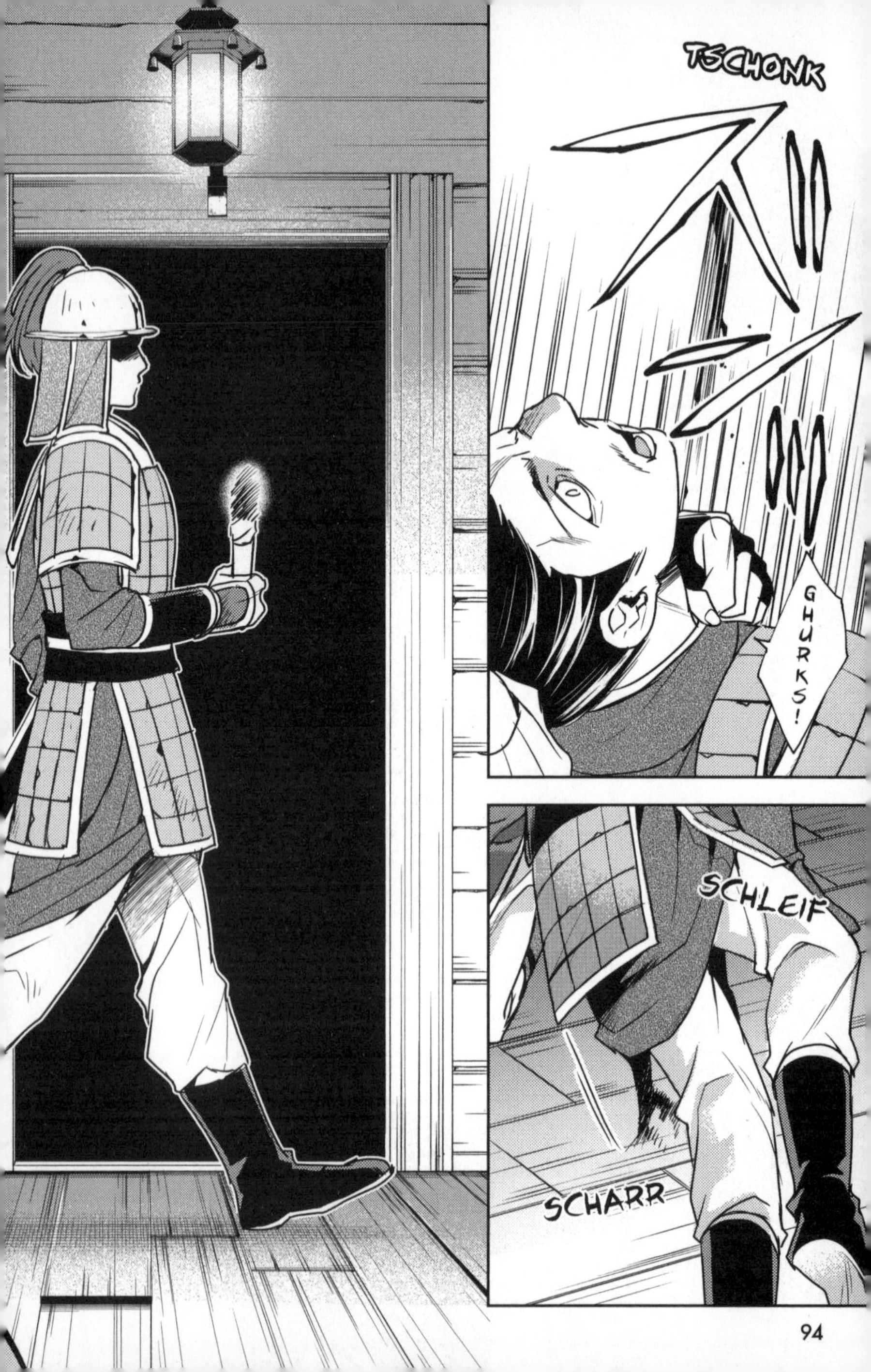
TSCHONK
GHURKS!
SCHLEIF
SCHARR

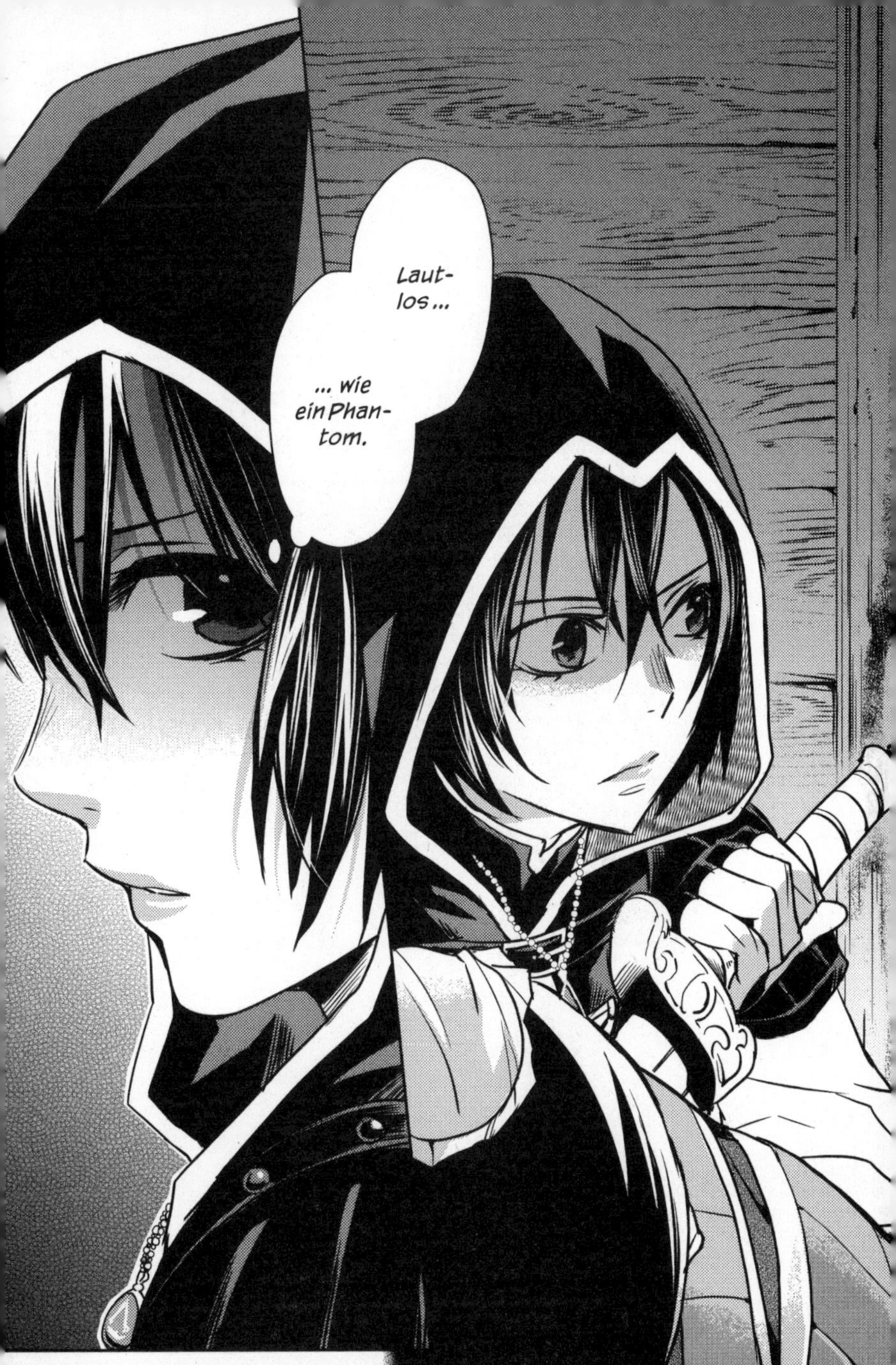
Laut-
los ...
... wie
ein Phan-
tom.

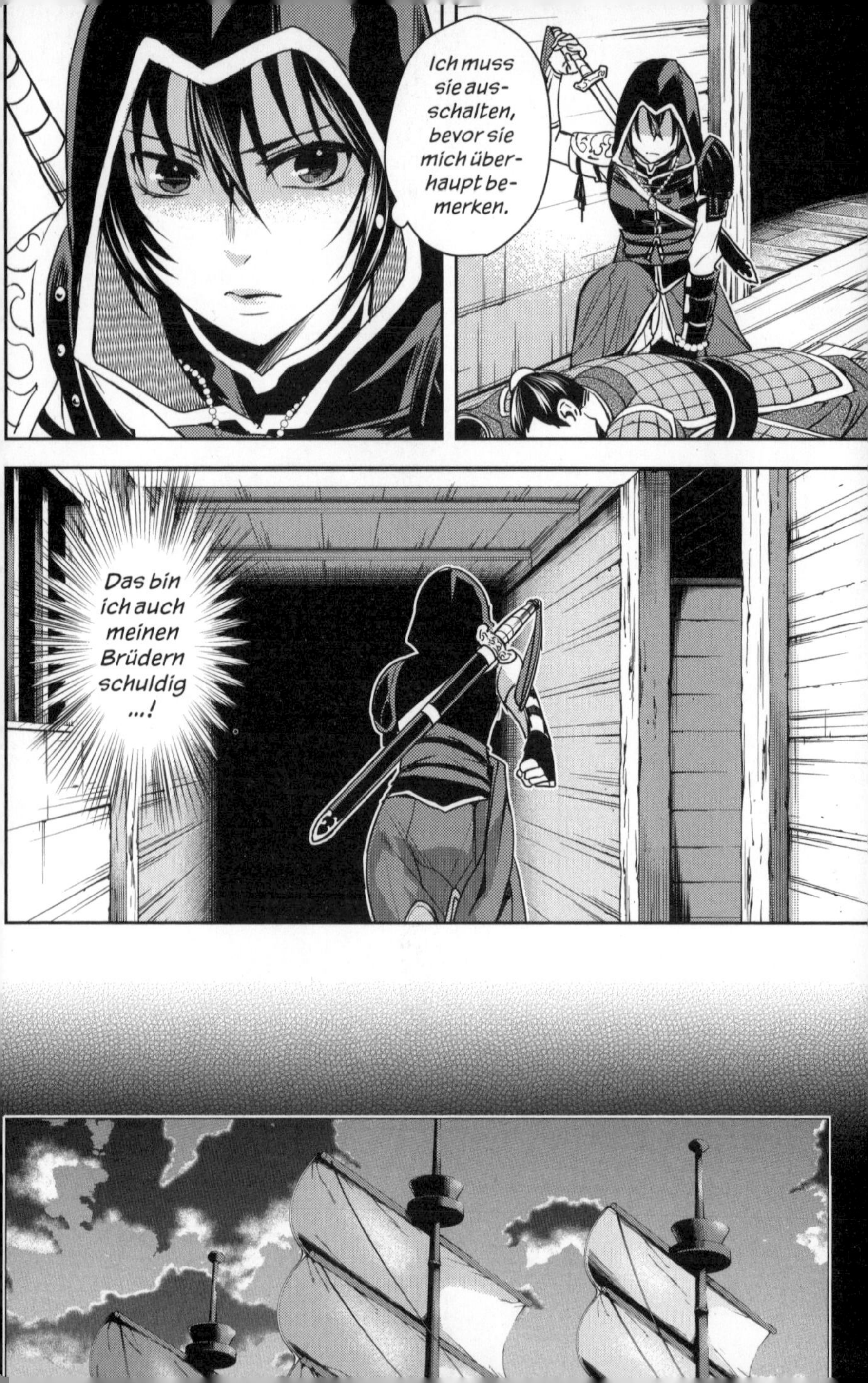
Ich muss sie aus-schalten, bevor sie mich über-haupt be-merken.
Das bin ich auch meinen Brüdern schuldig ...!

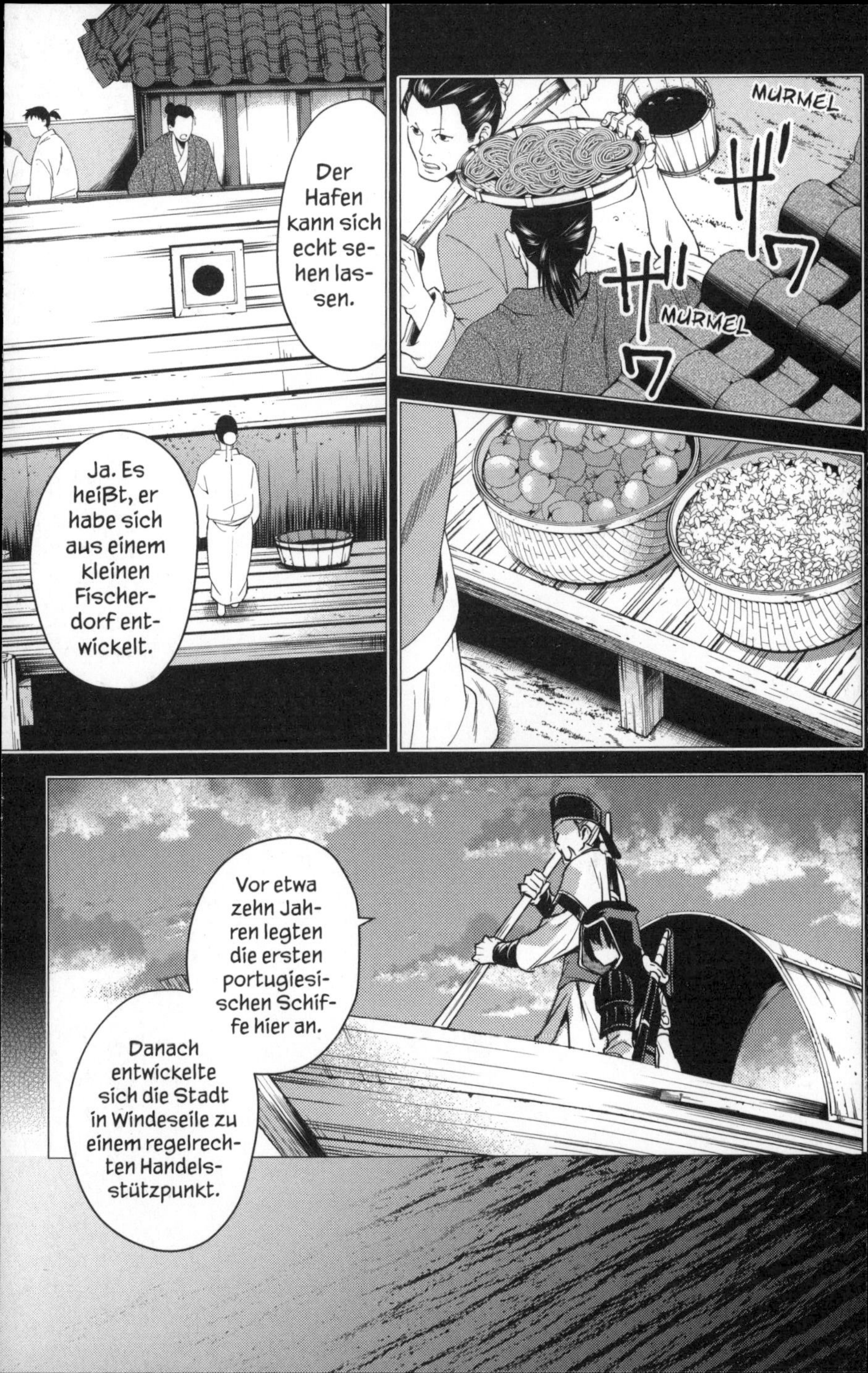
MURMEL
ザワ
ザワ
MURMEL
Der Hafen kann sich echt sehen lassen.
Ja. Es heißt, er habe sich aus einem kleinen Fischerdorf entwickelt.
Vor etwa zehn Jahren legten die ersten portugiesischen Schiffe hier an.
Danach entwickelte sich die Stadt in Windeseile zu einem regelrechten Handelsstützpunkt.

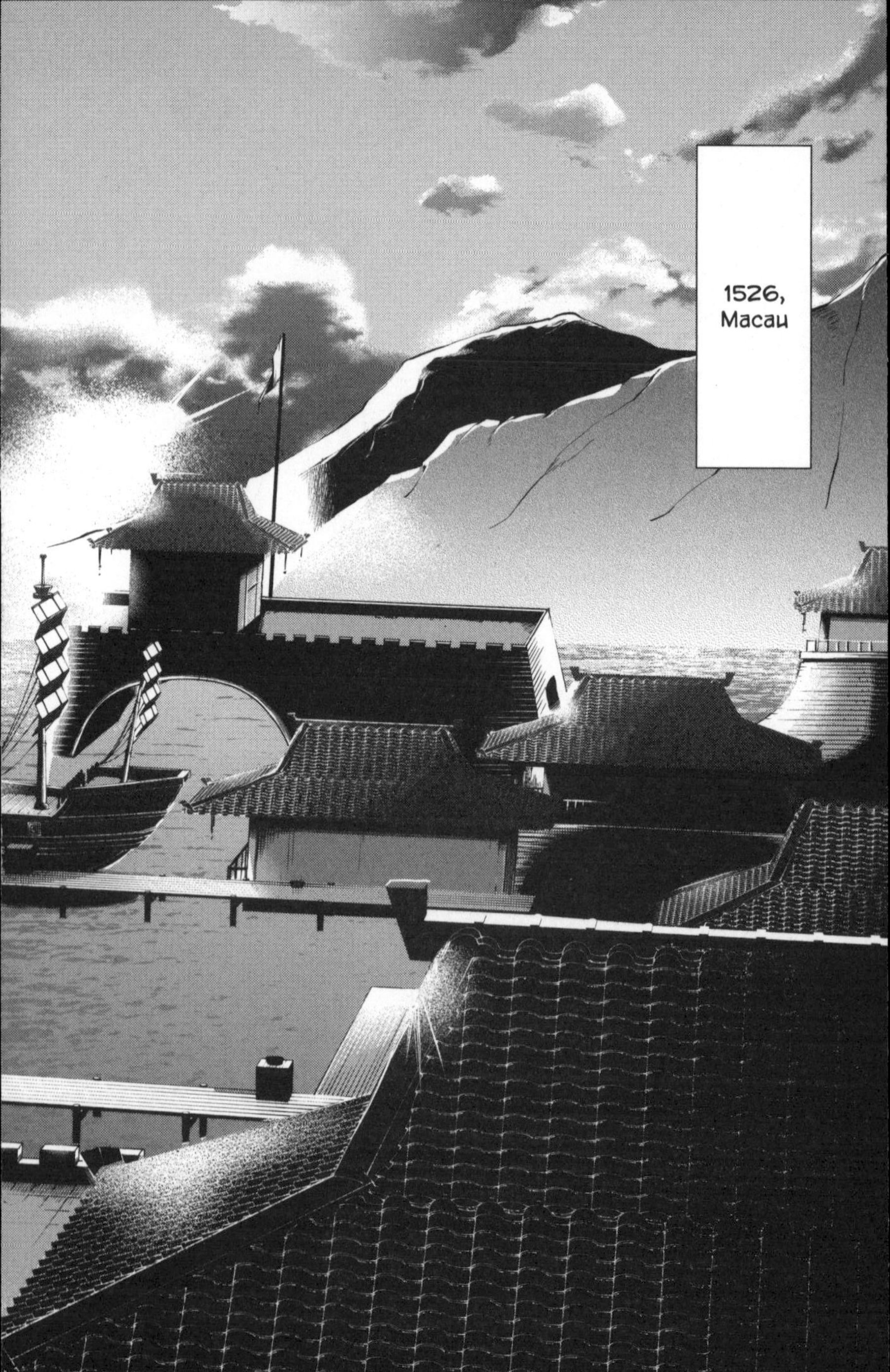
1526,
Macau

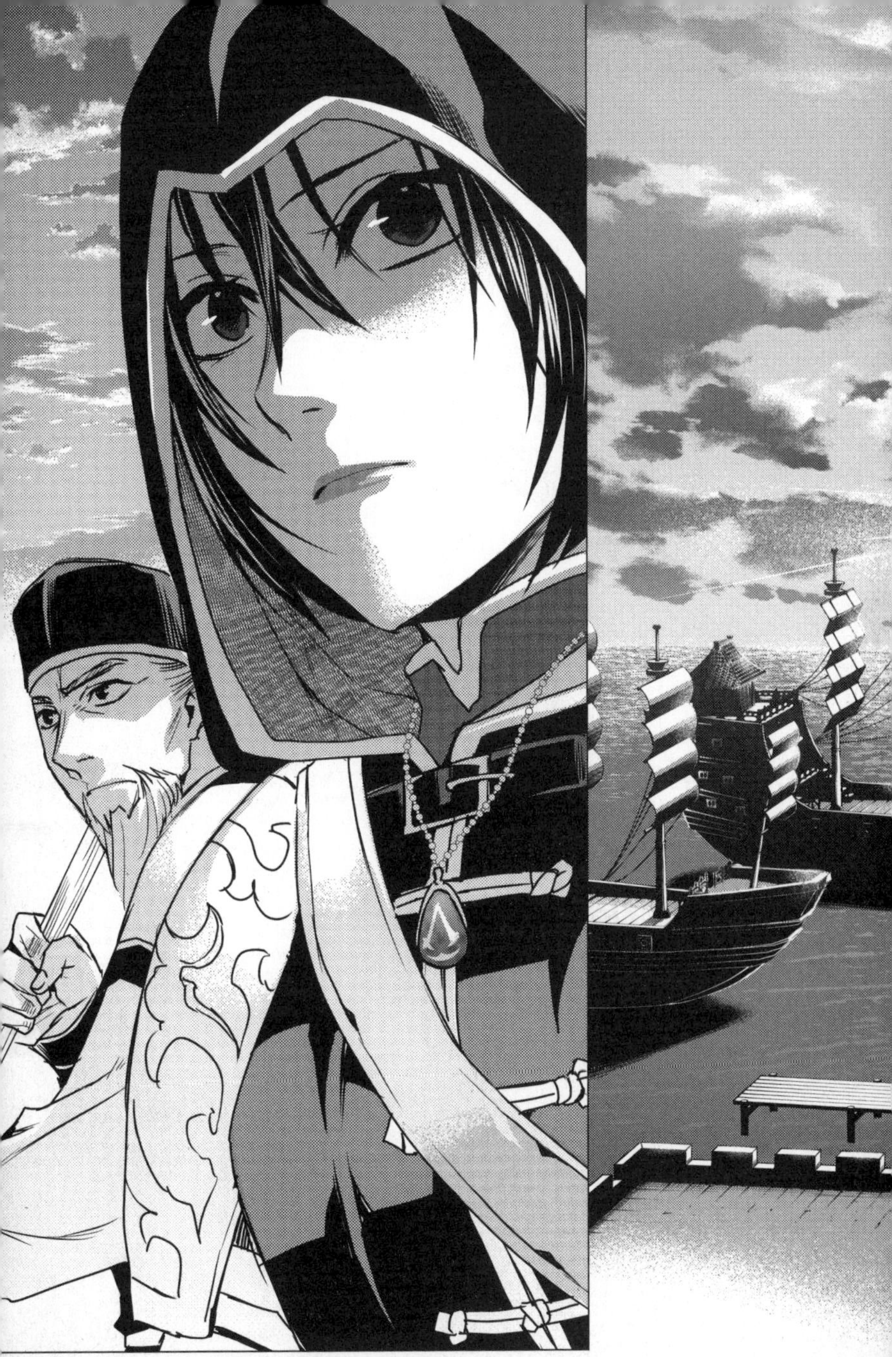

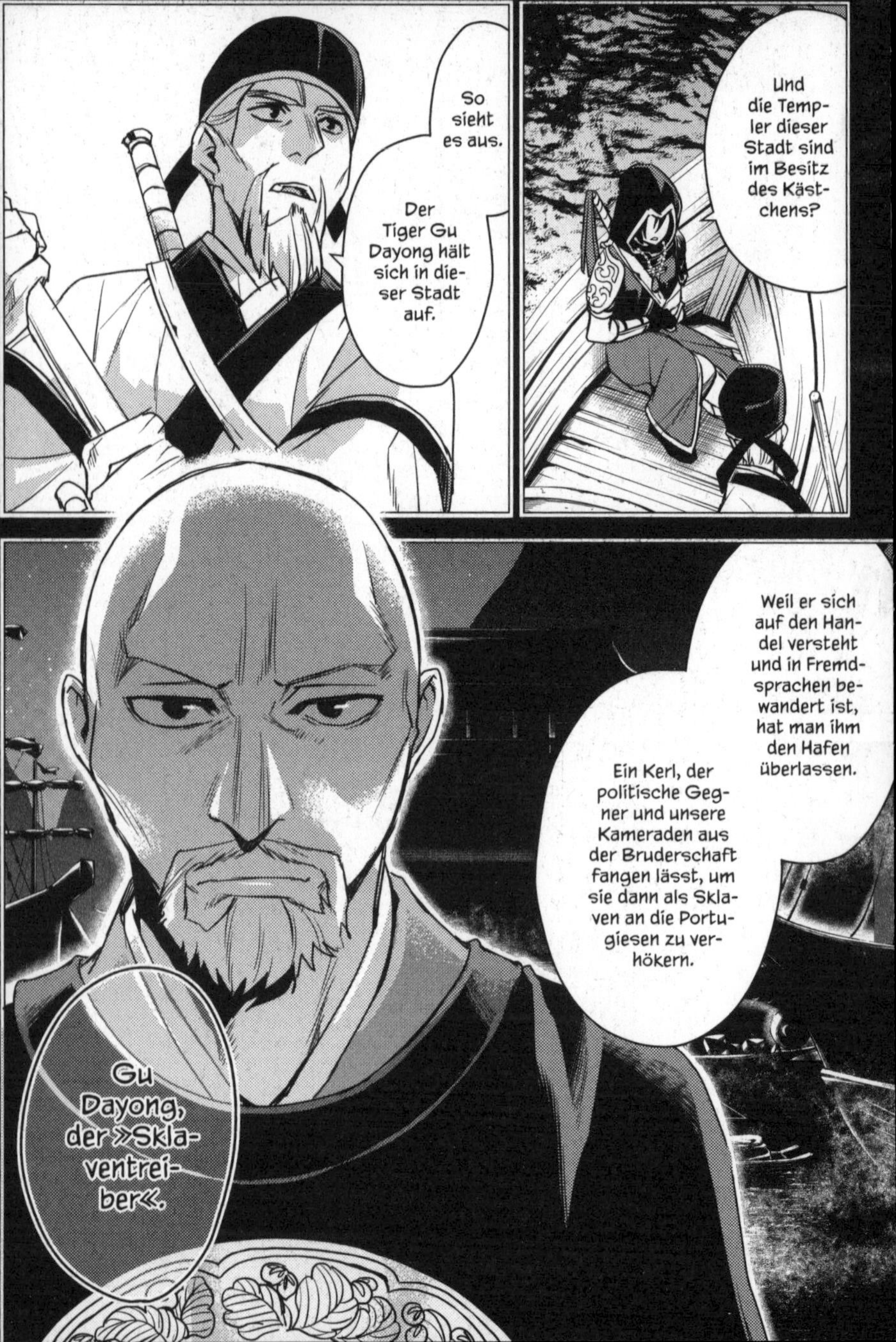
Und die Templer dieser Stadt sind im Besitz des Kästchens?
So sieht es aus.
Der Tiger Gu Dayong hält sich in dieser Stadt auf.
Weil er sich auf den Handel versteht und in Fremdsprachen bewandert ist, hat man ihm den Hafen überlassen.
Ein Kerl, der politische Gegner und unsere Kameraden aus der Bruderschaft fangen lässt, um sie dann als Sklaven an die Portugiesen zu verhökern.
Gu Dayong, der »Sklaventreiber«.

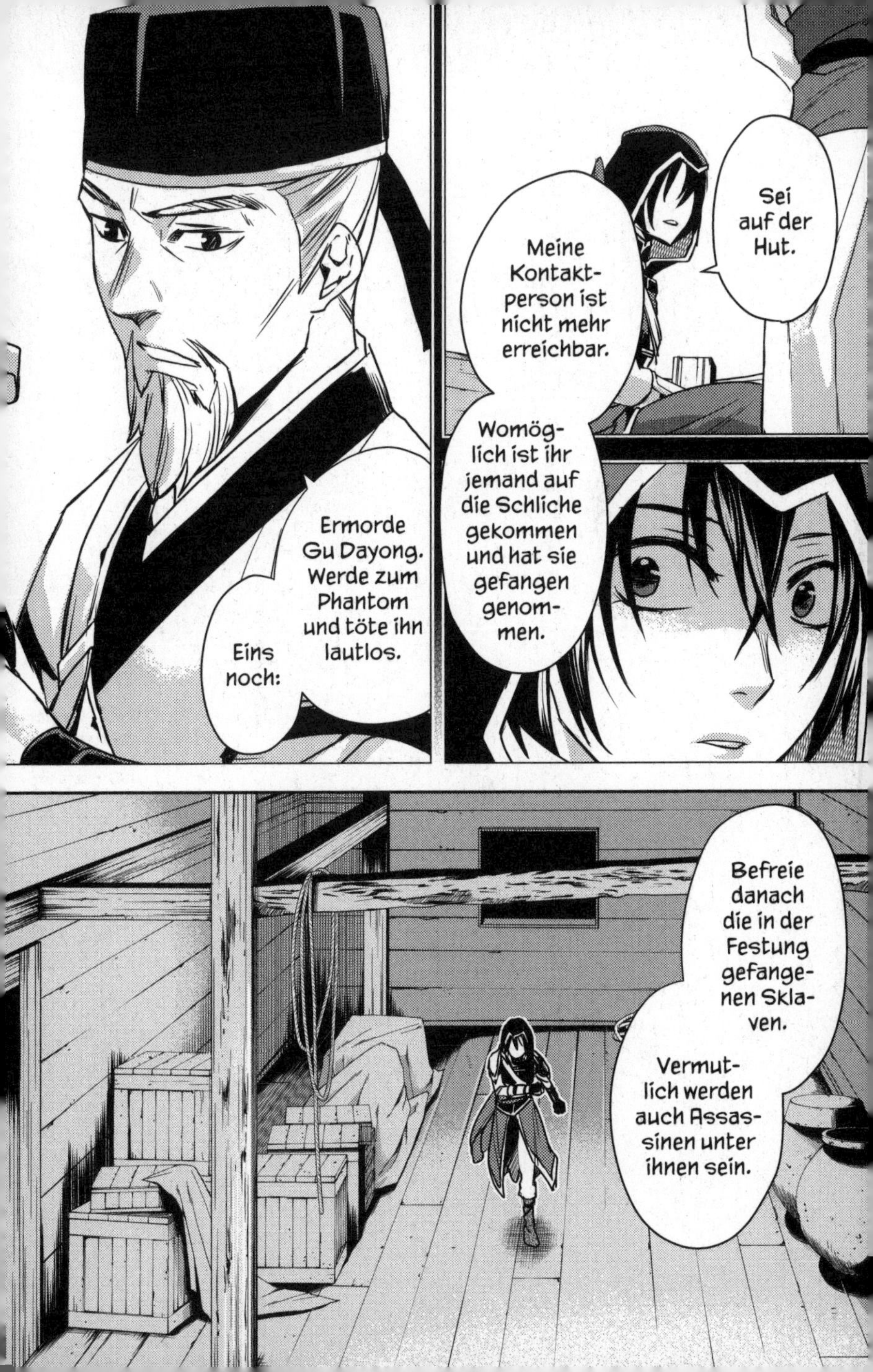
Sei auf der Hut.
Meine Kontaktperson ist nicht mehr erreichbar.
Womöglich ist ihr jemand auf die Schliche gekommen und hat sie gefangen genommen.
Ermorde Gu Dayong. Werde zum Phantom und töte ihn lautlos.
Eins noch:
Befreie danach die in der Festung gefangenen Sklaven.
Vermutlich werden auch Assassinen unter ihnen sein.

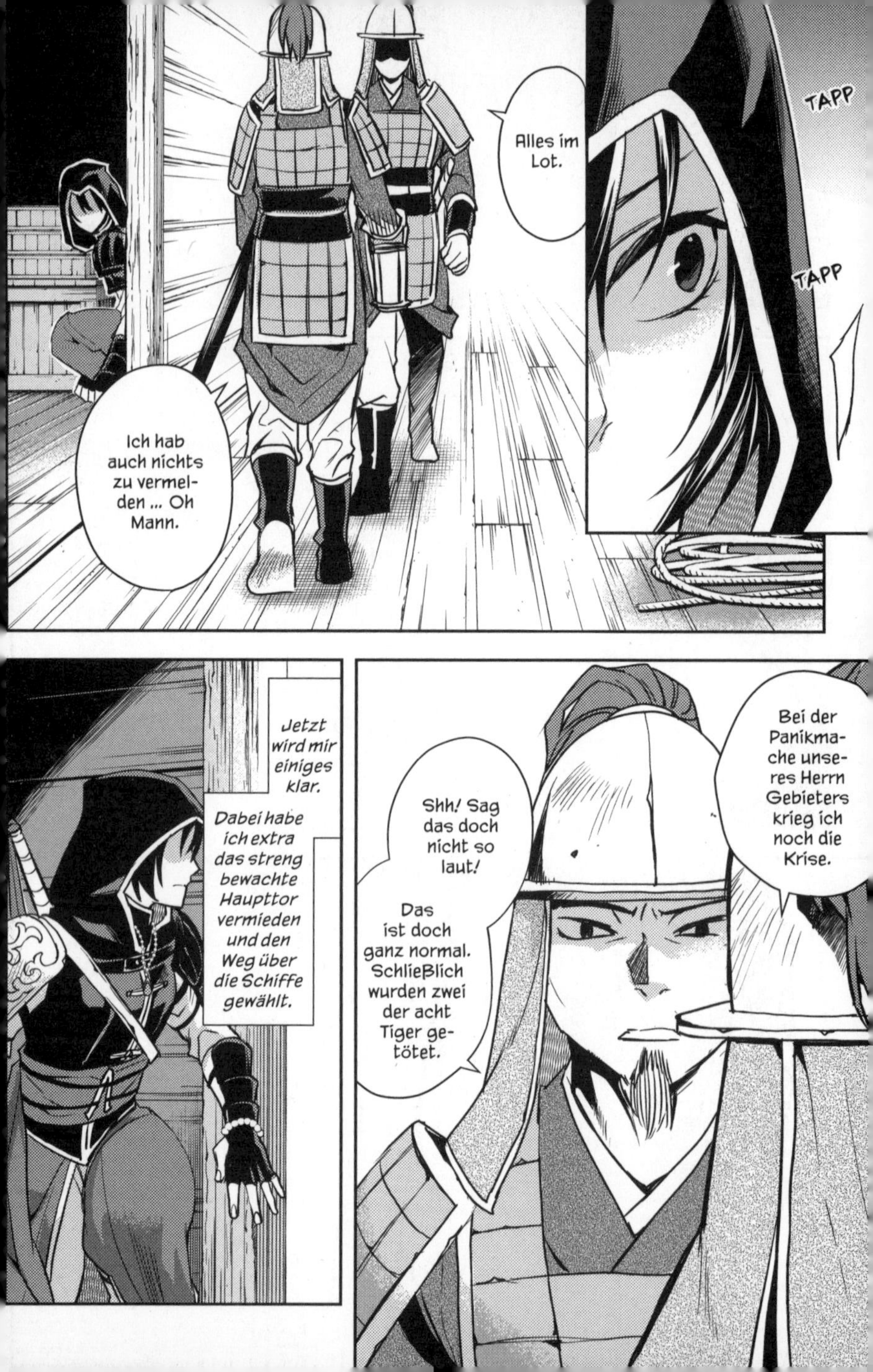
TAPP
TAPP
Alles im Lot.
Ich hab auch nichts zu vermelden ... Oh Mann.
Bei der Panikmache unseres Herrn Gebieters krieg ich noch die Krise.
Shh! Sag das doch nicht so laut!
Das ist doch ganz normal. Schließlich wurden zwei der acht Tiger getötet.
Jetzt wird mir einiges klar.
Dabei habe ich extra das streng bewachte Haupttor vermieden und den Weg über die Schiffe gewählt.

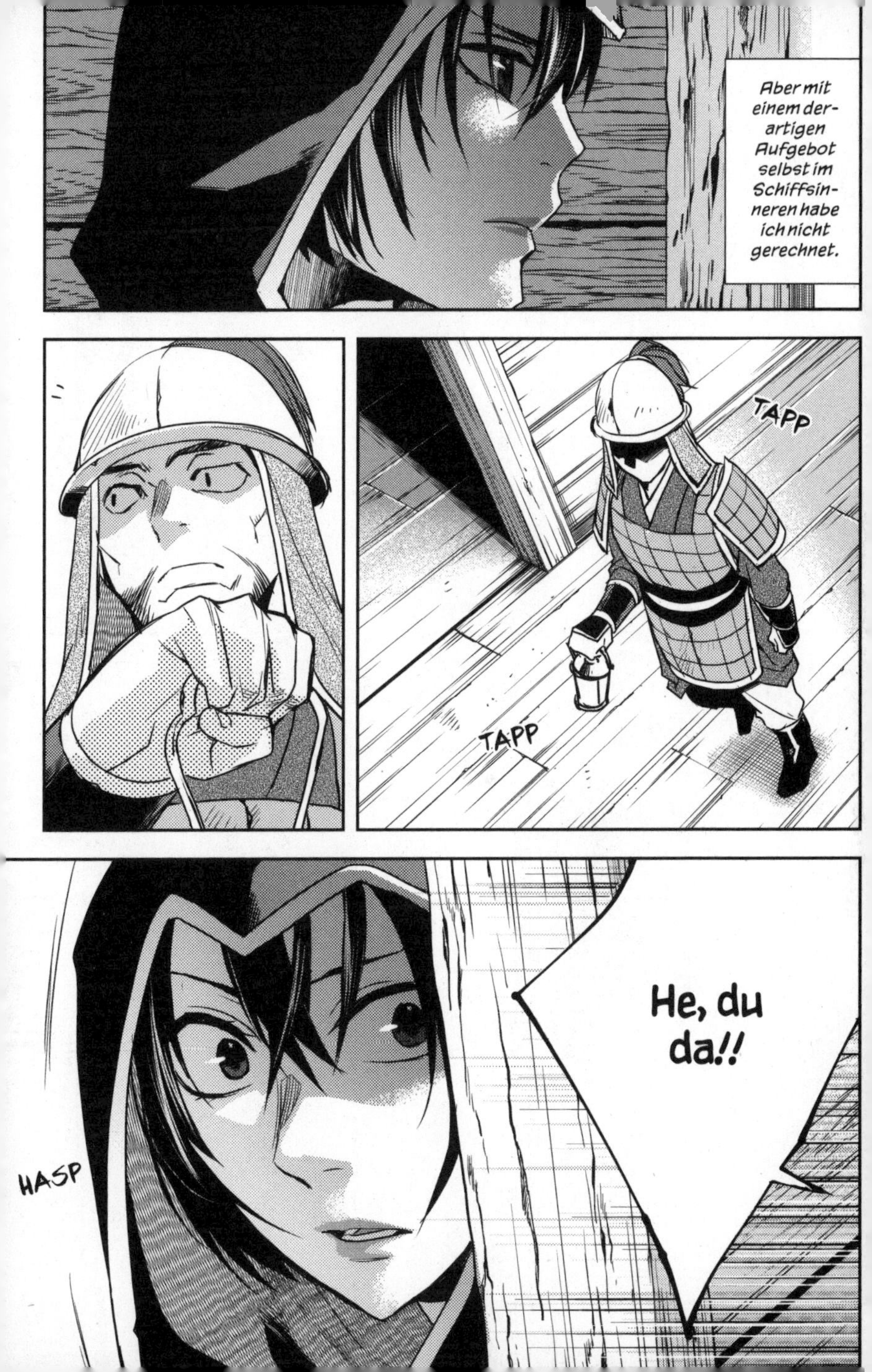
Aber mit einem der-artigen Aufgebot selbst im Schiffsin-neren habe ich nicht gerechnet.
TAPP
TAPP
He, du da!!
HASP

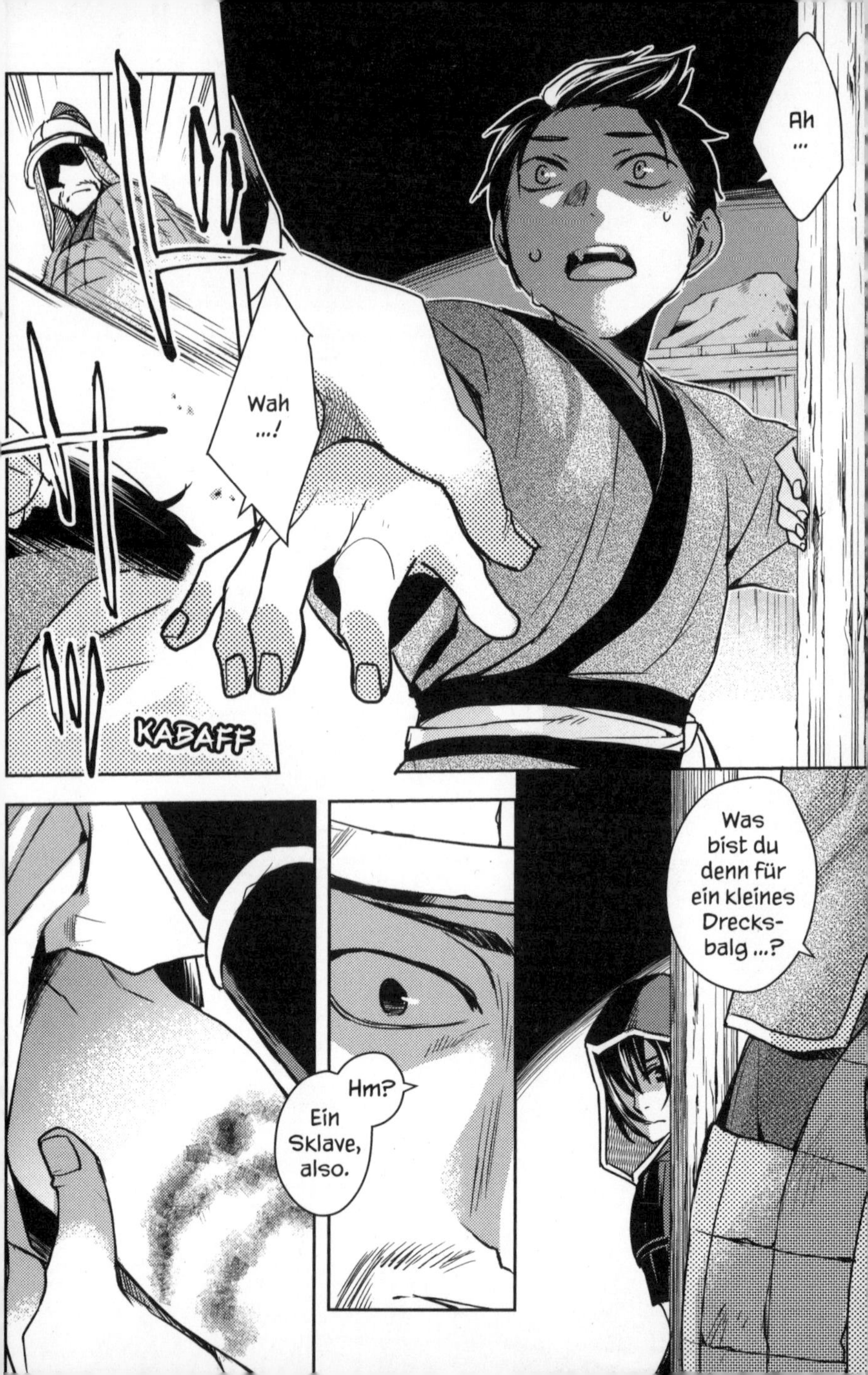
Ah …
Wah …!
KABAFF
Was bist du denn für ein kleines Drecks-balg …?
Hm? Ein Sklave, also.

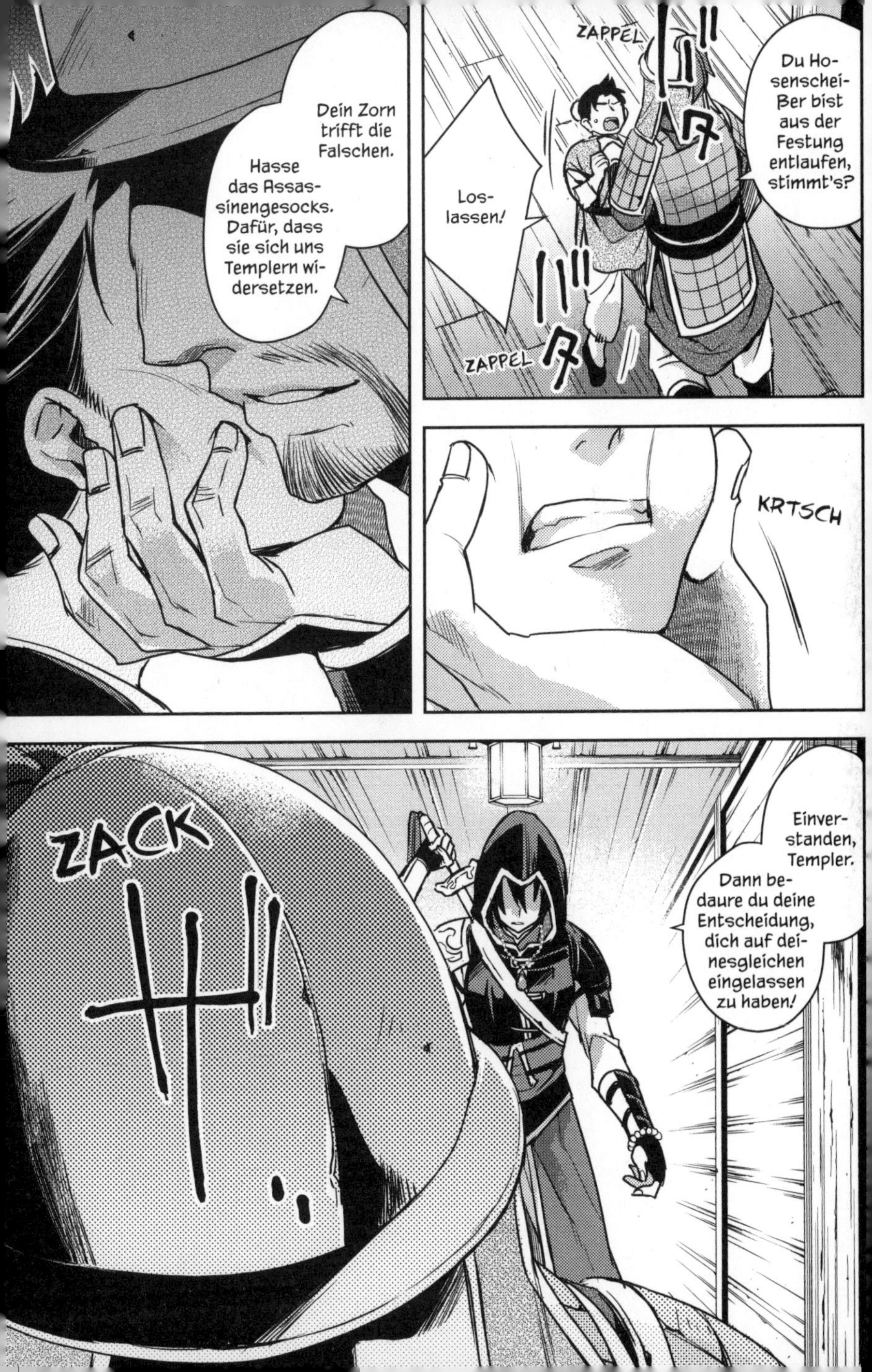

Du Hosenscheißer bist aus der Festung entlaufen, stimmt's?
ZAPPEL
Loslassen!
ZAPPEL
Dein Zorn trifft die Falschen.
Hasse das Assasinengesocks. Dafür, dass sie sich uns Templern widersetzen.
KRTSCH
Einverstanden, Templer.
Dann bedaure du deine Entscheidung, dich auf deinesgleichen eingelassen zu haben!
ZACK

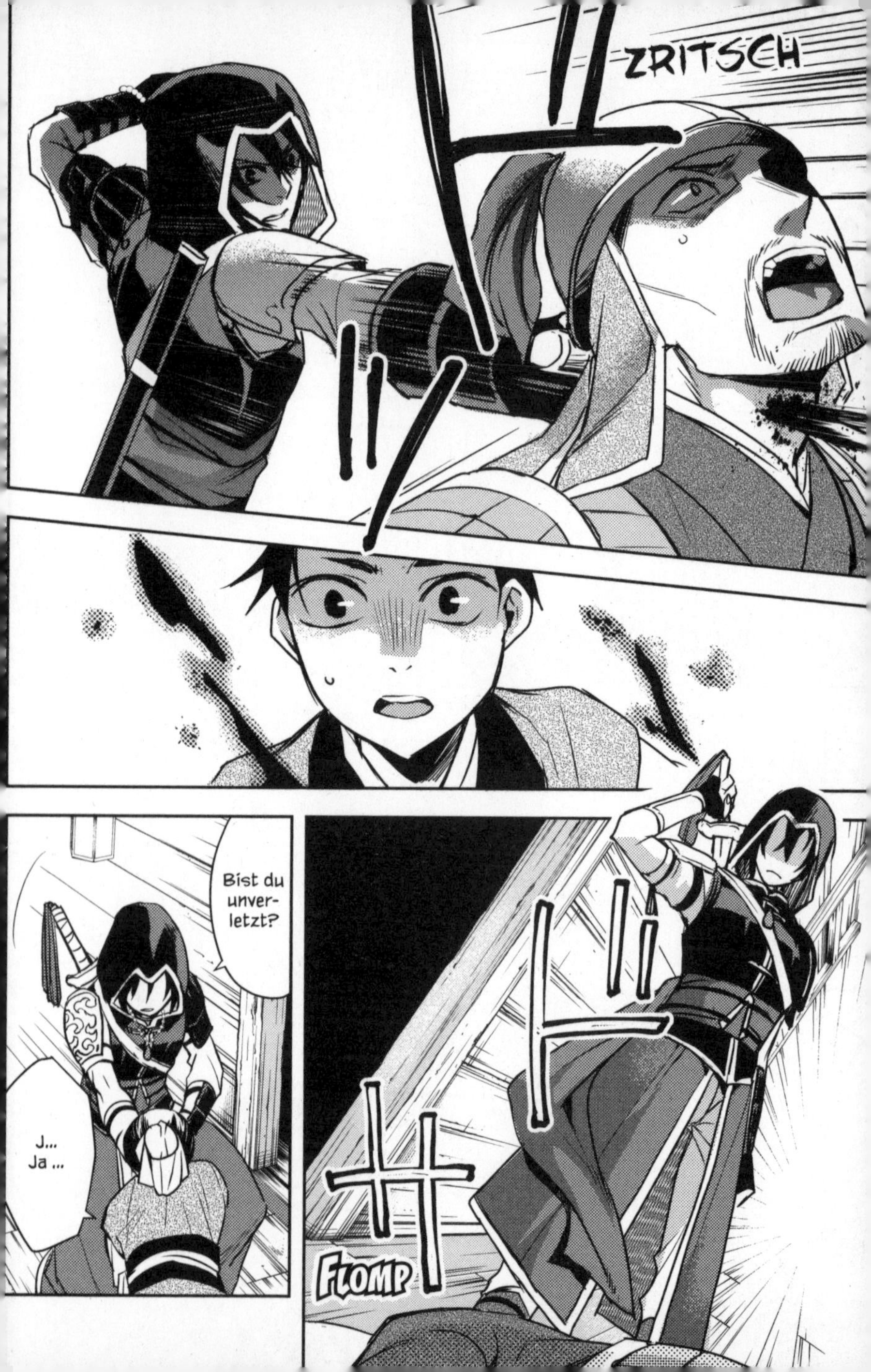
ZRITSCH
Bist du unverletzt?
J... Ja ...
FLOMP

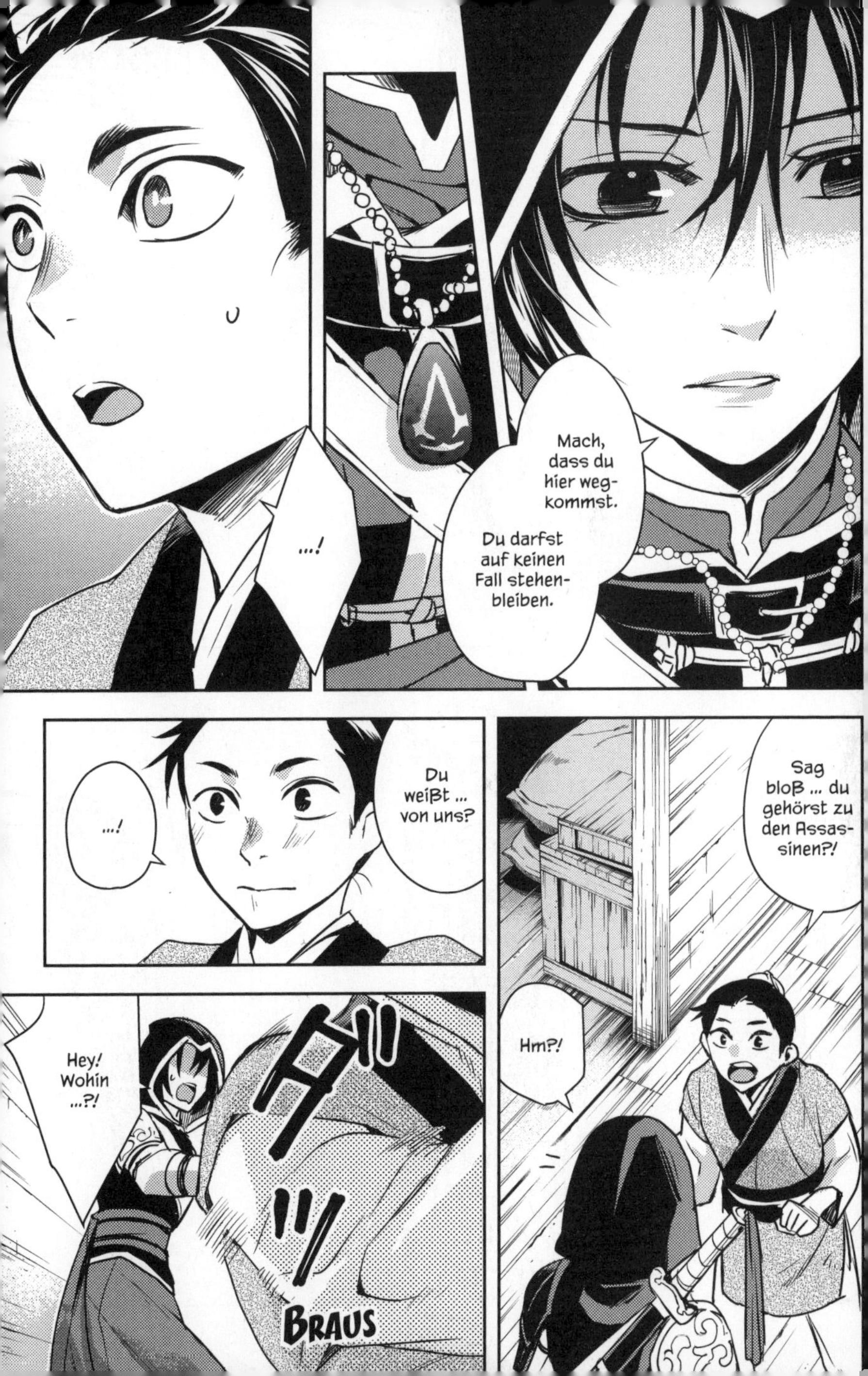
Mach, dass du hier weg-kommst.
Du darfst auf keinen Fall stehen-bleiben.
...!
Sag bloß ... du gehörst zu den Assas-sinen?!
Du weißt ... von uns?
...!
Hm?!
Hey! Wohin ...?!
BRAUS

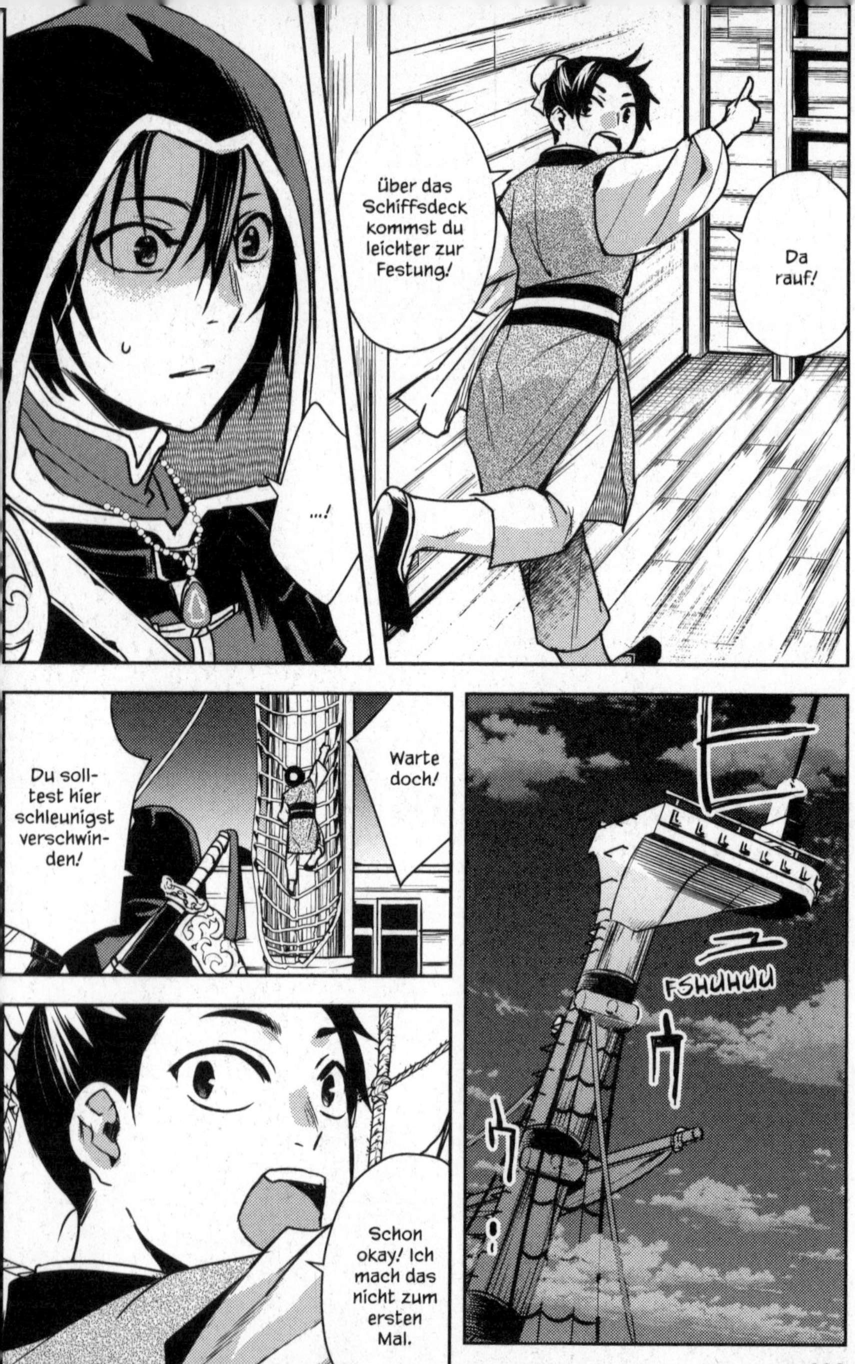
Da rauf!
Über das Schiffsdeck kommst du leichter zur Festung!
...!
FSHUHUU
Warte doch!
Du solltest hier schleunigst verschwinden!
Schon okay! Ich mach das nicht zum ersten Mal.

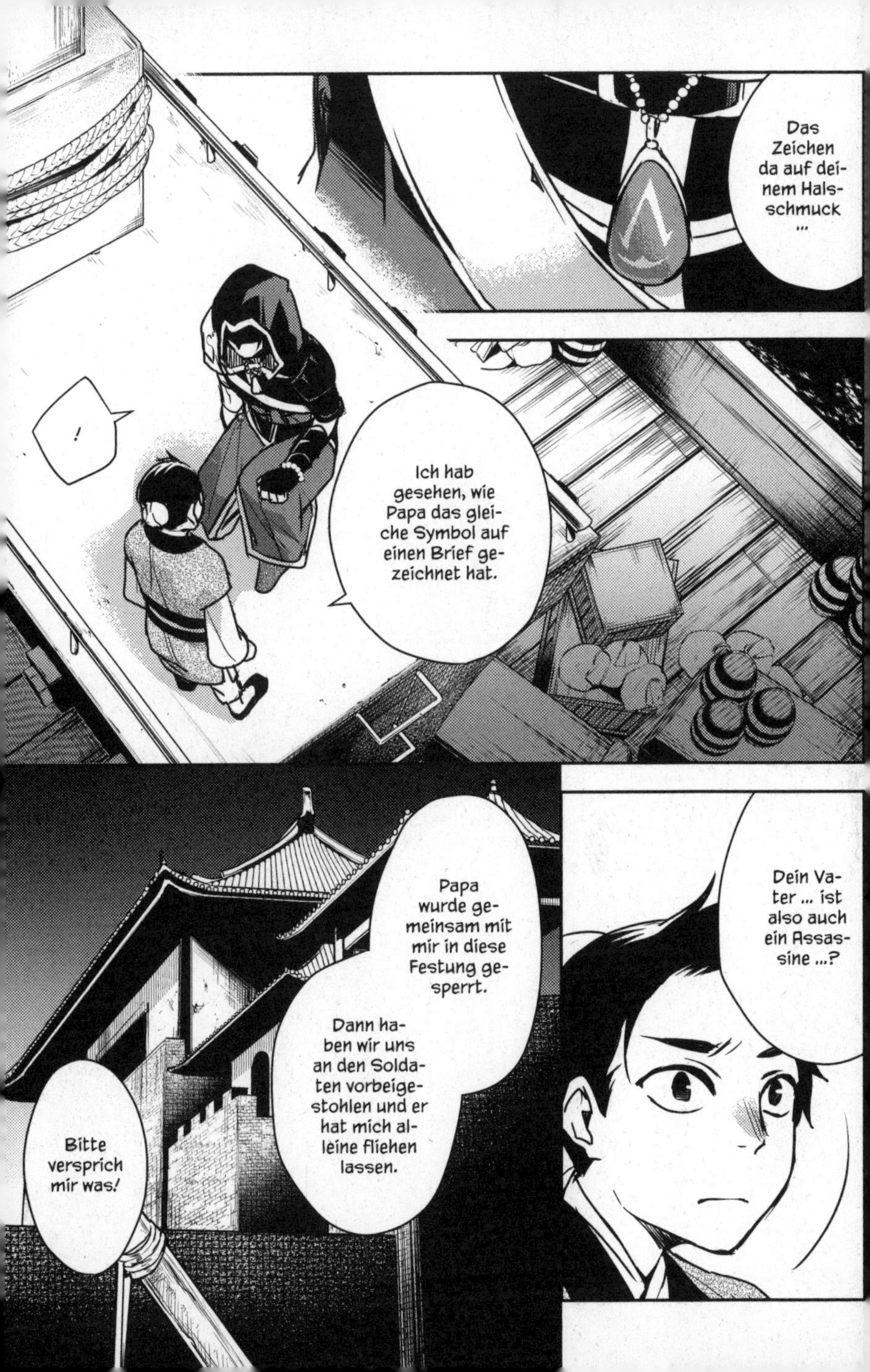
Das Zeichen da auf deinem Halsschmuck ...
!
Ich hab gesehen, wie Papa das gleiche Symbol auf einen Brief gezeichnet hat.
Dein Vater ... ist also auch ein Assassine ...?
Papa wurde gemeinsam mit mir in diese Festung gesperrt.
Dann haben wir uns an den Soldaten vorbeigestohlen und er hat mich alleine fliehen lassen.
Bitte versprich mir was!

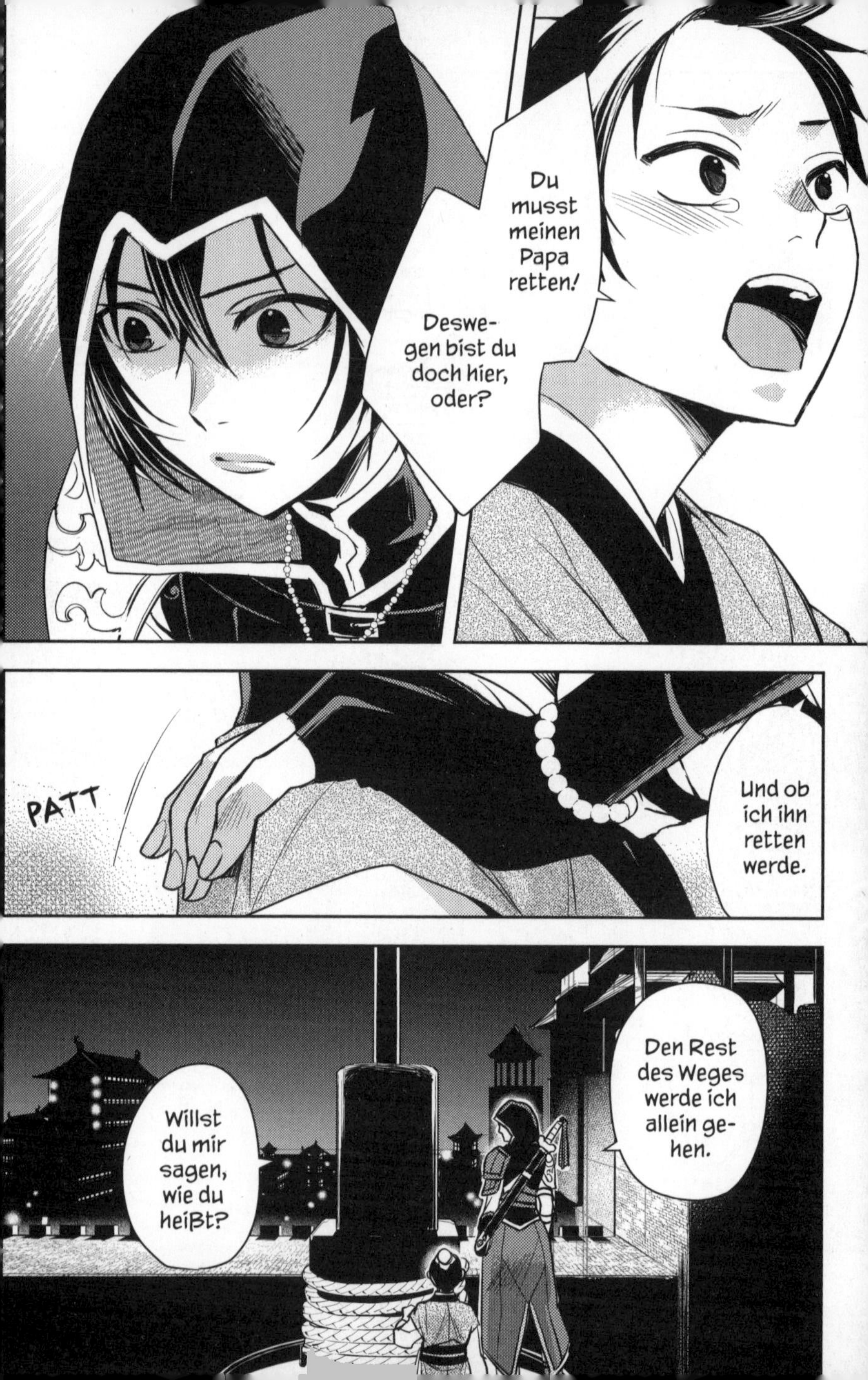

Du musst meinen Papa retten!
Deswegen bist du doch hier, oder?
Und ob ich ihn retten werde.
PATT
Den Rest des Weges werde ich allein ge-hen.
Willst du mir sagen, wie du heißt?

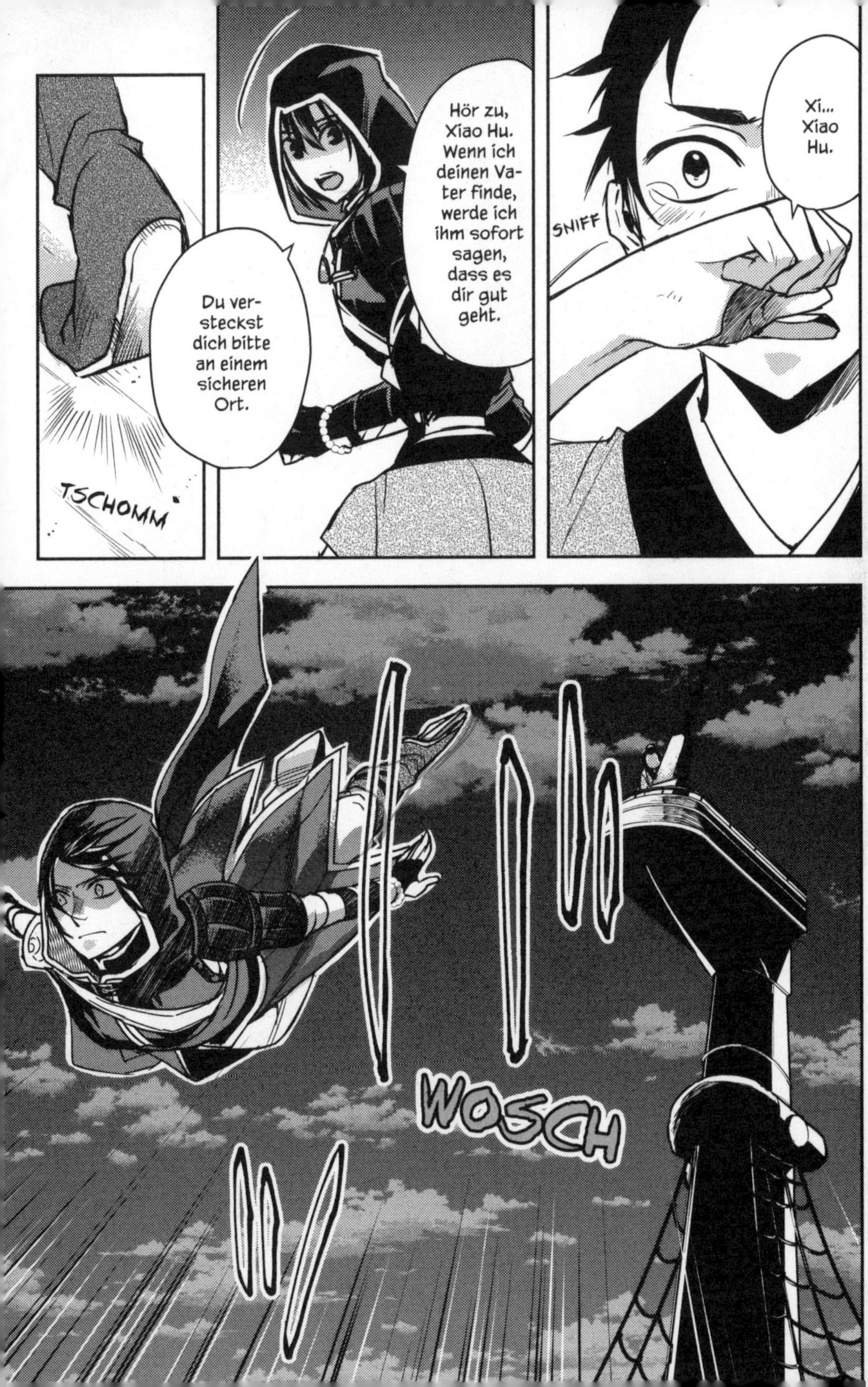
Xi... Xiao Hu.
SNIFF
Hör zu, Xiao Hu. Wenn ich deinen Vater finde, werde ich ihm sofort sagen, dass es dir gut geht.
Du versteckst dich bitte an einem sicheren Ort.
TSCHOMM
WOSCH

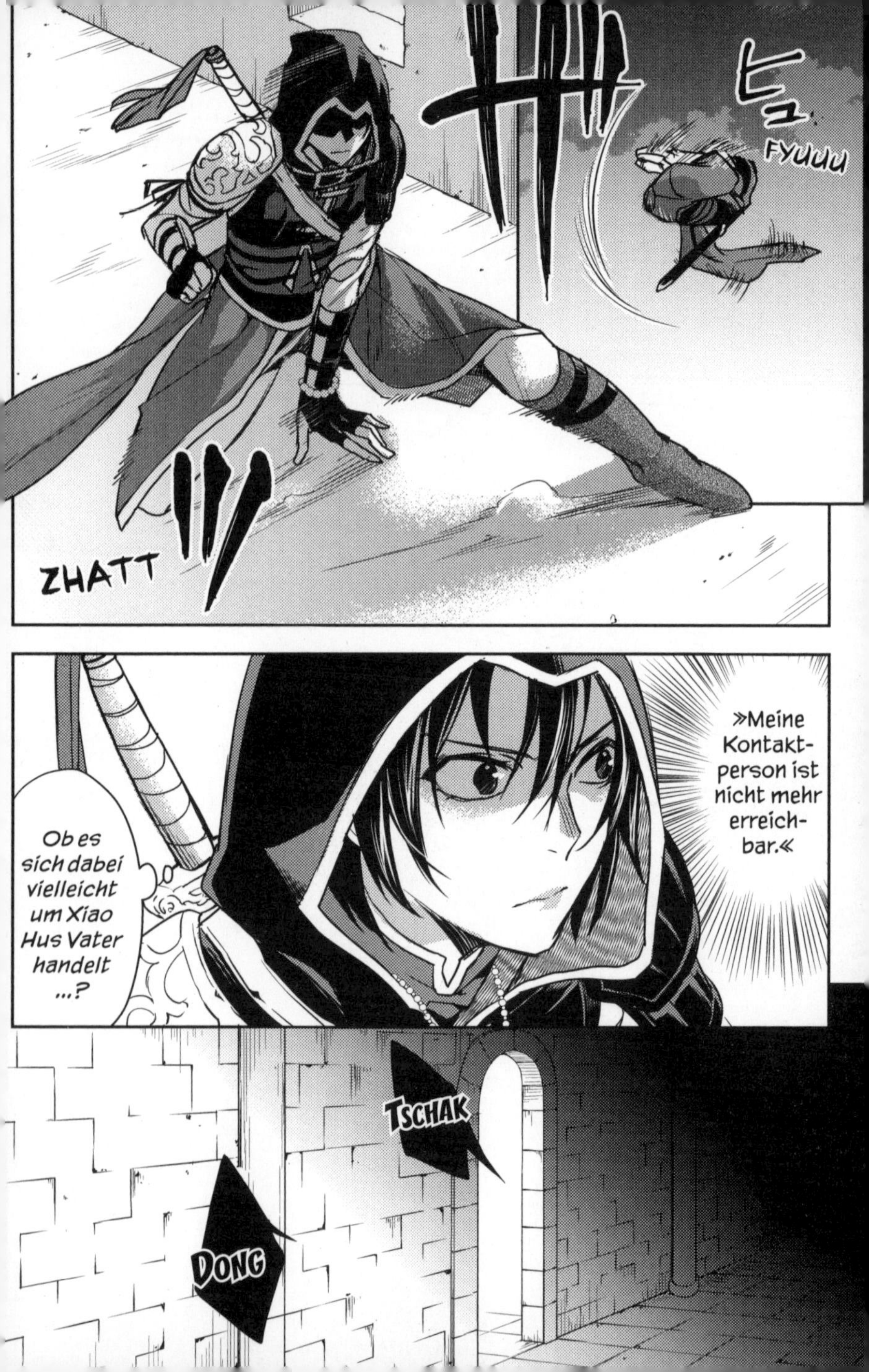
ヒュ
FYUUU
ZHATT
»Meine Kontaktperson ist nicht mehr erreichbar.«
Ob es sich dabei vielleicht um Xiao Hus Vater handelt ...?
TSCHAK
DONG

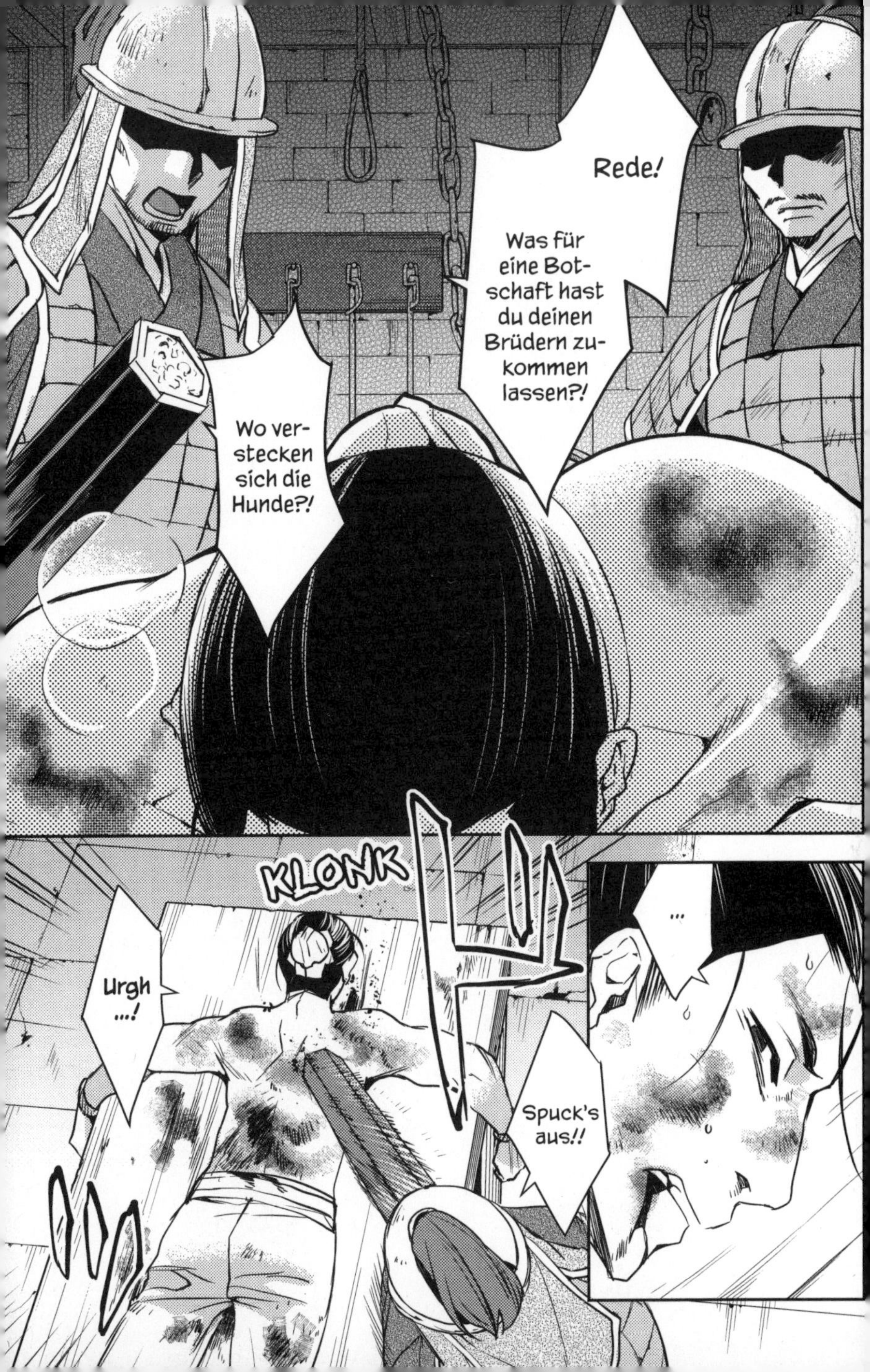
Rede!
Was für eine Botschaft hast du deinen Brüdern zukommen lassen?!
Wo verstecken sich die Hunde?!
...
Spuck's aus!!
KLONK
Urgh ...!

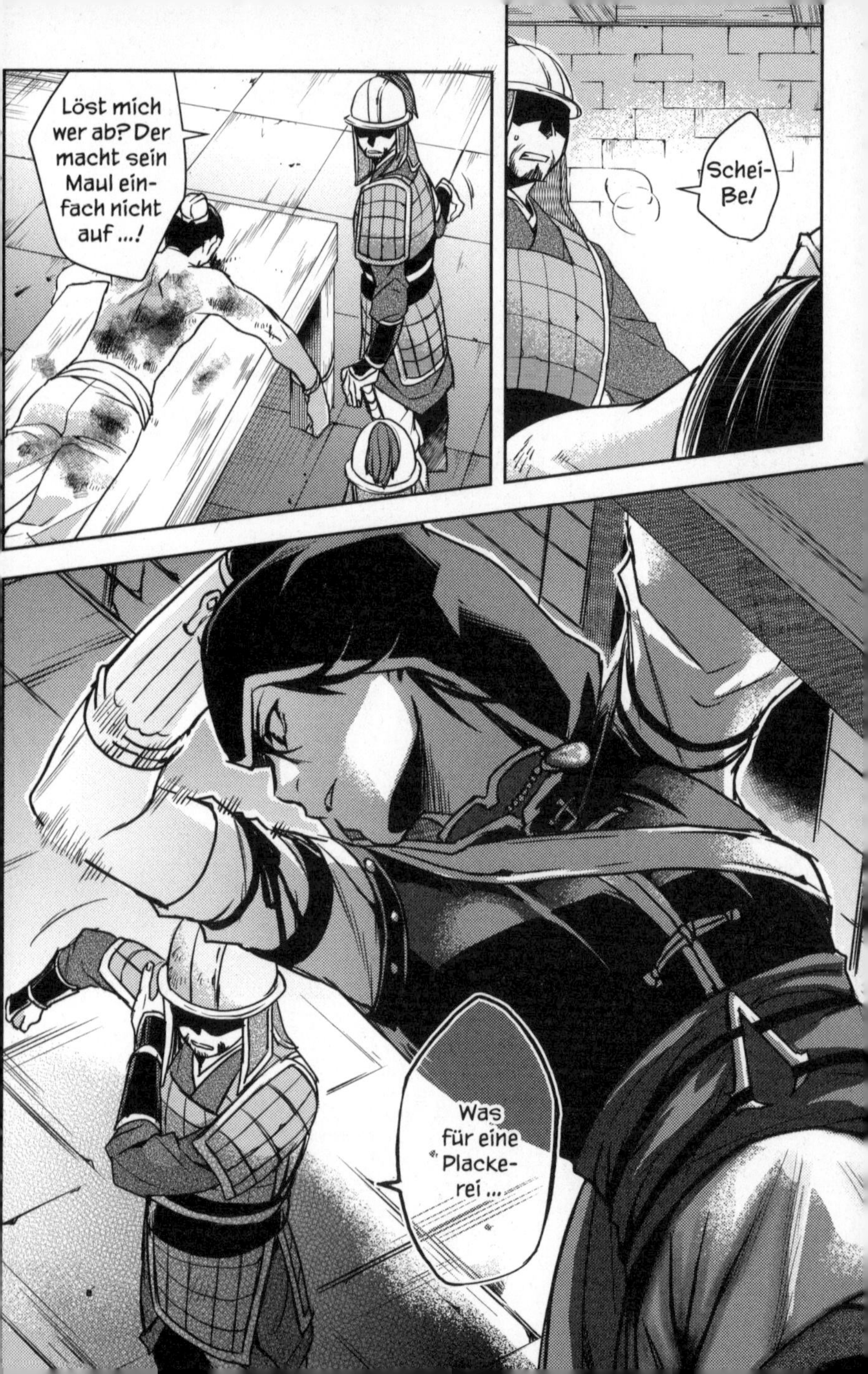
Schei-
ße!
Löst mich wer ab? Der macht sein Maul ein-fach nicht auf ...!
Was für eine Placke-rei ...

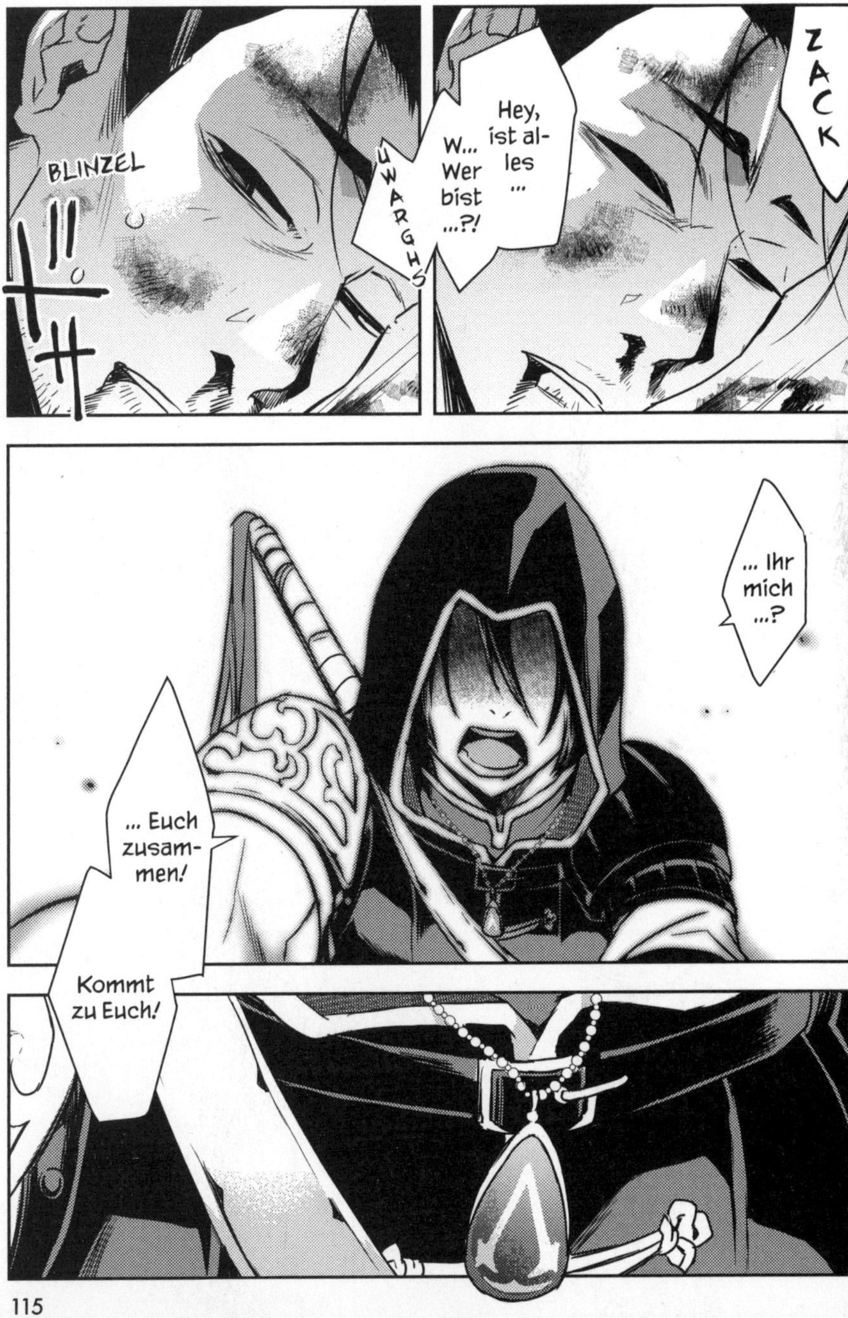
ZACK
Hey, ist al- les ...
W... Wer bist ...?!
UWARGHS
BLINZEL
!!
... Ihr mich ...?
... Euch zusam- men!
Kommt zu Euch!

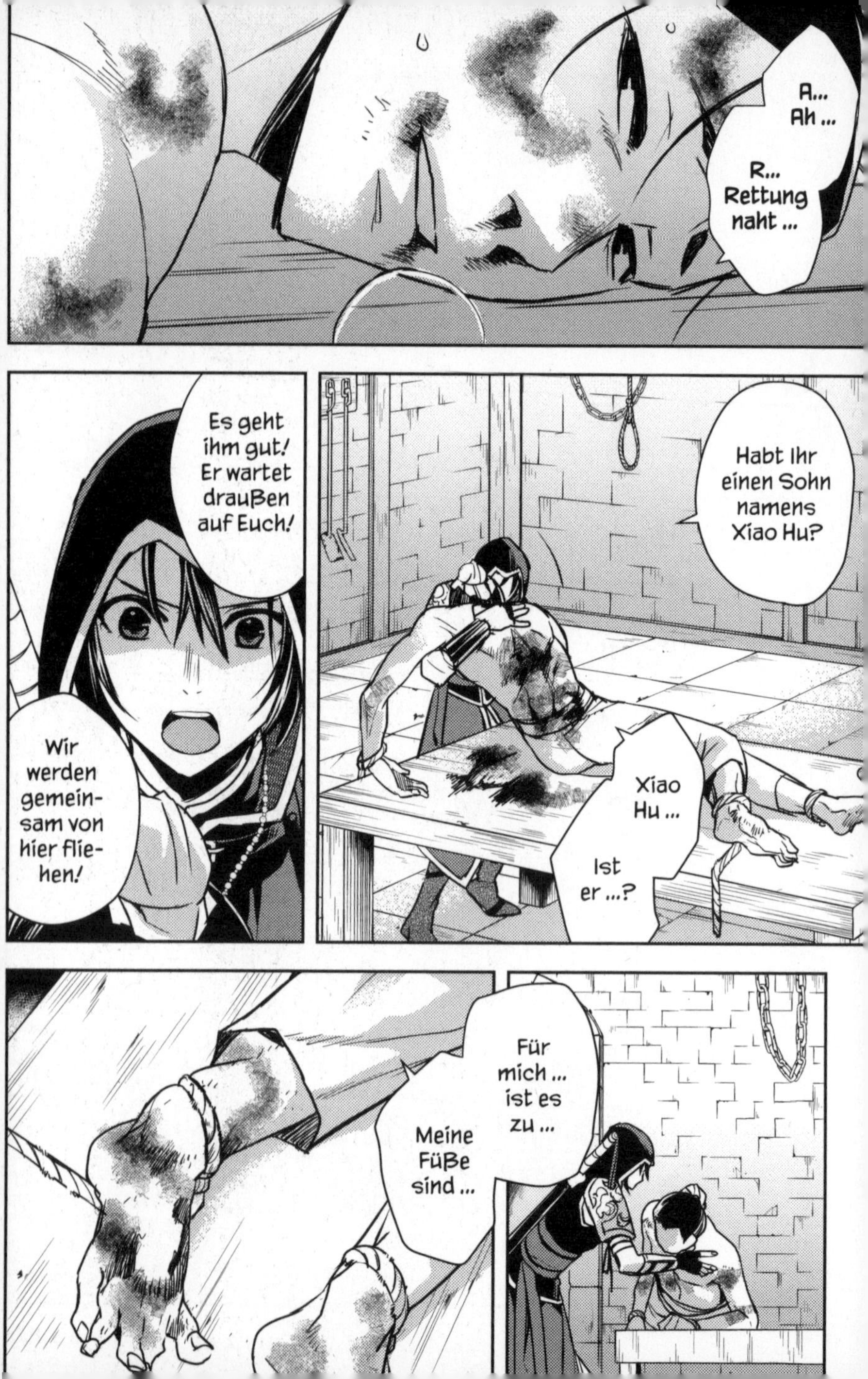
A...
Ah ...
R...
Rettung
naht ...
Habt Ihr
einen Sohn
namens
Xiao Hu?
Xiao
Hu ...
Ist
er ...?
Es geht
ihm gut!
Er wartet
draußen
auf Euch!
Wir
werden
gemein-
sam von
hier flie-
hen!
Für
mich ...
ist es
zu ...
Meine
Füße
sind ...

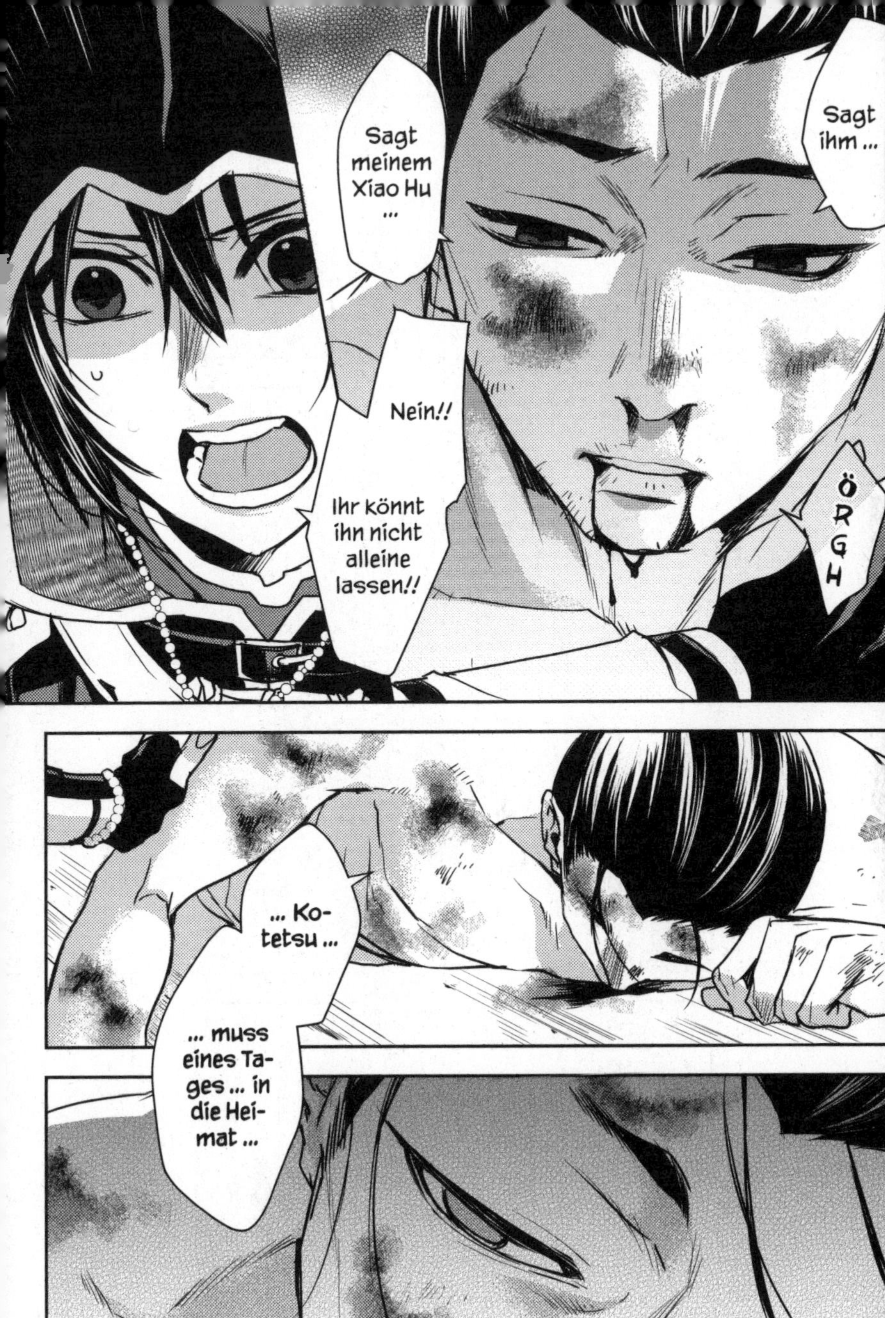
Sagt ihm ...
Sagt meinem Xiao Hu ...
ÖRGH
Nein!!
Ihr könnt ihn nicht alleine lassen!!
... Kotetsu ...
... muss eines Tages ... in die Heimat ...

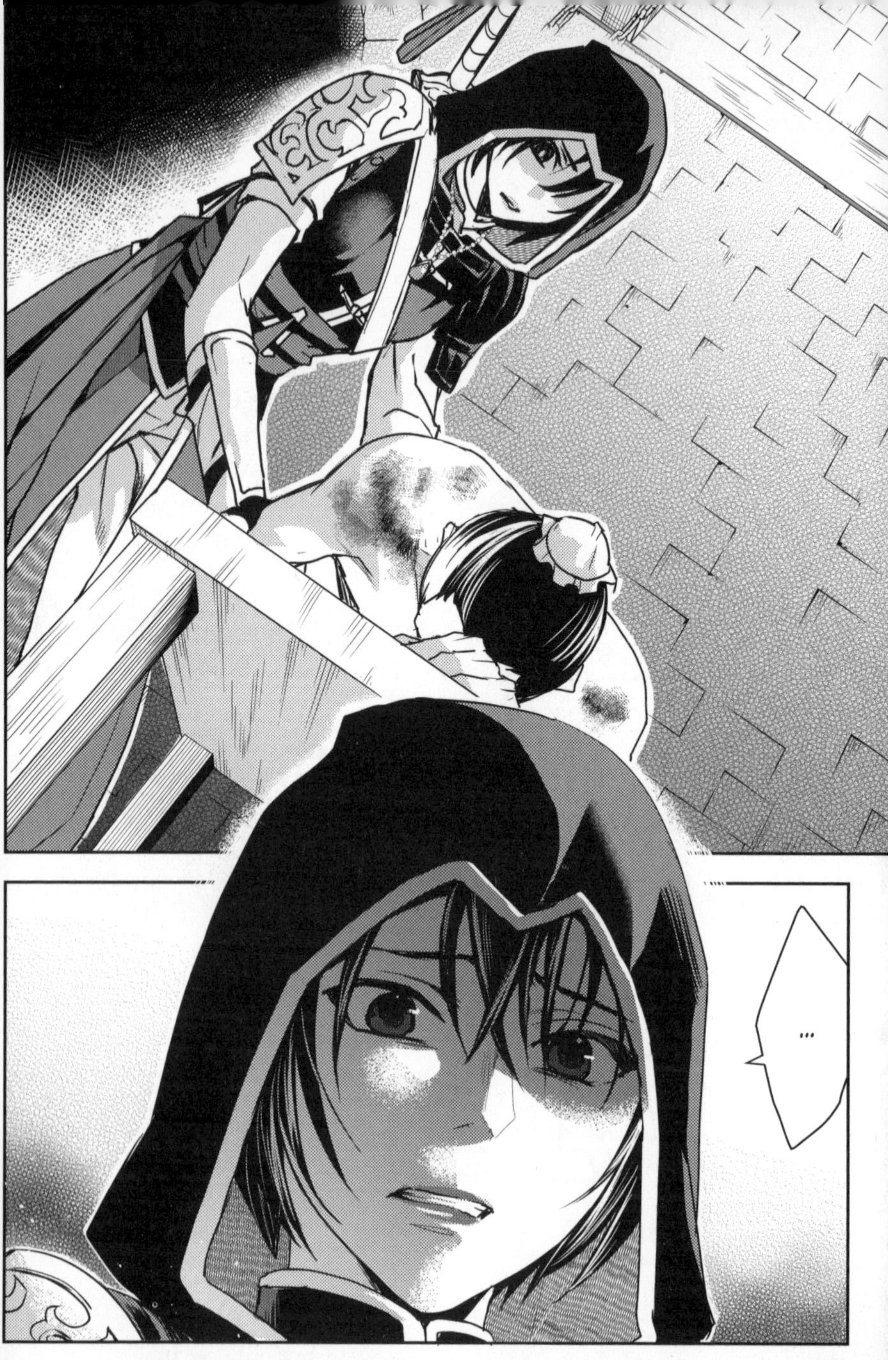

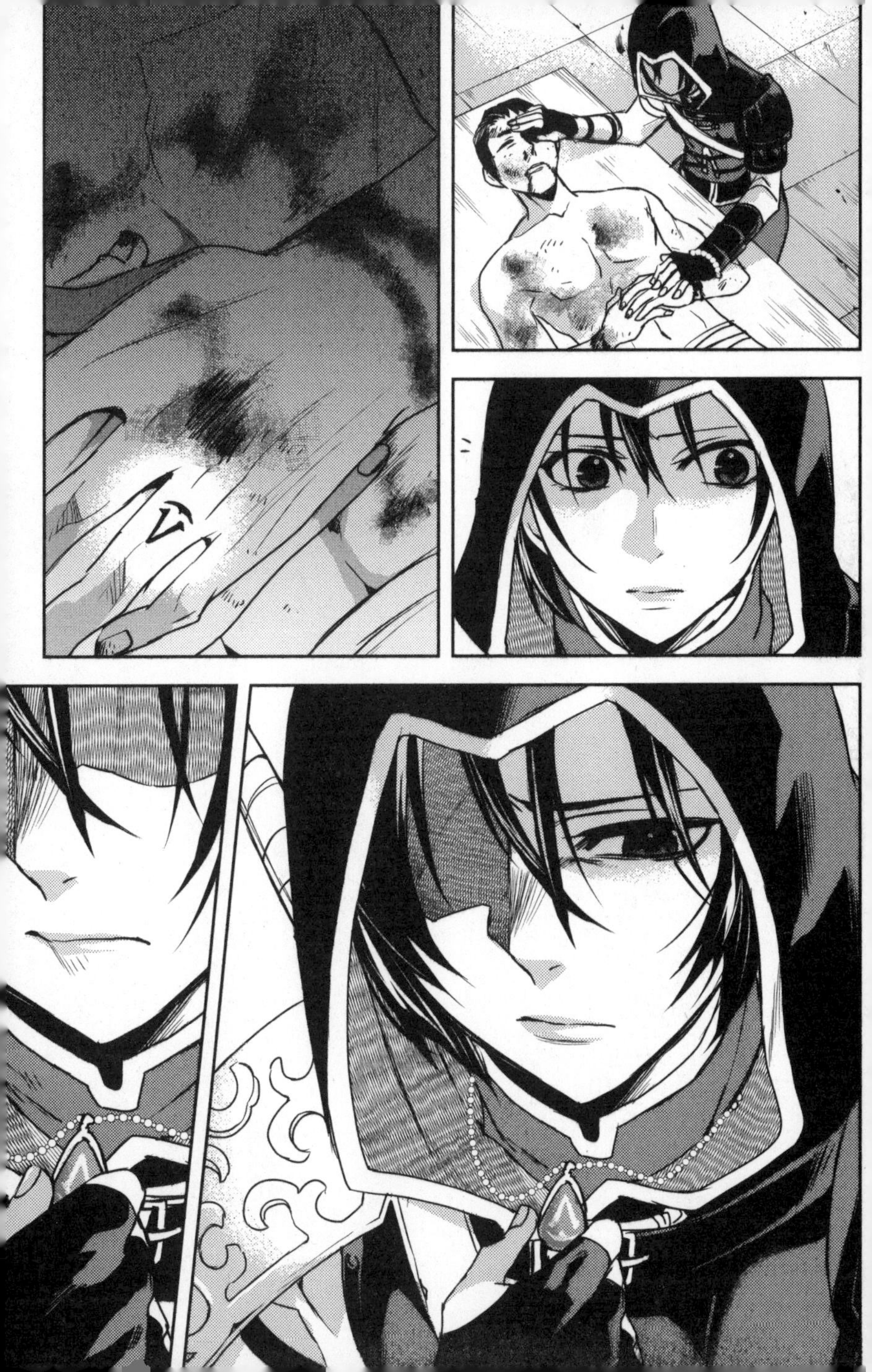

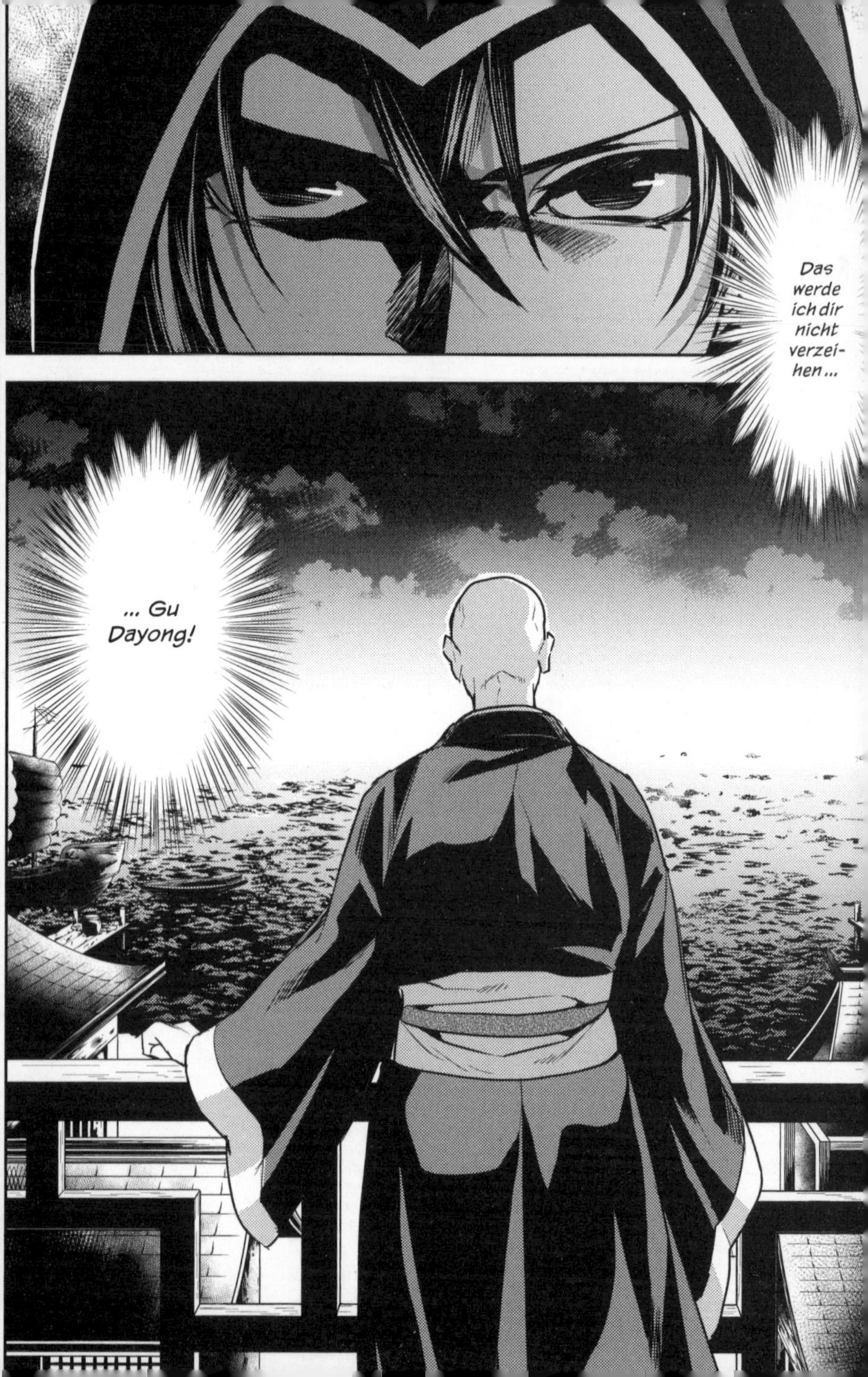
Das werde ich dir nicht verzei- hen ...
... Gu Dayong!

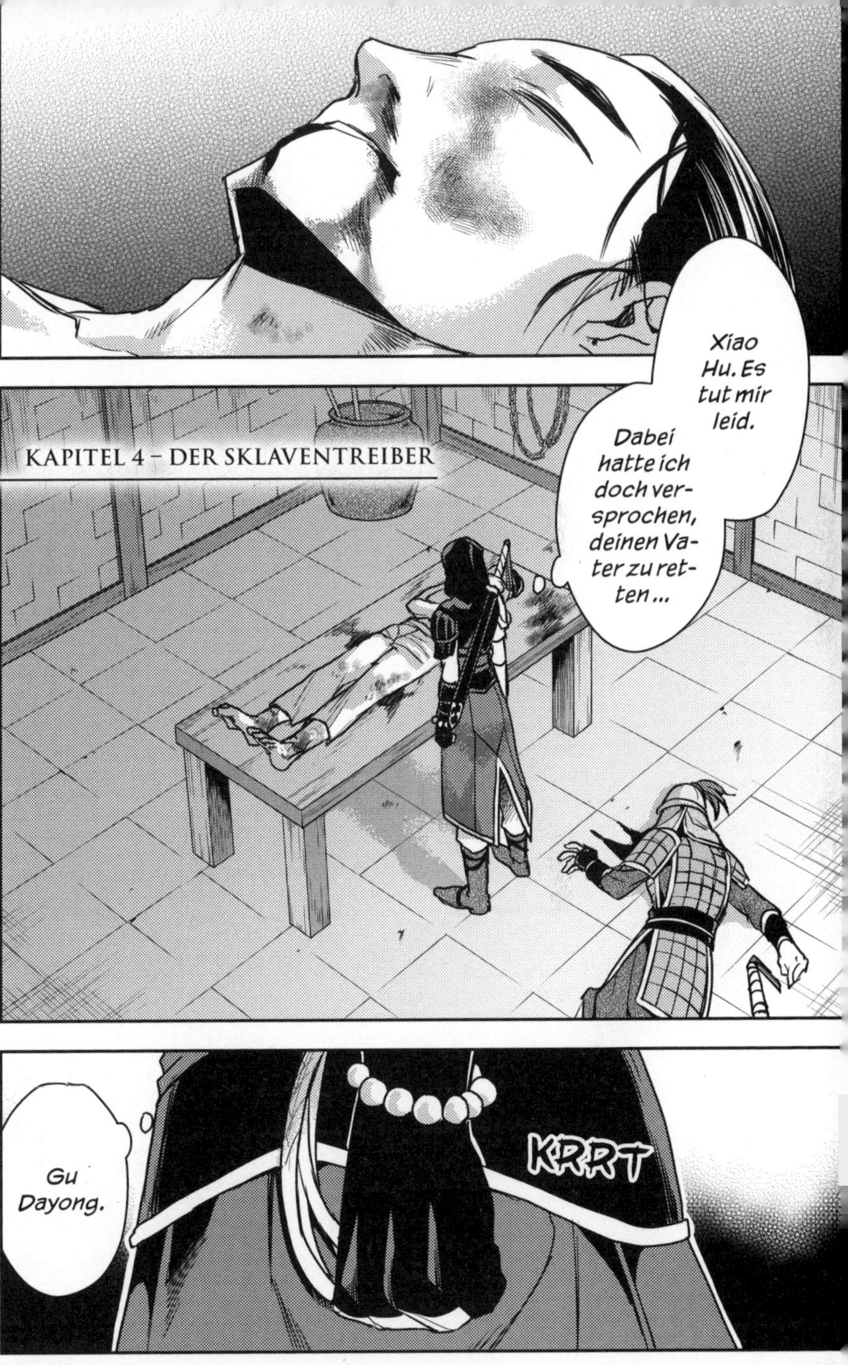
Xiao Hu. Es tut mir leid.
KAPITEL 4 – DER SKLAVENTREIBER
Dabei hatte ich doch versprochen, deinen Vater zu retten ...
KRRT
Gu Dayong.

KAPITEL 4 – DER SKLAVENTREIBER

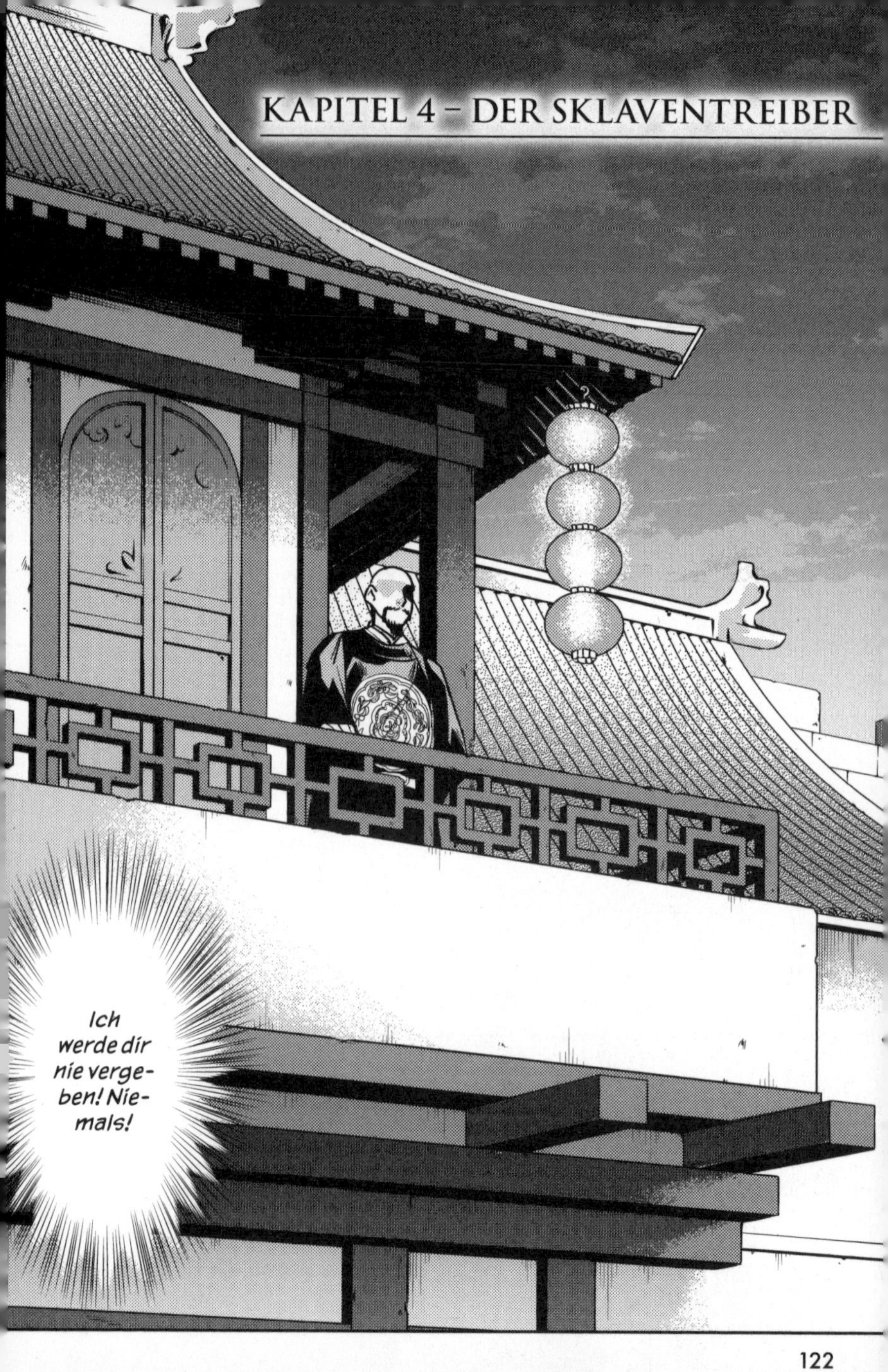

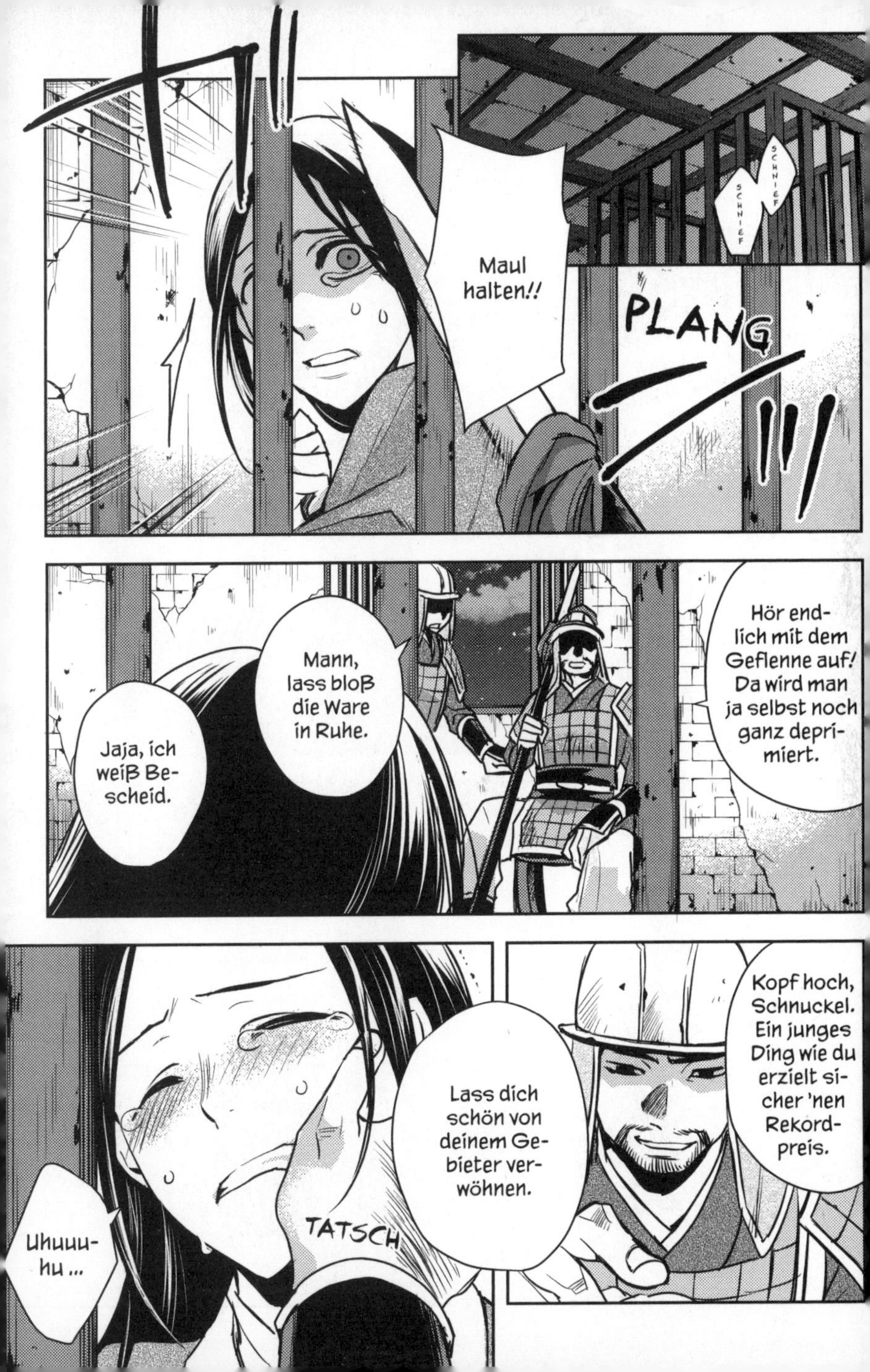
SCHNIEF
SCHNIEF
Maul halten!!
PLANG
Hör endlich mit dem Geflenne auf! Da wird man ja selbst noch ganz deprimiert.
Mann, lass bloß die Ware in Ruhe.
Jaja, ich weiß Bescheid.
Kopf hoch, Schnuckel. Ein junges Ding wie du erzielt sicher 'nen Rekordpreis.
Lass dich schön von deinem Gebieter verwöhnen.
TATSCH
Uhuuuhu ...

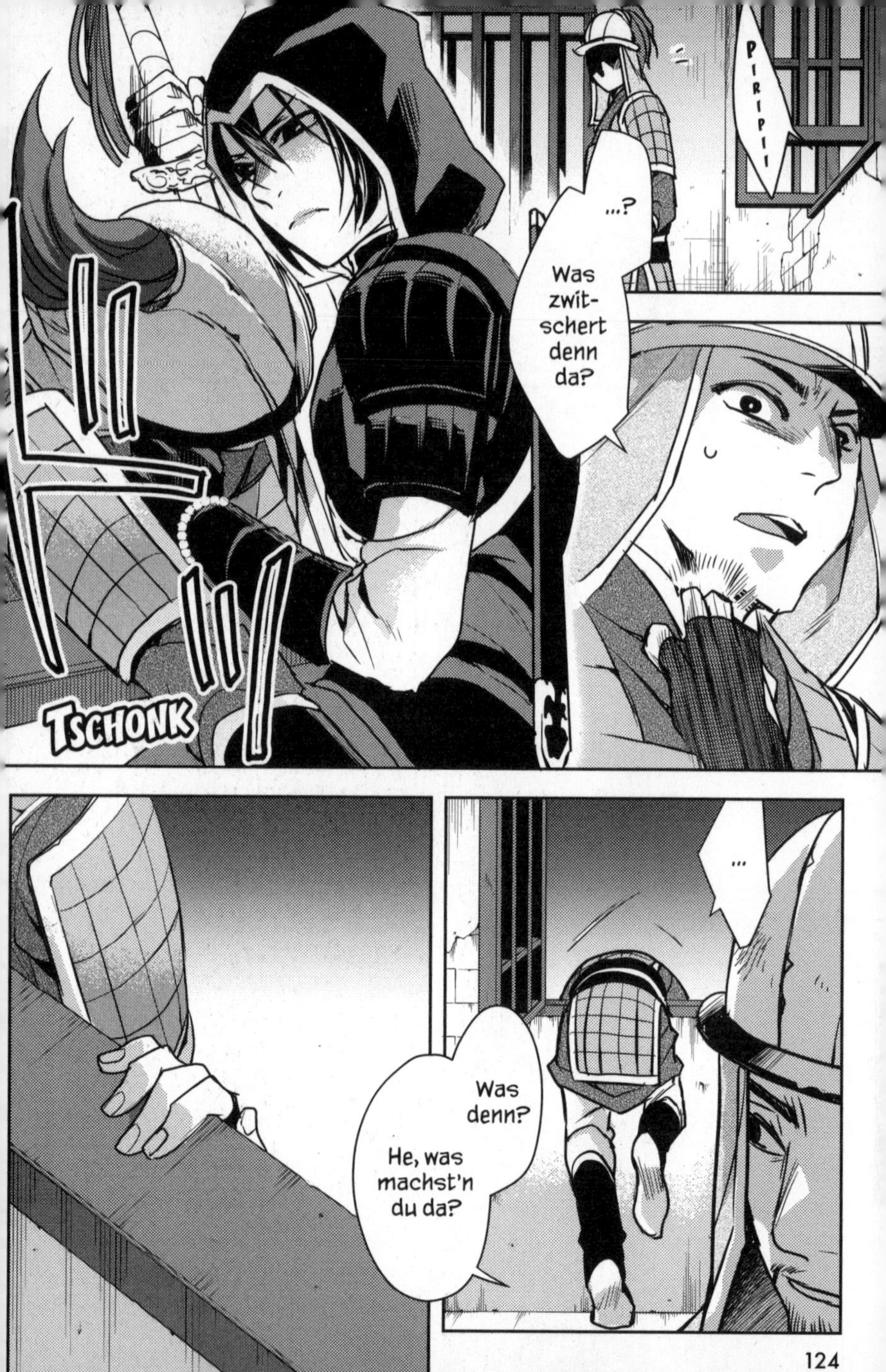
PIRIPII
...?
Was zwitschert denn da?
TSCHONK
...
Was denn?
He, was machst'n du da?

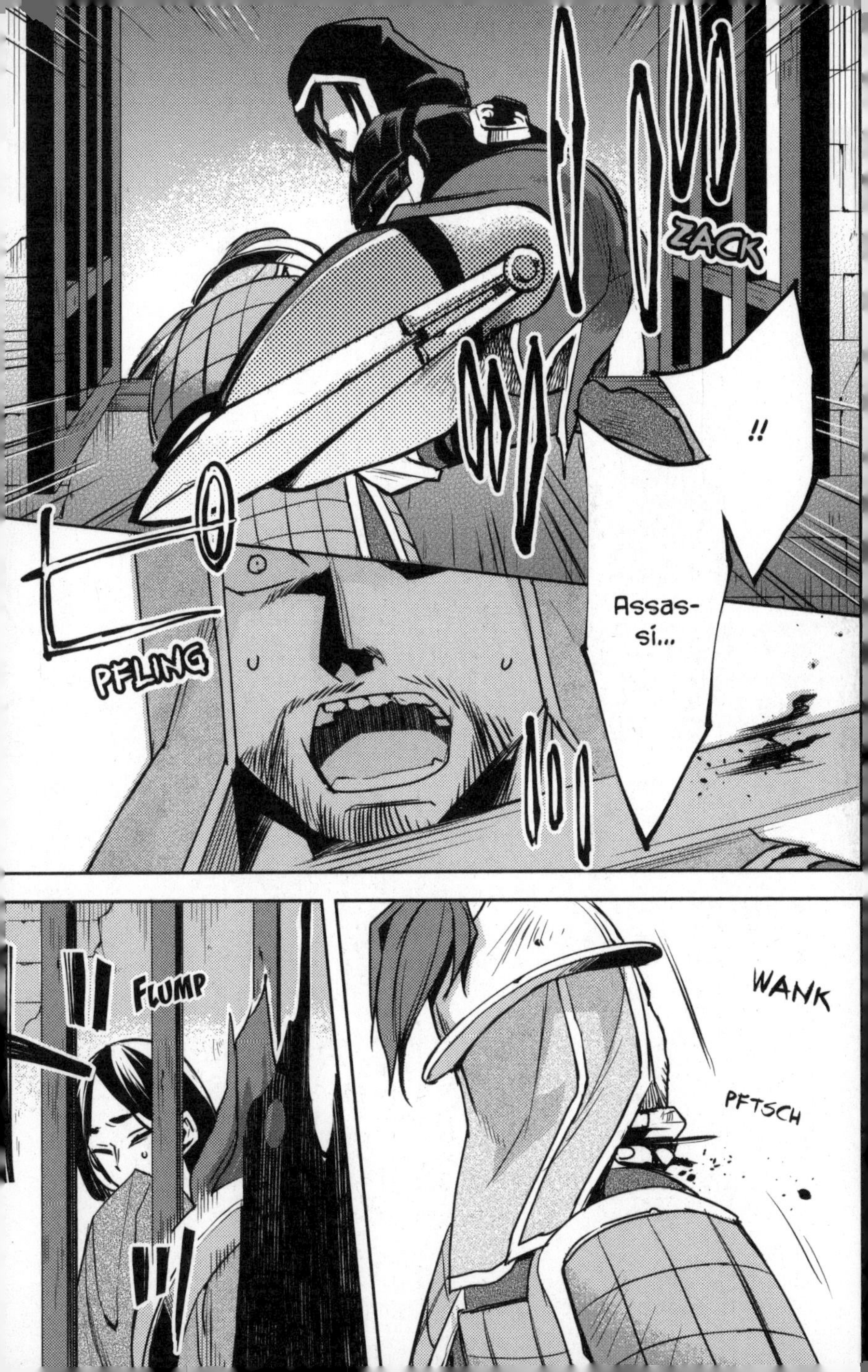
ZACK
!!
PFLING
Assas-
sí...
WANK
PFTSCH
FLUMP

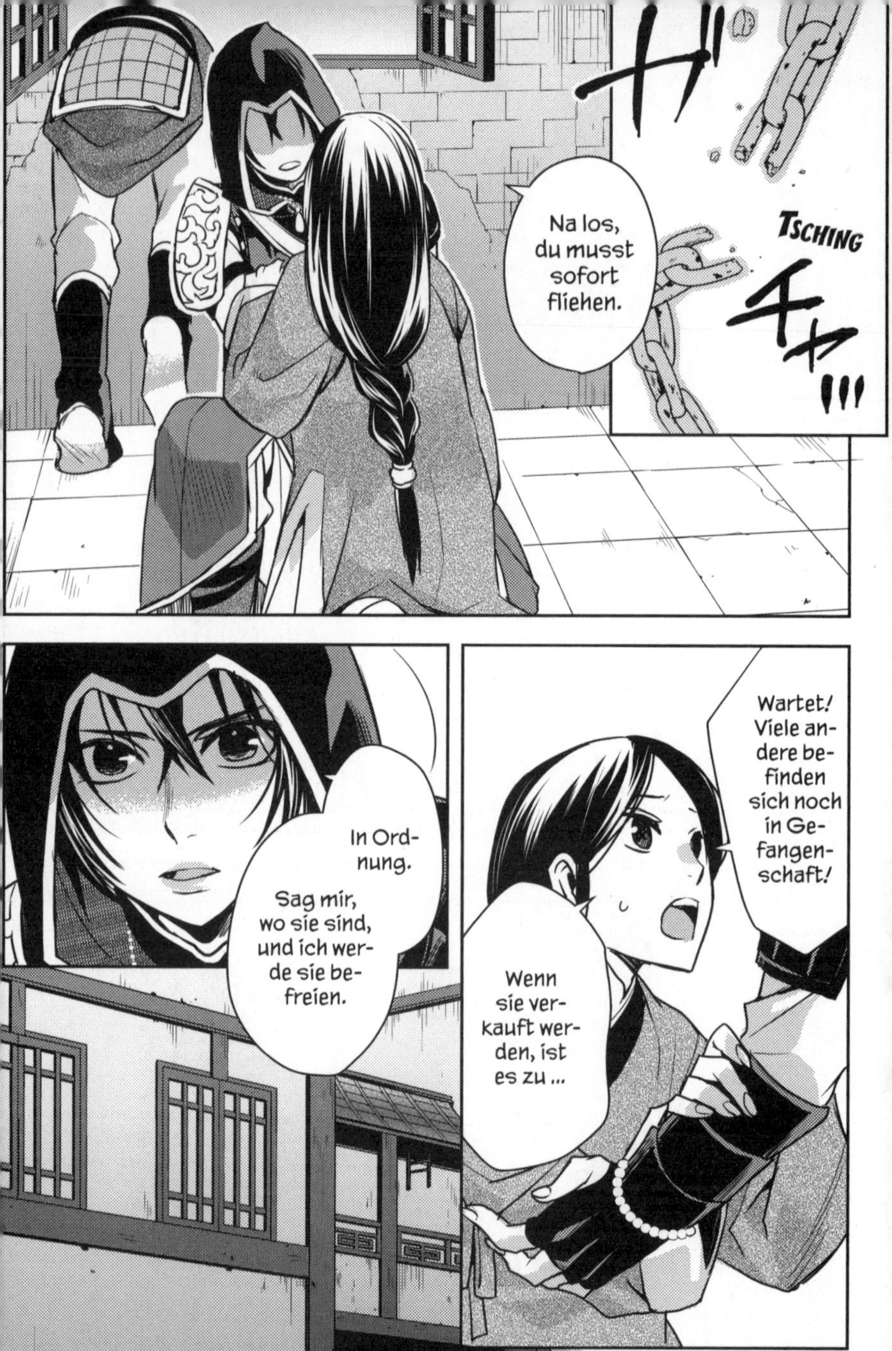
TSCHING
Na los, du musst sofort fliehen.
Wartet! Viele andere befinden sich noch in Gefangenschaft!
Wenn sie verkauft werden, ist es zu ...
In Ordnung.
Sag mir, wo sie sind, und ich werde sie befreien.

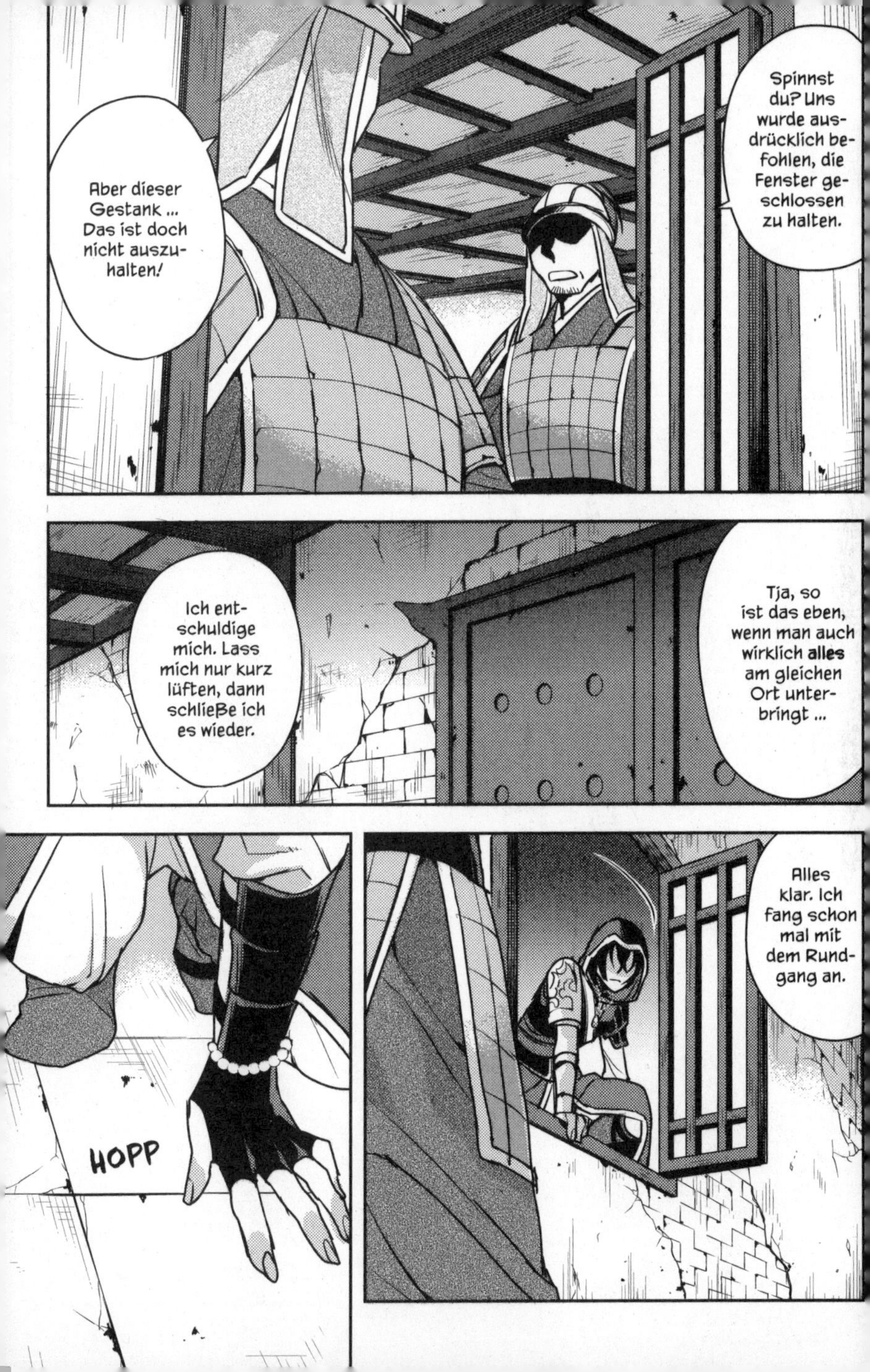
Spinnst du? Uns wurde ausdrücklich befohlen, die Fenster geschlossen zu halten.
Aber dieser Gestank ... Das ist doch nicht auszuhalten!
Tja, so ist das eben, wenn man auch wirklich **alles** am gleichen Ort unterbringt ...
Ich entschuldige mich. Lass mich nur kurz lüften, dann schließe ich es wieder.
Alles klar. Ich fang schon mal mit dem Rundgang an.
HOPP

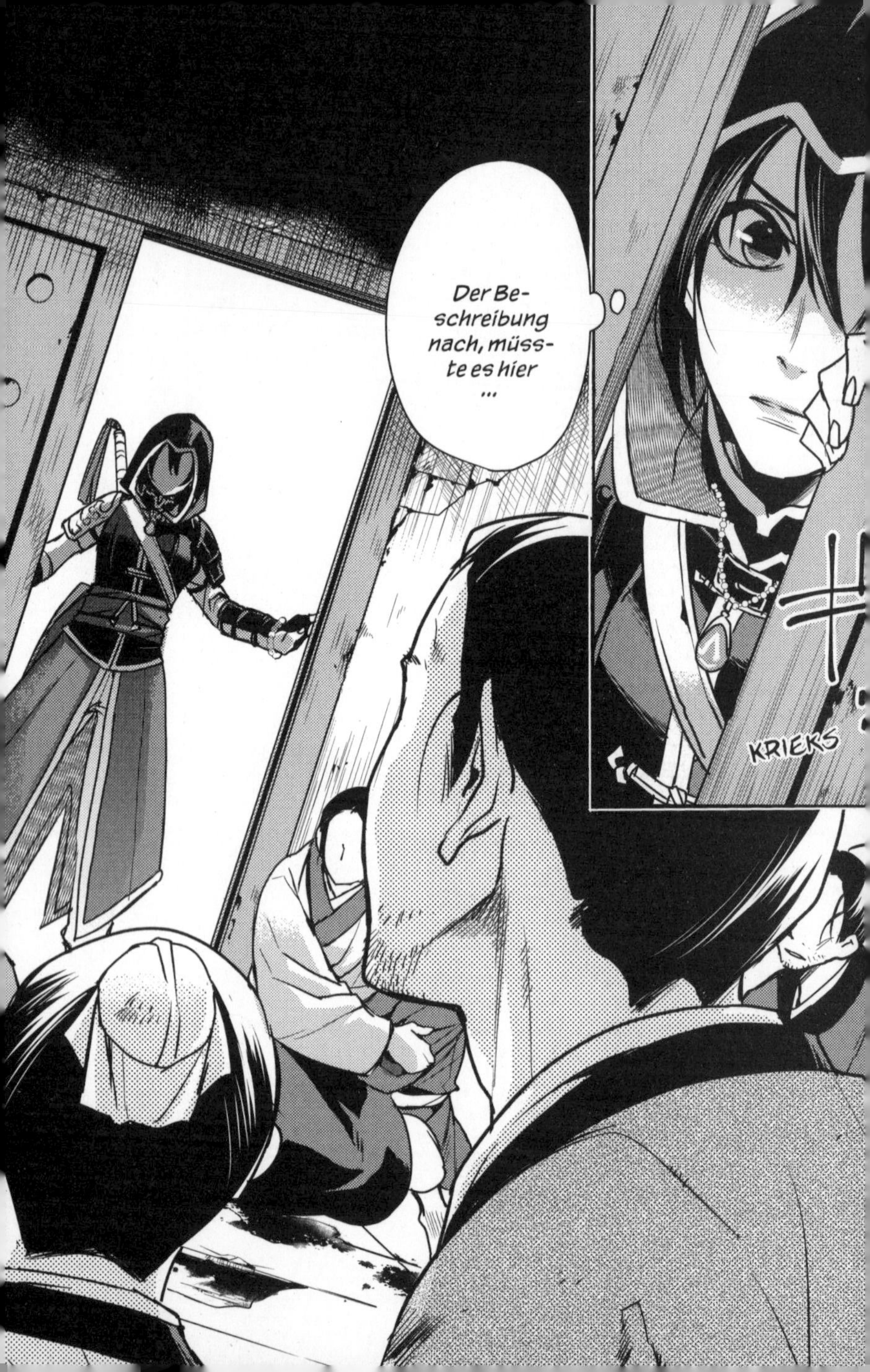
Der Beschreibung nach, müsste es hier ...
KRIEKS

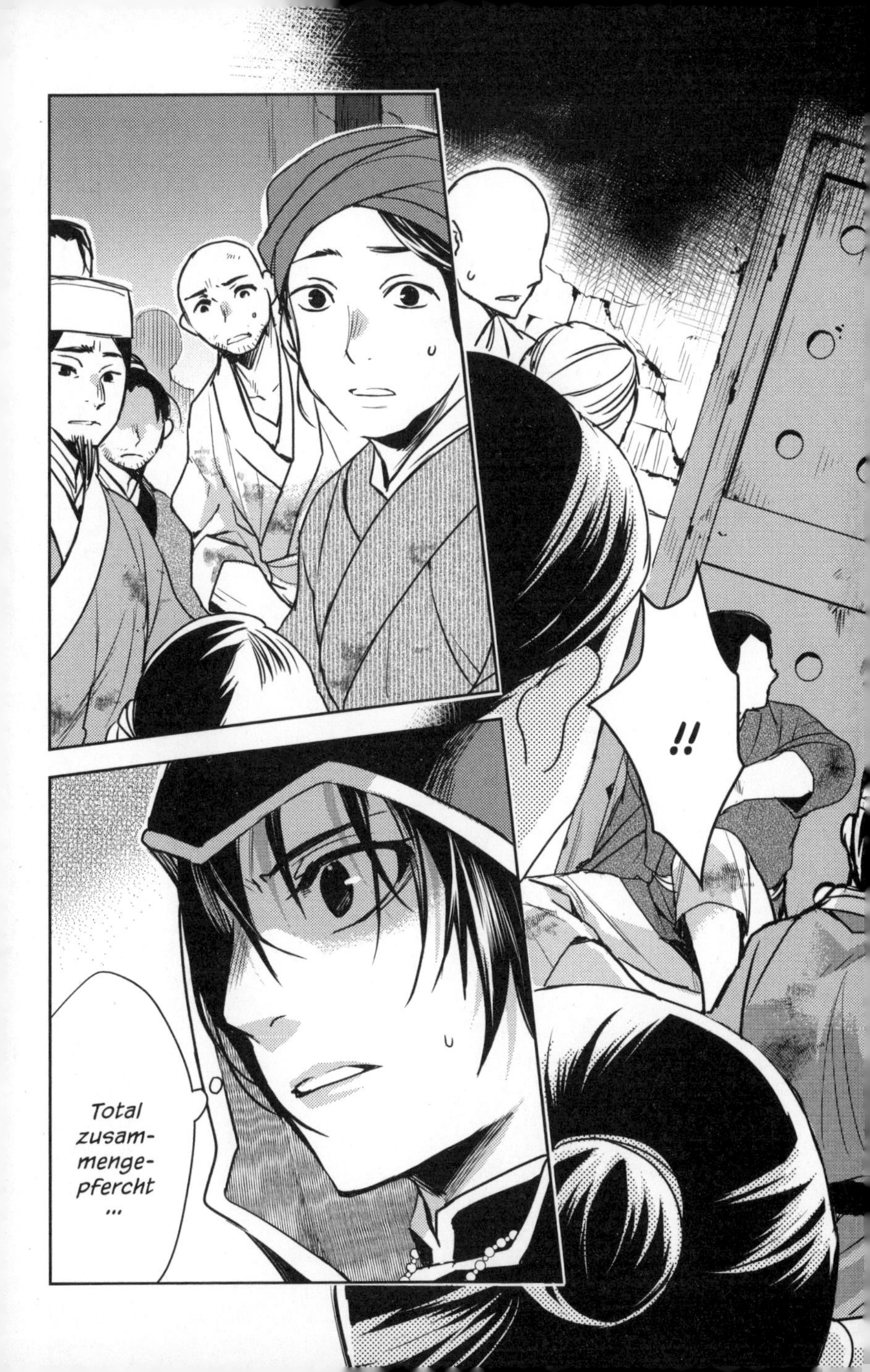
!!
Total zusammengepfercht ...

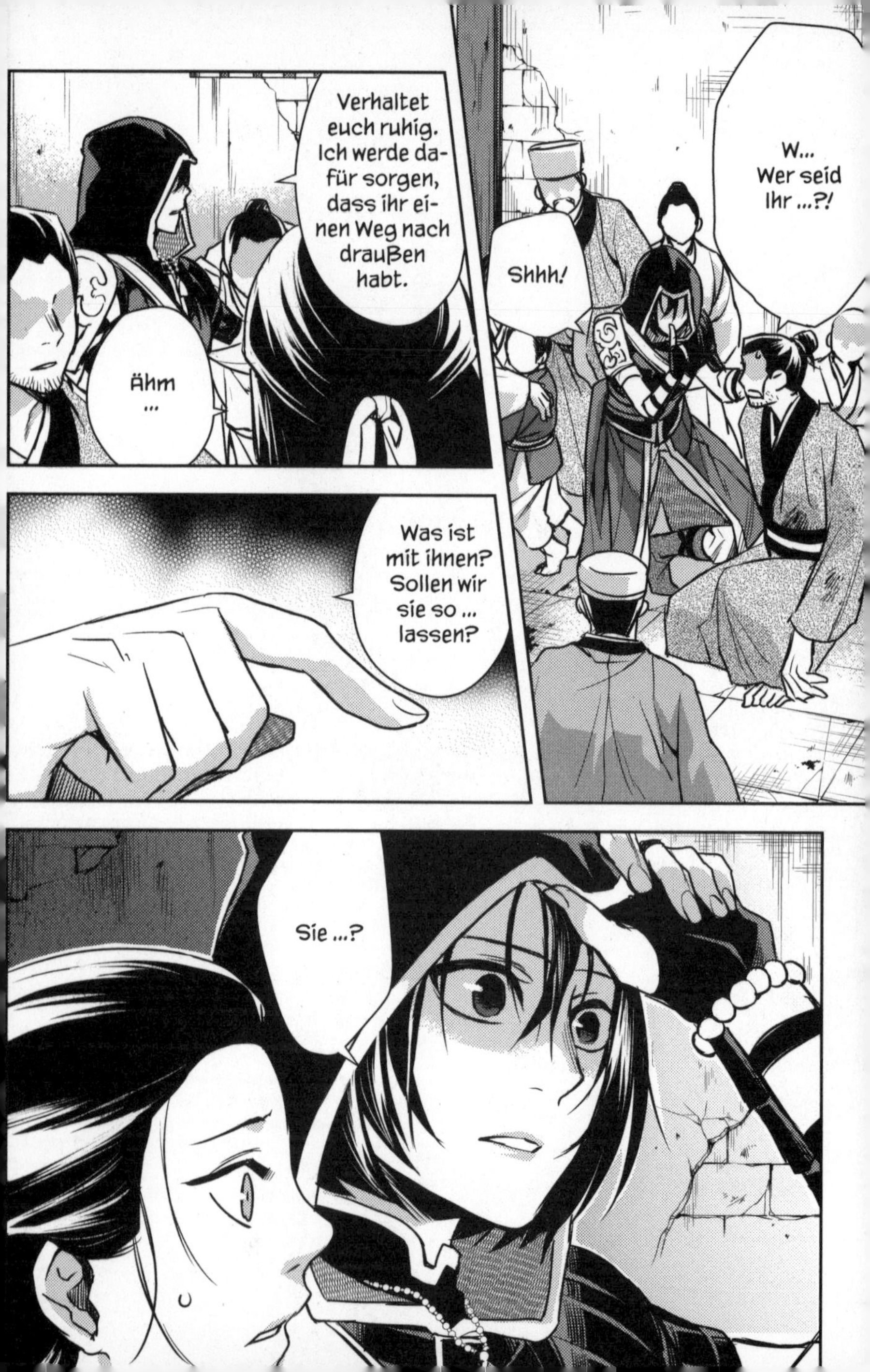
W... Wer seid Ihr ...?!
Shhh!
Verhaltet euch ruhig. Ich werde dafür sorgen, dass ihr einen Weg nach draußen habt.
Ähm ...
Was ist mit ihnen? Sollen wir sie so ... lassen?
Sie ...?

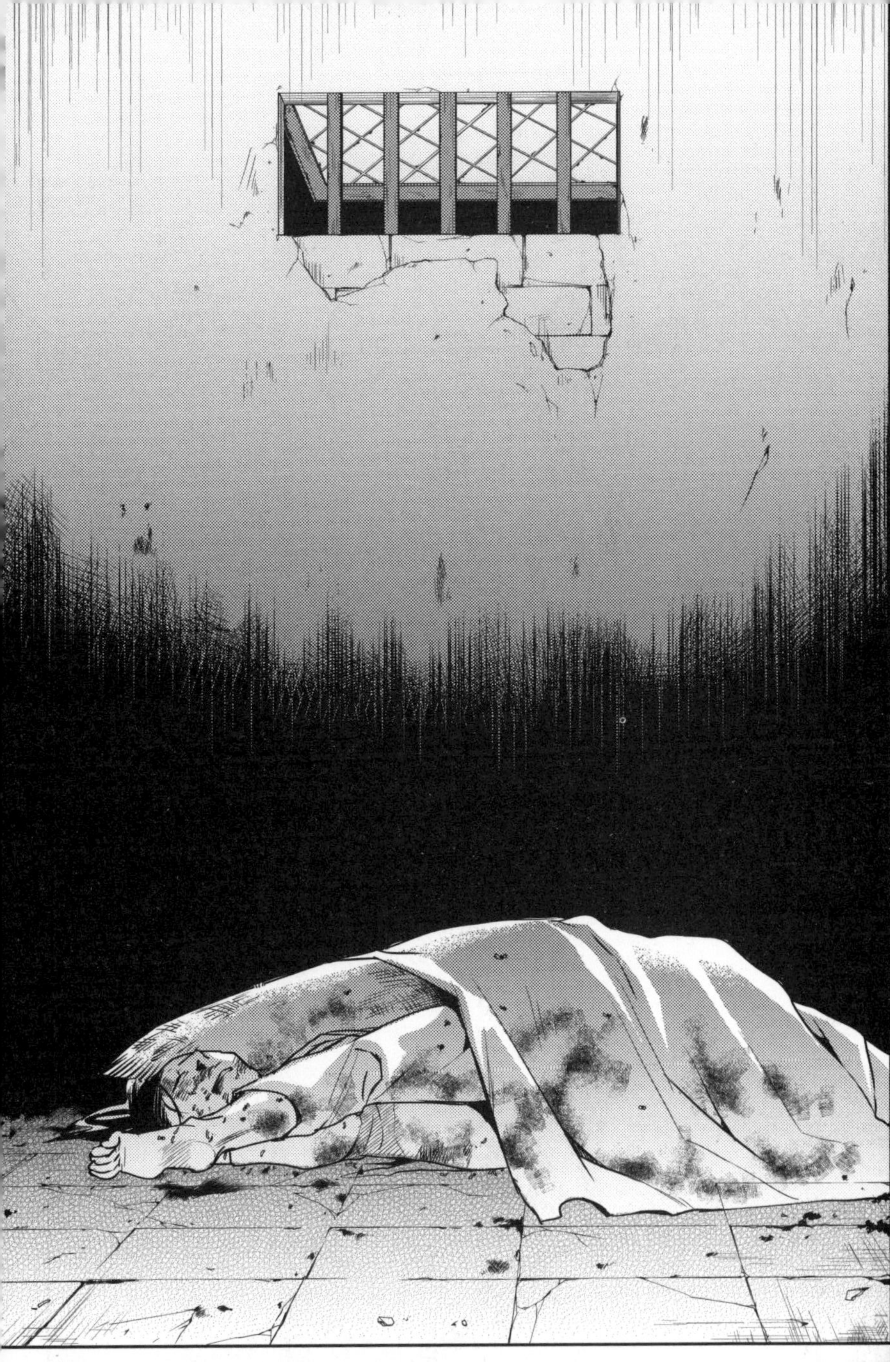

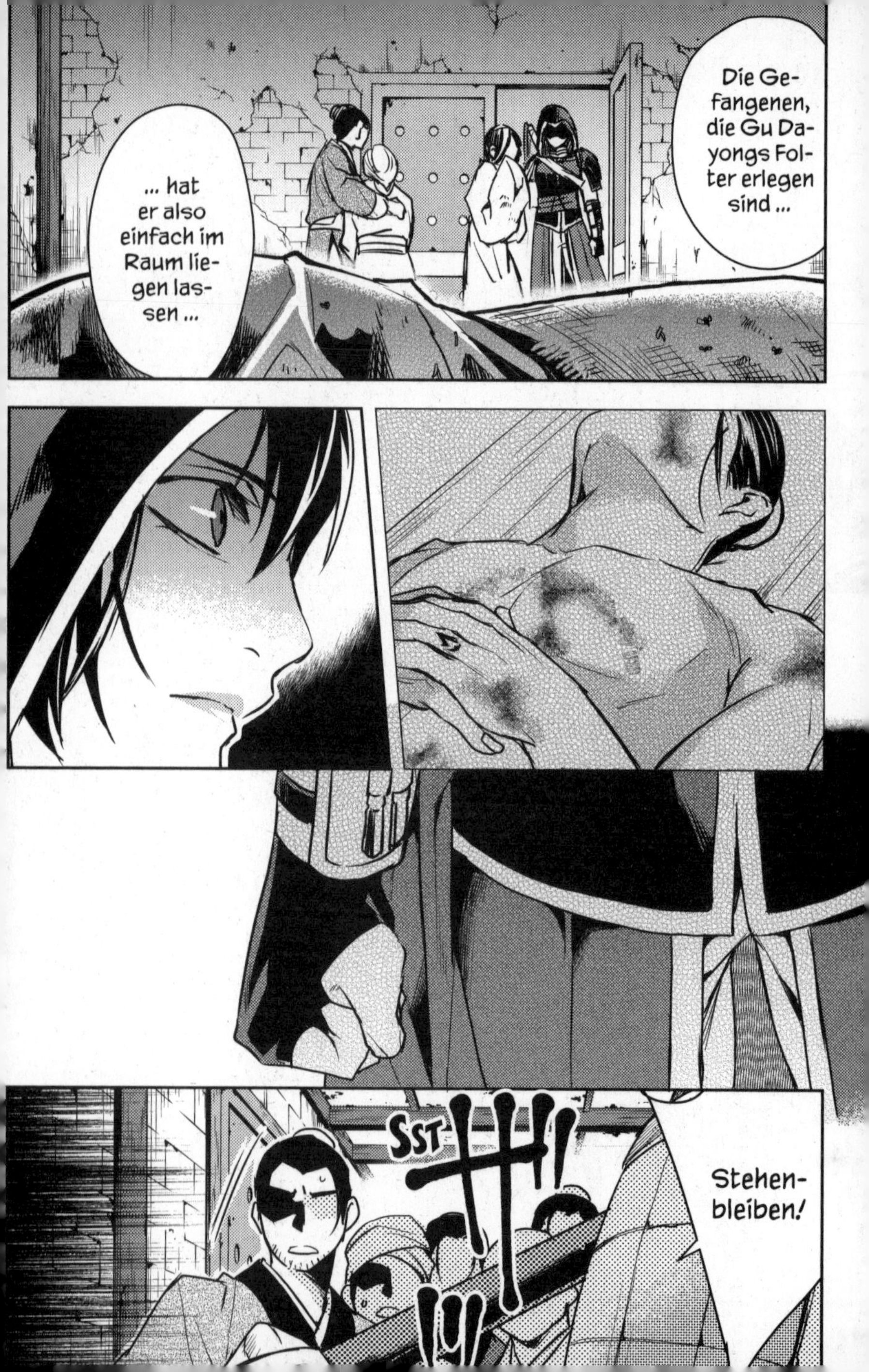

Die Gefangenen, die Gu Dayongs Folter erlegen sind ...
... hat er also einfach im Raum liegen lassen ...
Stehenbleiben!
SST

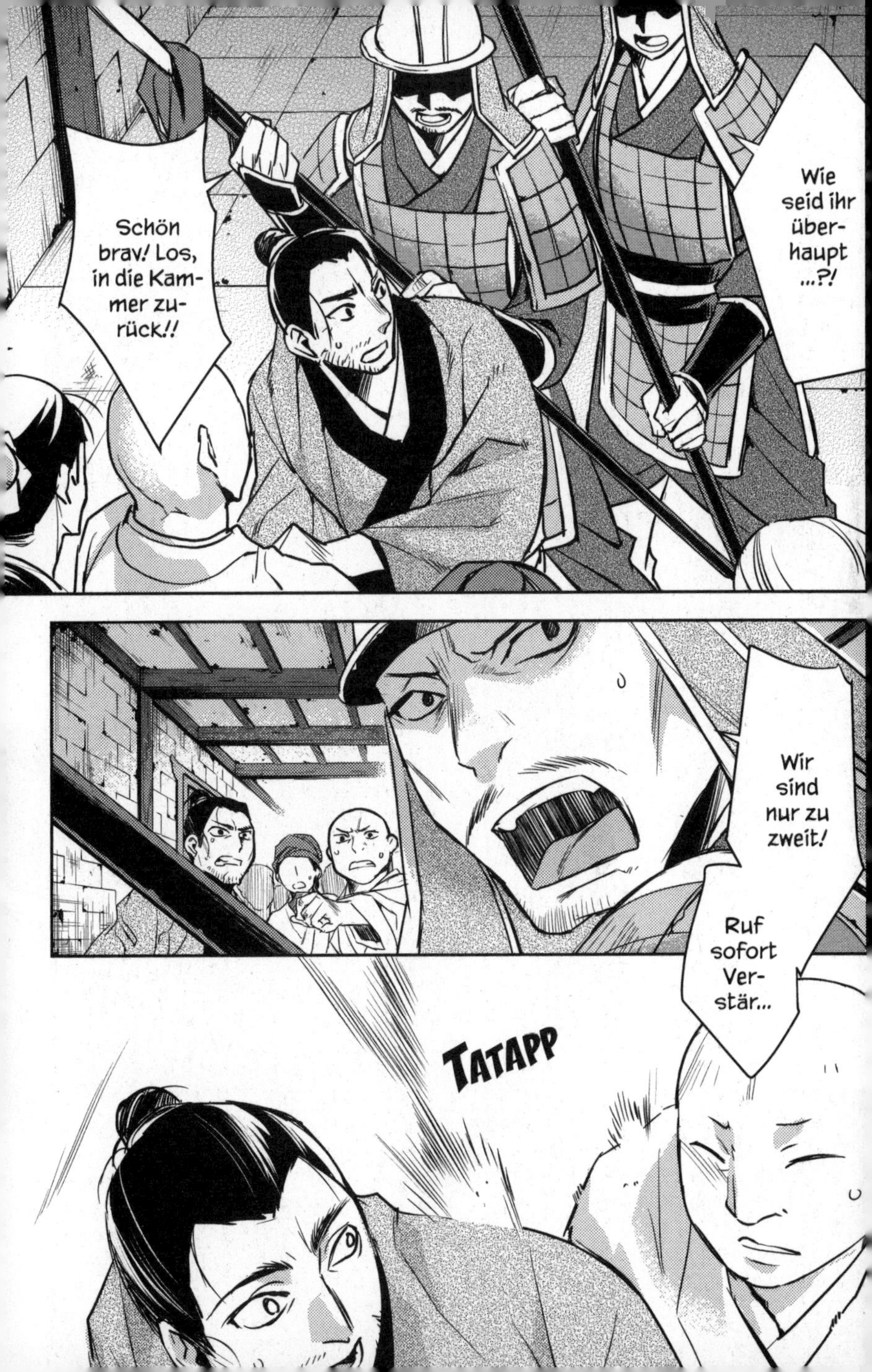
Wie seid ihr über-haupt ...?!
Schön brav! Los, in die Kam-mer zu-rück!!
Wir sind nur zu zweit!
Ruf sofort Ver-stär...
TATAPP

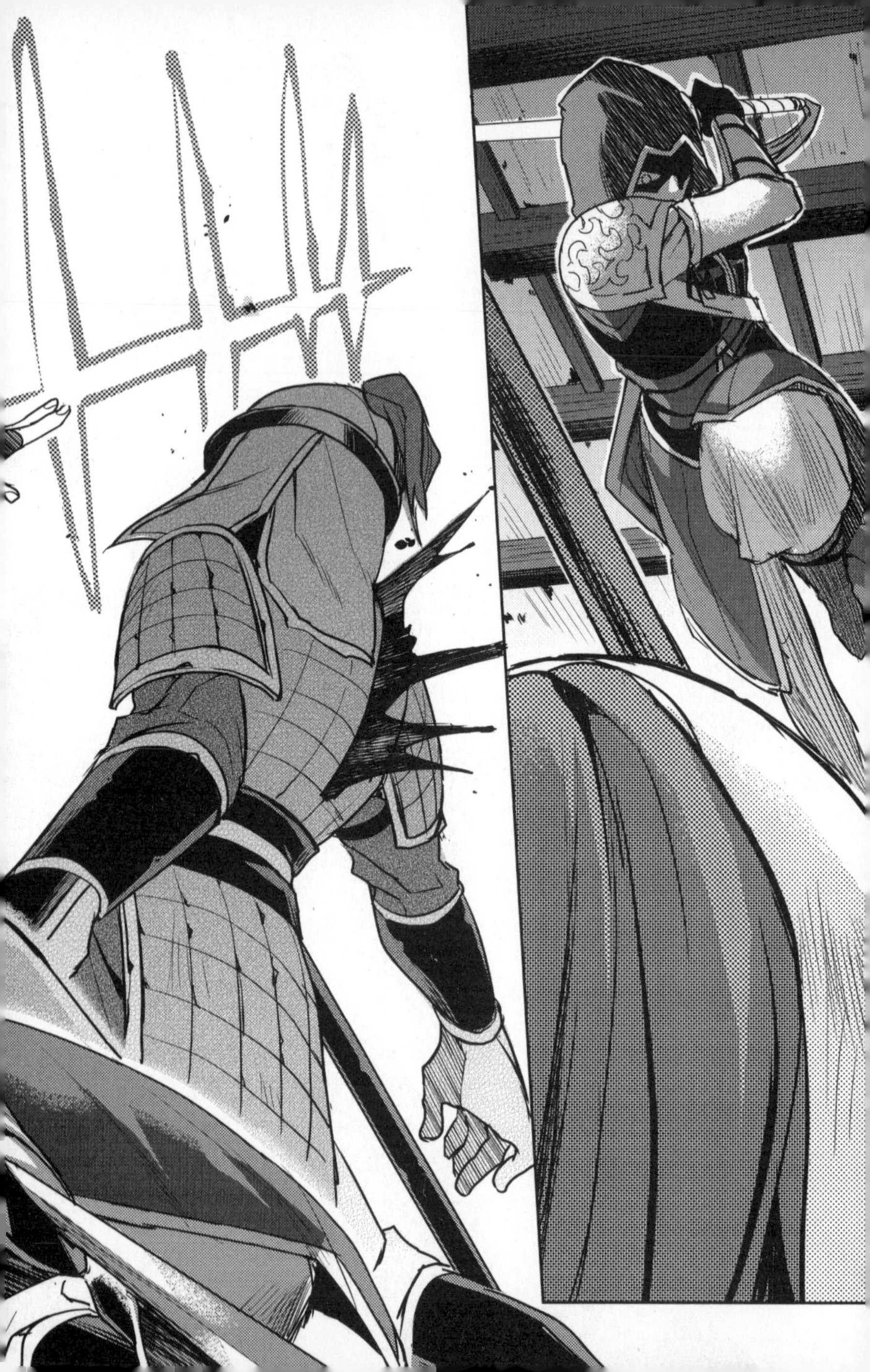

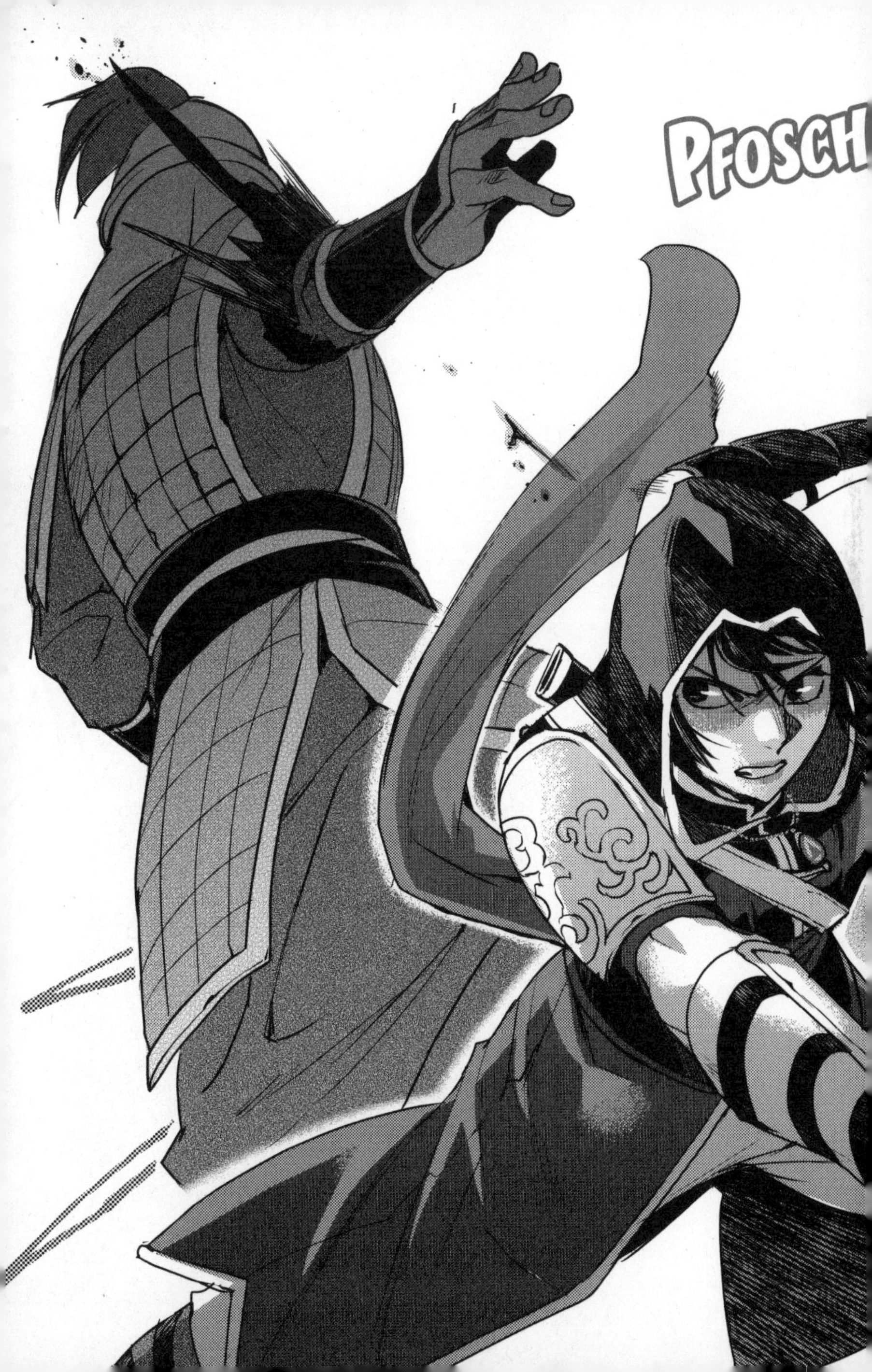
PFOSCH

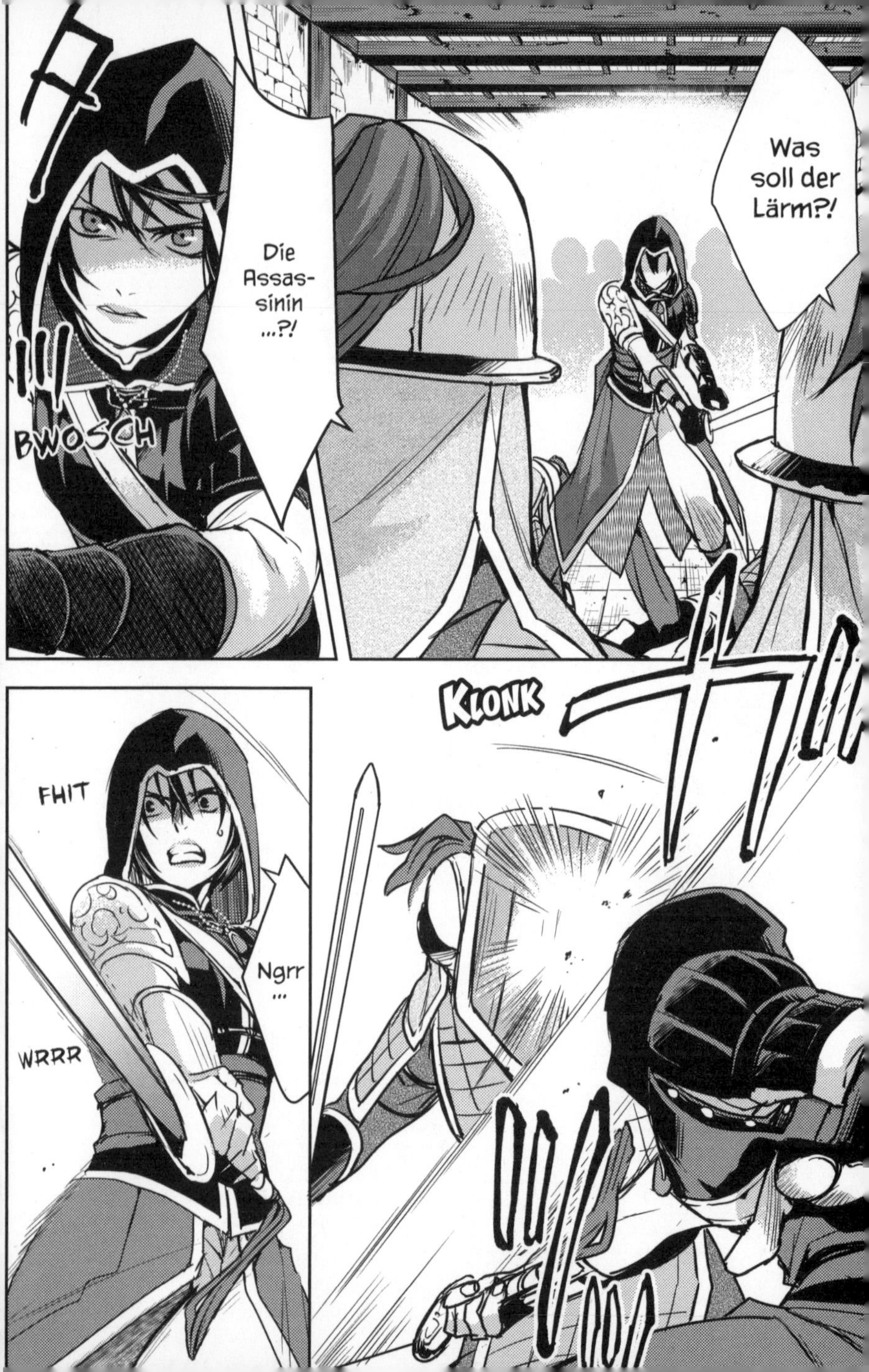
Was soll der Lärm?!
Die Assas-sinin ...?!
BWOSCH
KLONK
FHIT
Ngrr ...
WRRR

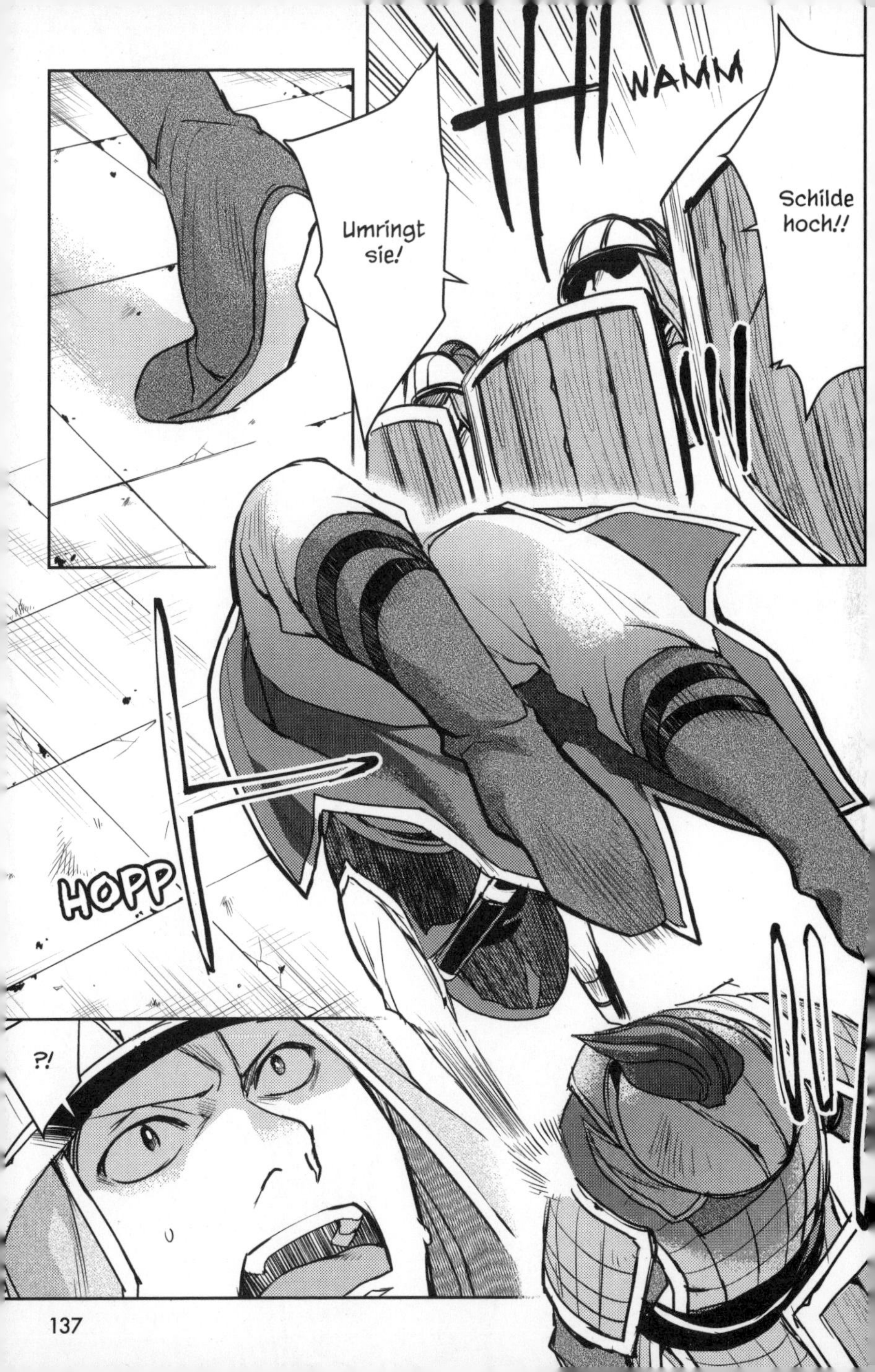
WAMM
Schilde hoch!!
Umringt sie!
HOPP
?!

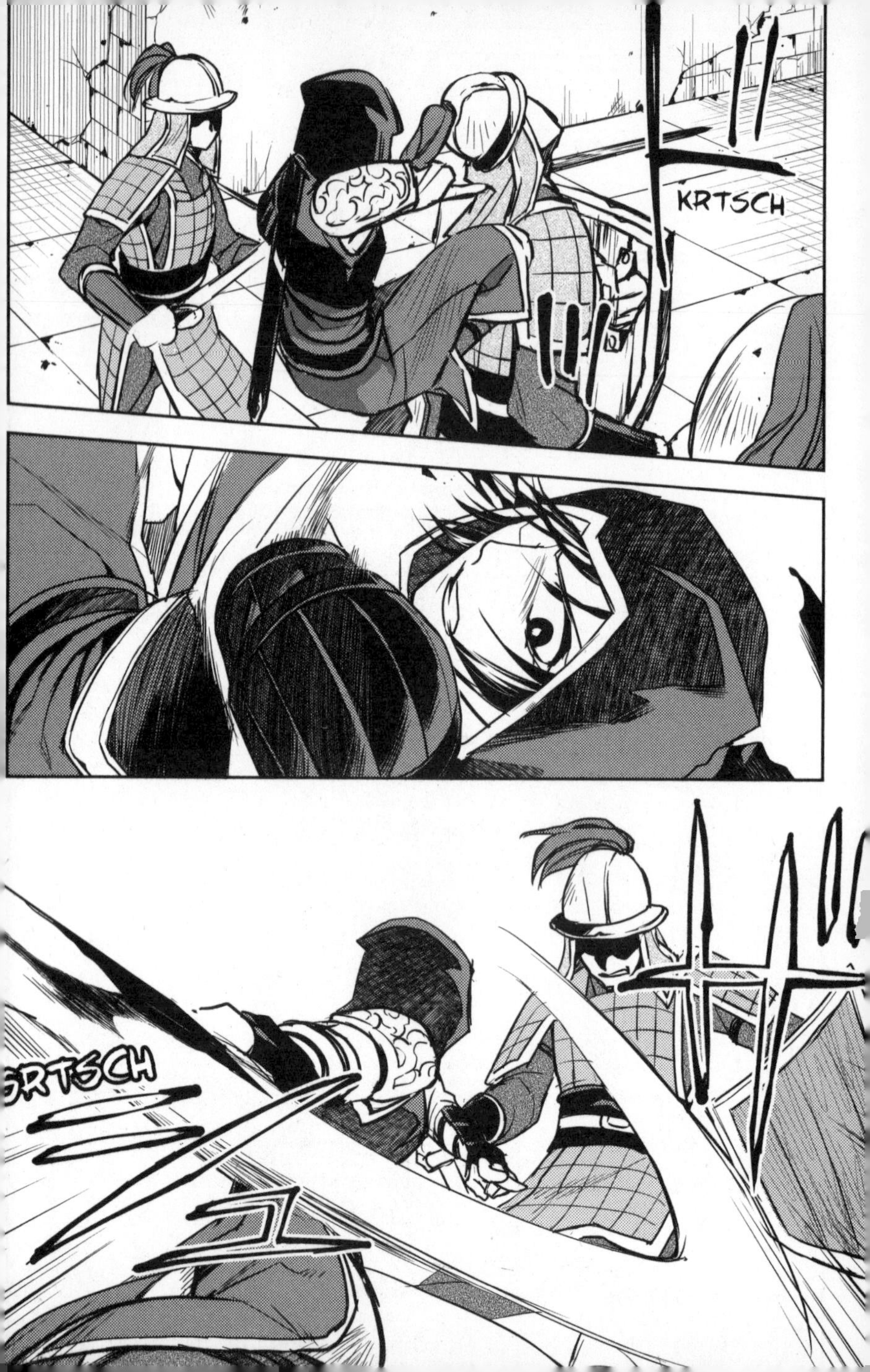
KRTSCH
GRTSCH

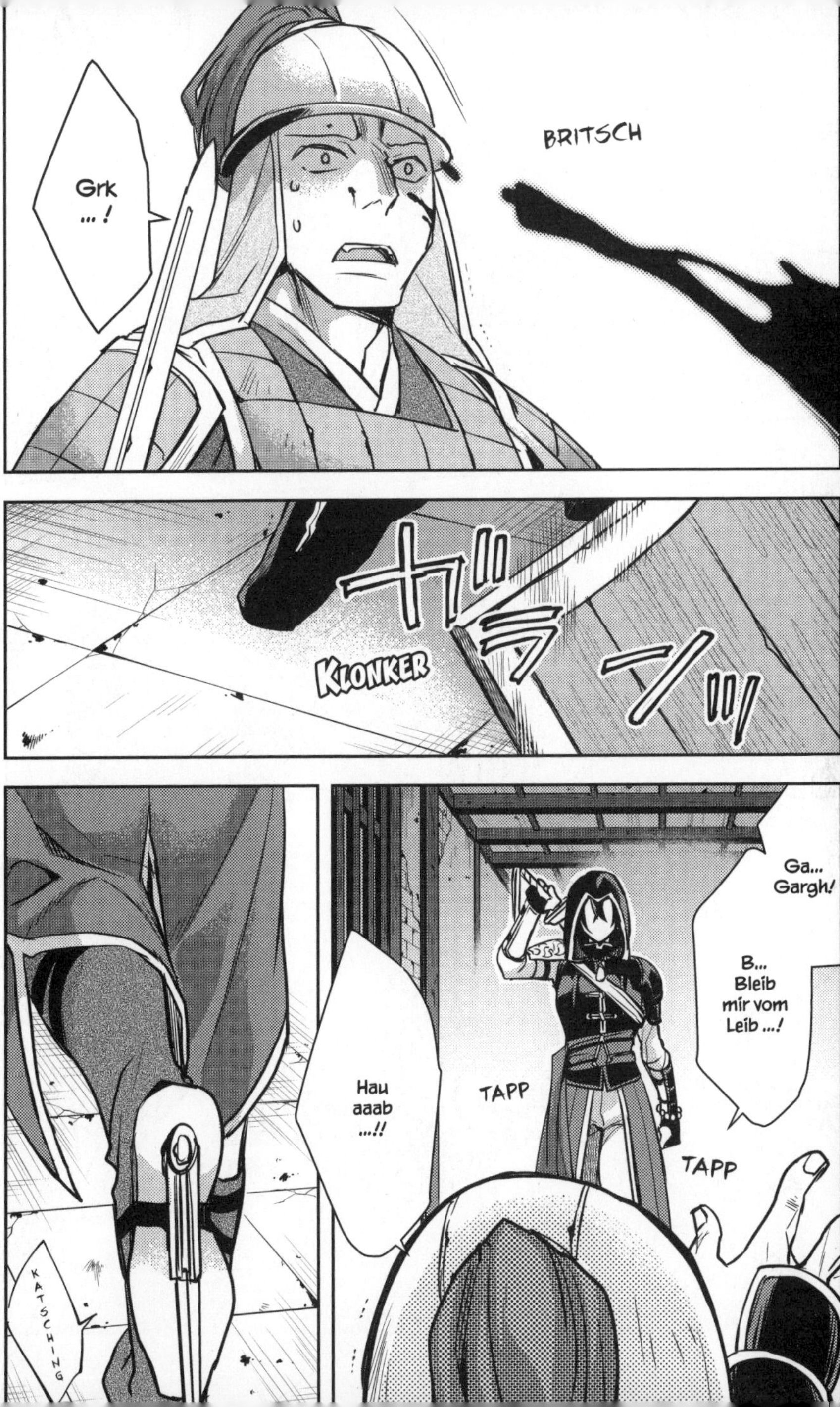
BRITSCH
Grk ...!
ガラーン
KLONKER
Ga... Gargh!
B... Bleib mir vom Leib ...!
TAPP
TAPP
Hau aaab ...!!
KATSCHING

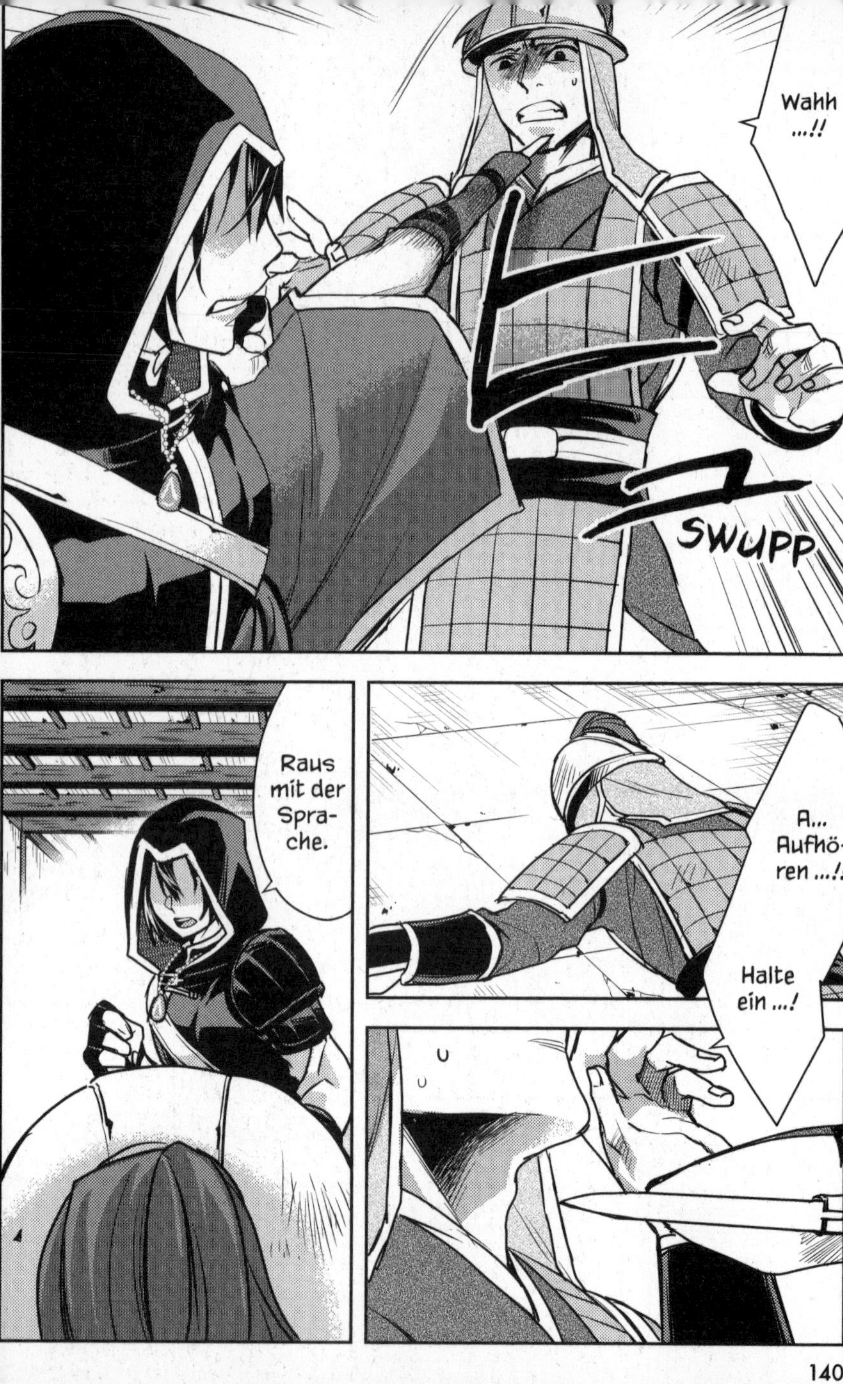
Wahh ...!!
SWUPP
A... Aufhören ...!!
Halte ein ...!
Raus mit der Spra-che.

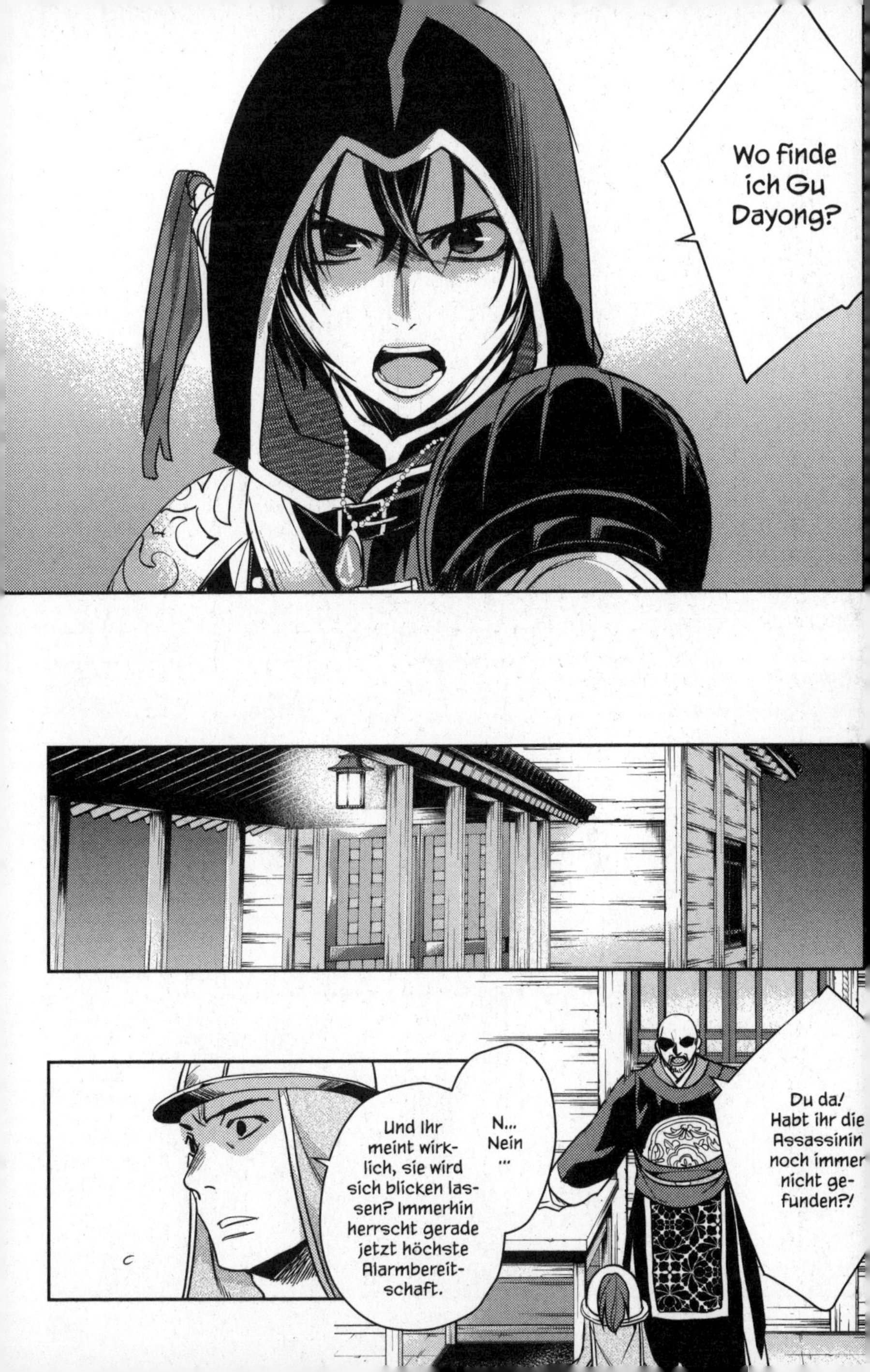
Wo finde ich Gu Dayong?
Du da! Habt ihr die Assassinin noch immer nicht gefunden?!
N... Nein ...
Und Ihr meint wirklich, sie wird sich blicken lassen? Immerhin herrscht gerade jetzt höchste Alarmbereitschaft.

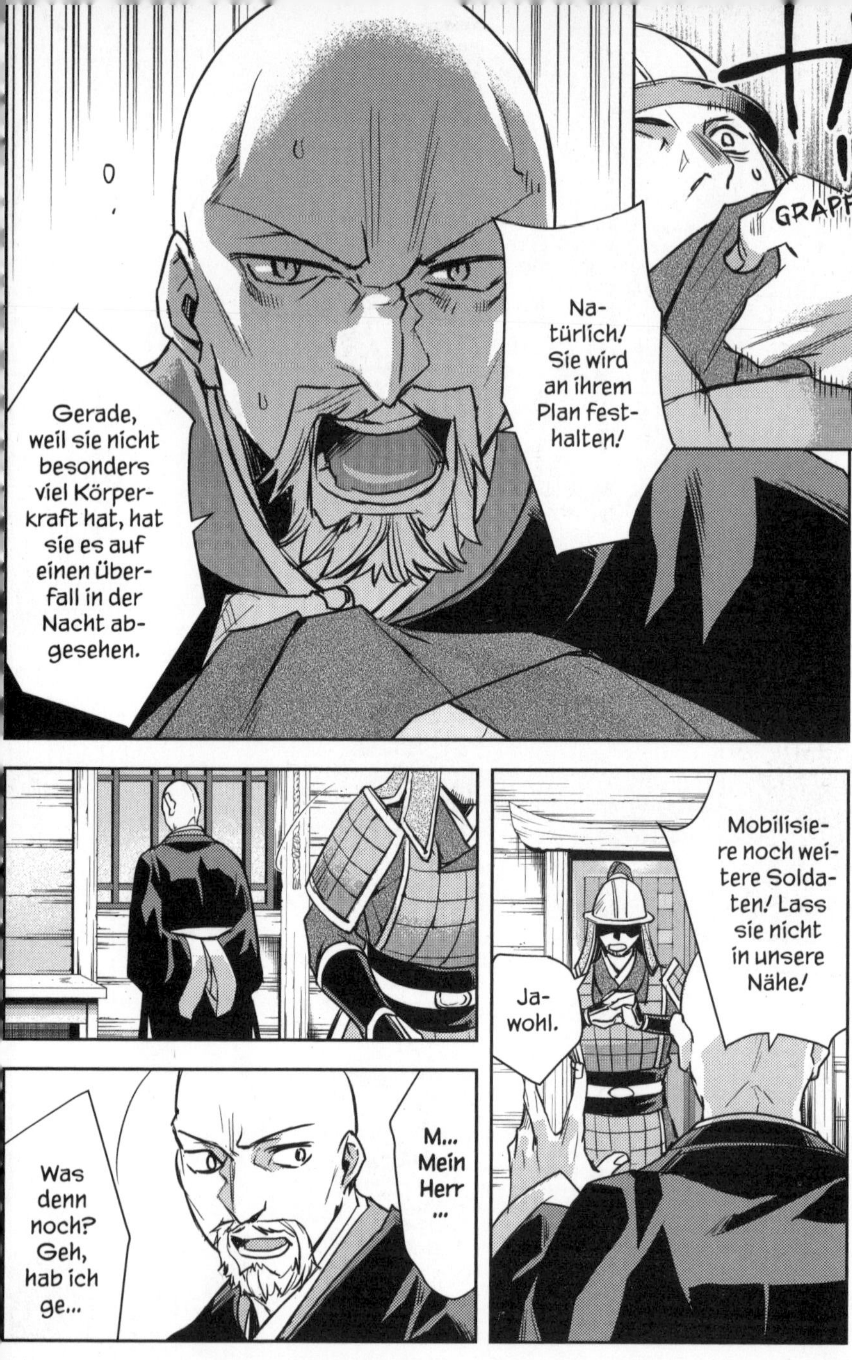

GRAPF
Natürlich! Sie wird an ihrem Plan festhalten!
Gerade, weil sie nicht besonders viel Körperkraft hat, hat sie es auf einen überfall in der Nacht abgesehen.
Mobilisiere noch weitere Soldaten! Lass sie nicht in unsere Nähe!
Jawohl.
M... Mein Herr ...
Was denn noch? Geh, hab ich ge...

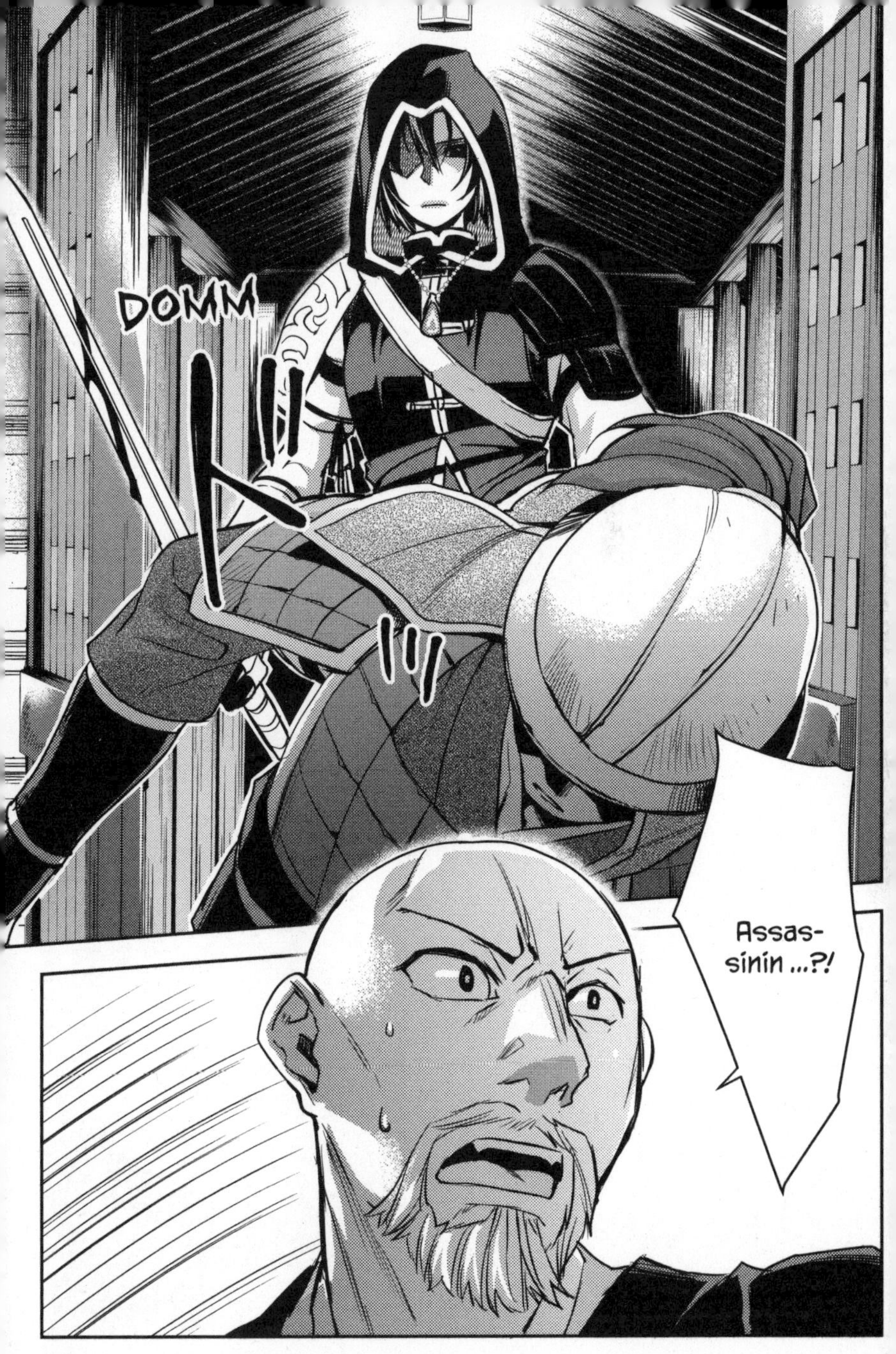
DOMM
Assas-
sinin ...?!

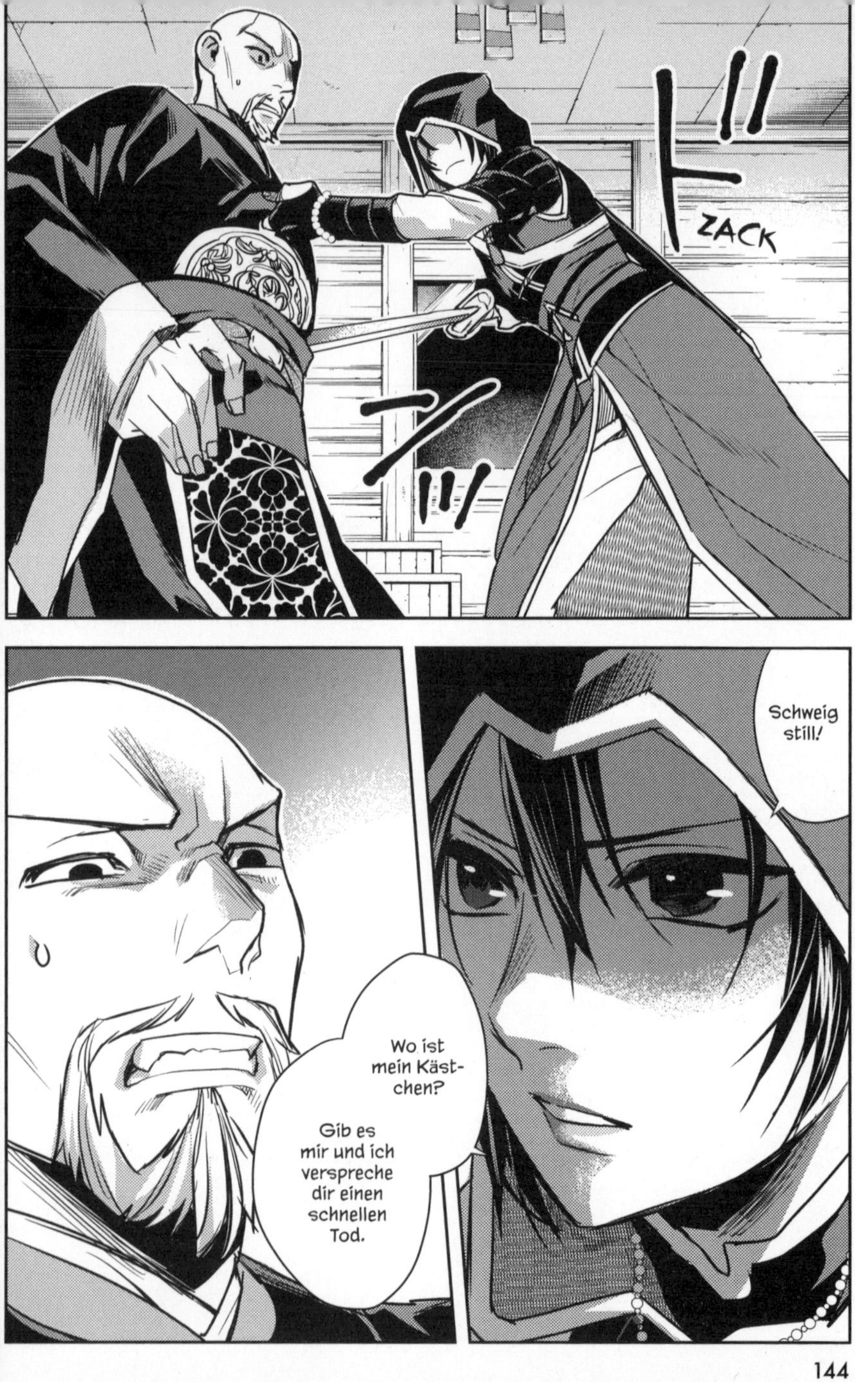
ZACK
Schweig still!
Wo ist mein Käst-chen?
Gib es mir und ich verspreche dir einen schnellen Tod.

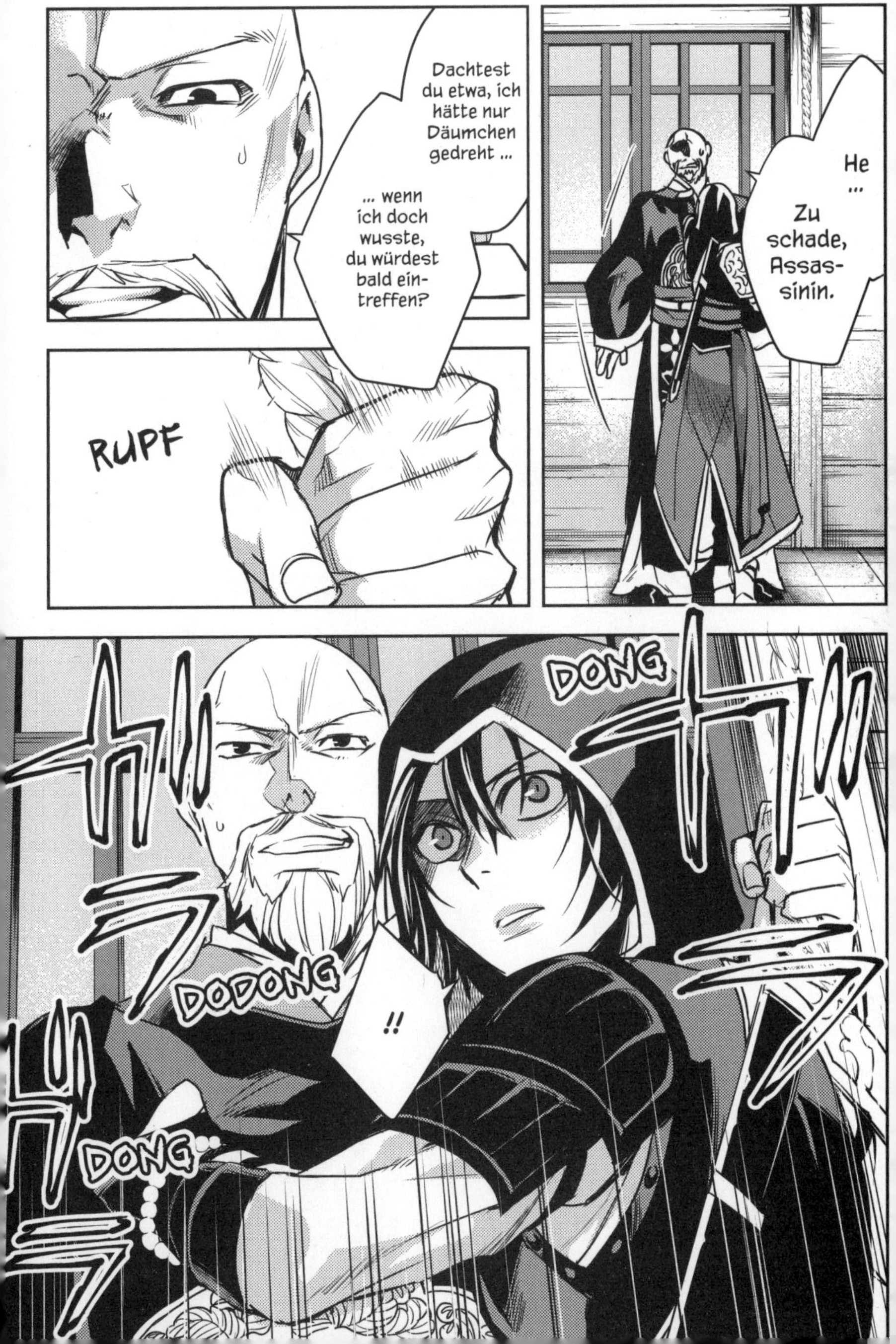
He ...
Zu schade, Assas-sinin.
Dachtest du etwa, ich hätte nur Däumchen gedreht ...
... wenn ich doch wusste, du würdest bald ein-treffen?
RUPF
DONG
DODONG
!!
DONG

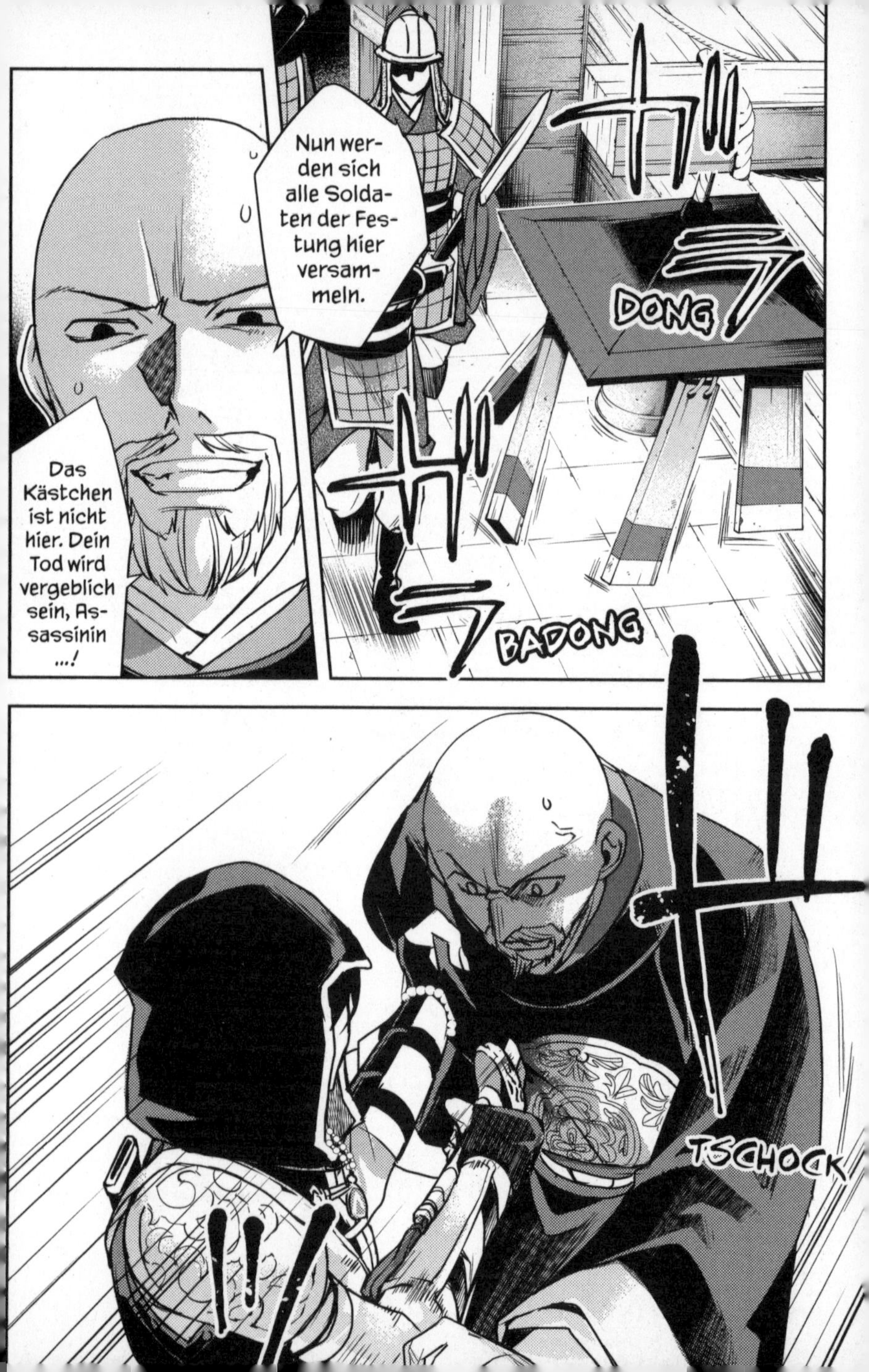
Nun werden sich alle Soldaten der Festung hier versammeln.
DONG
BADONG
Das Kästchen ist nicht hier. Dein Tod wird vergeblich sein, Assassinin ...!
TSCHOCK

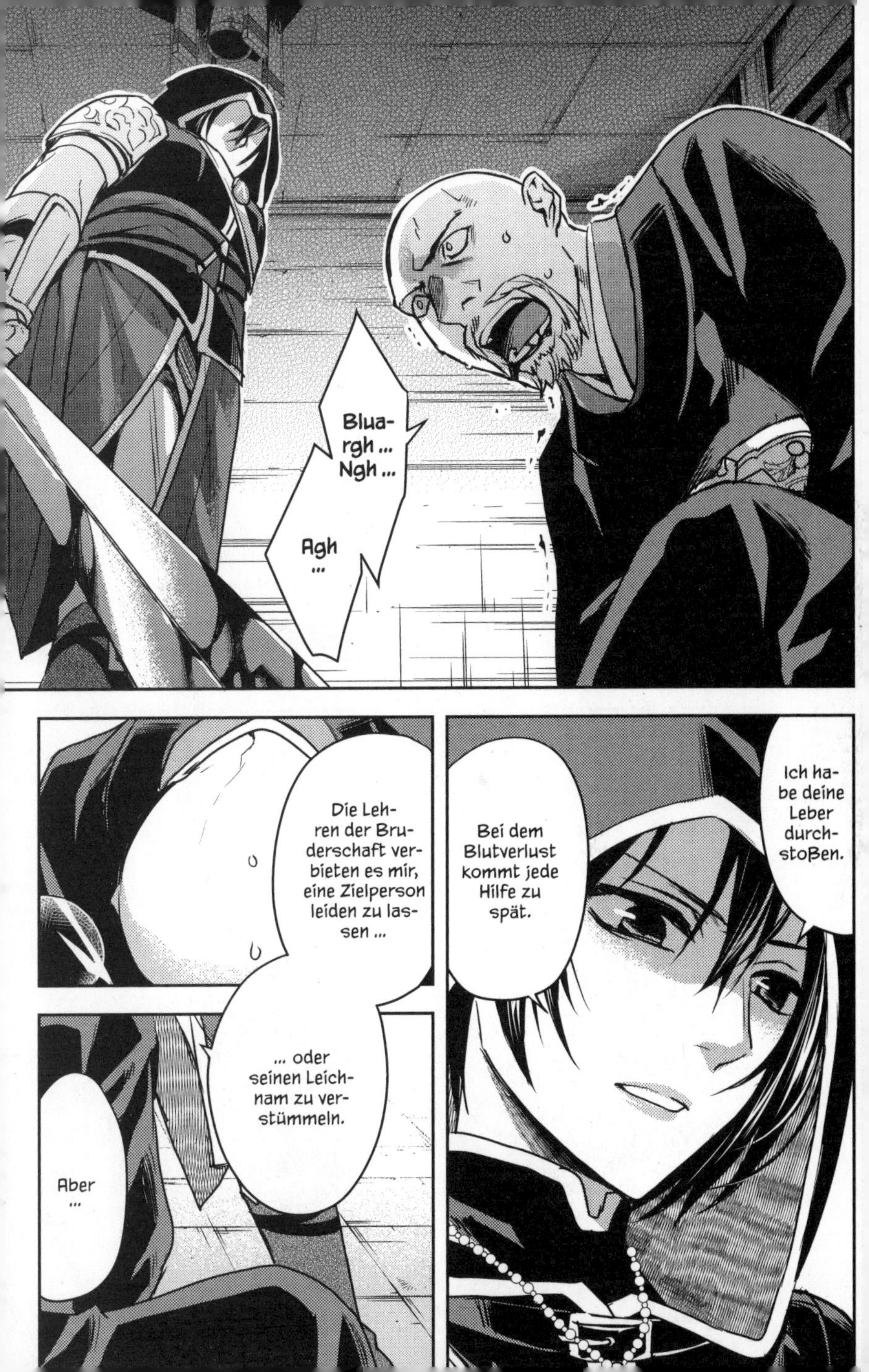

Bluargh ... Ngh ...
Agh ...
Ich habe deine Leber durchstoßen.
Bei dem Blutverlust kommt jede Hilfe zu spät.
Die Lehren der Bruderschaft verbieten es mir, eine Zielperson leiden zu lassen ...
... oder seinen Leichnam zu verstümmeln.
Aber ...

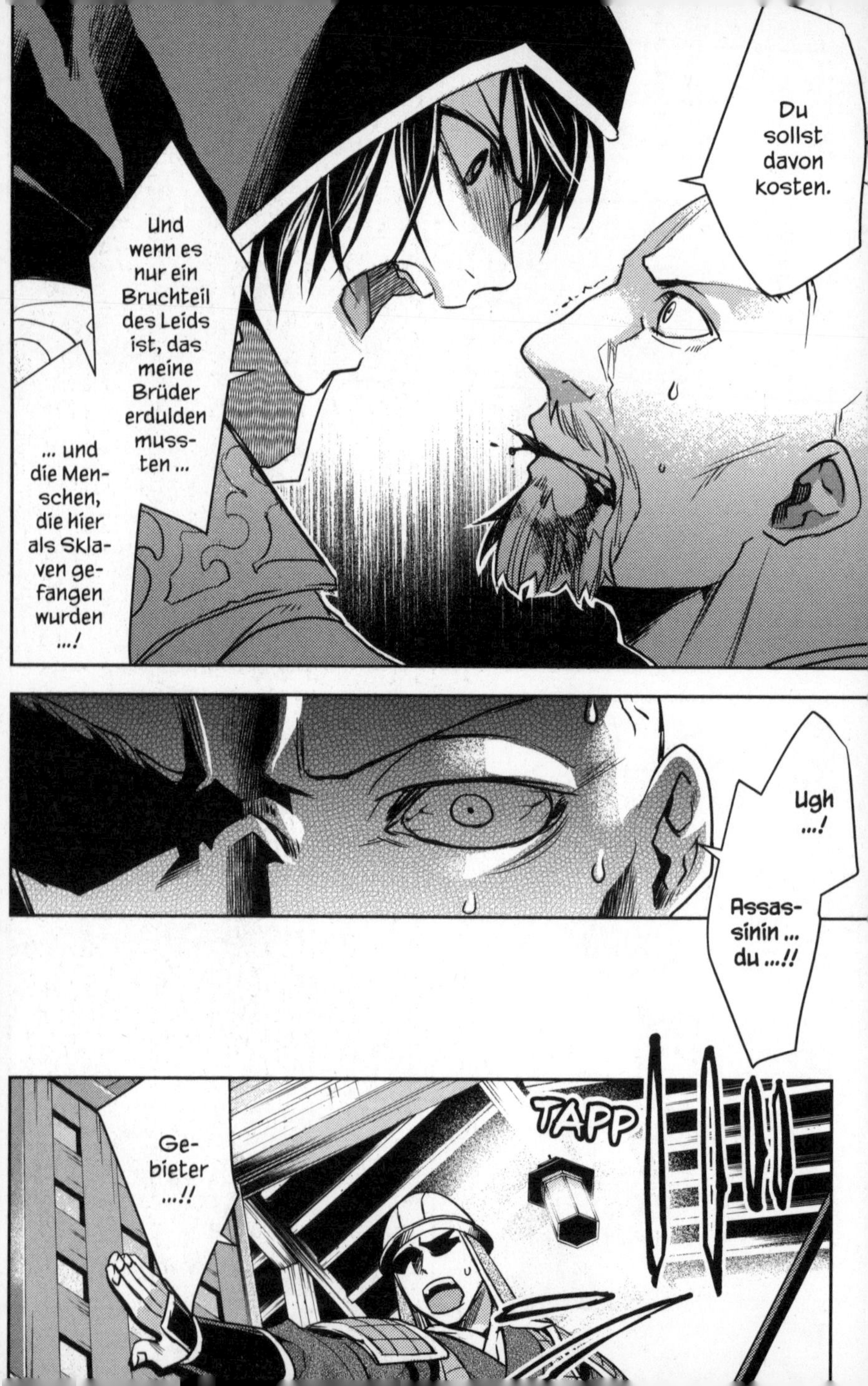
Du sollst davon kosten.
Und wenn es nur ein Bruchteil des Leids ist, das meine Brüder erdulden mussten ...
... und die Menschen, die hier als Sklaven gefangen wurden ...!
Ugh ...!
Assassinin ... du ...!!
TAPP
Gebieter ...!!

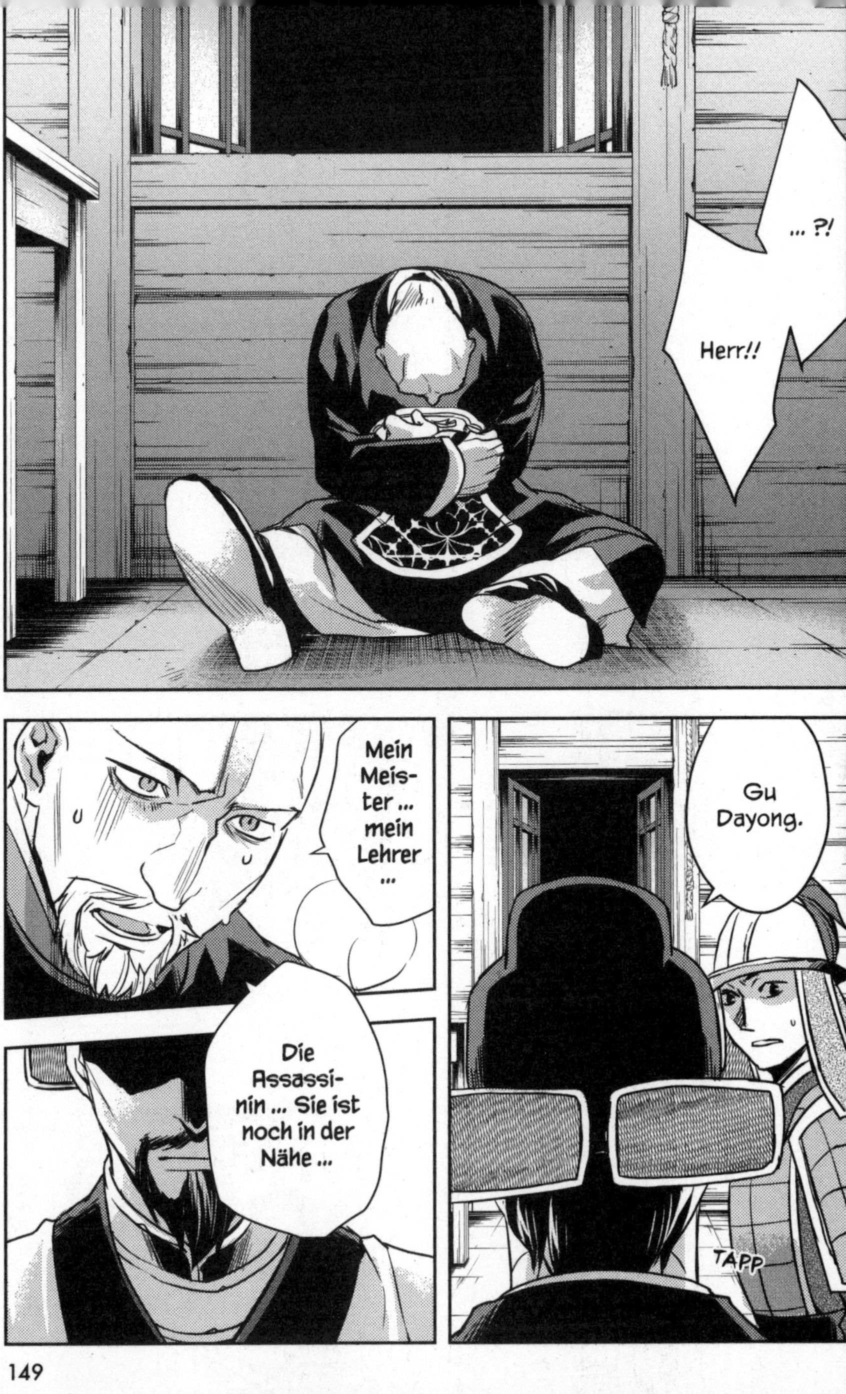
... ?!
Herr!!
Gu Dayong.
TAPP
Mein Meister ... mein Lehrer ...
Die Assassinin ... Sie ist noch in der Nähe ...

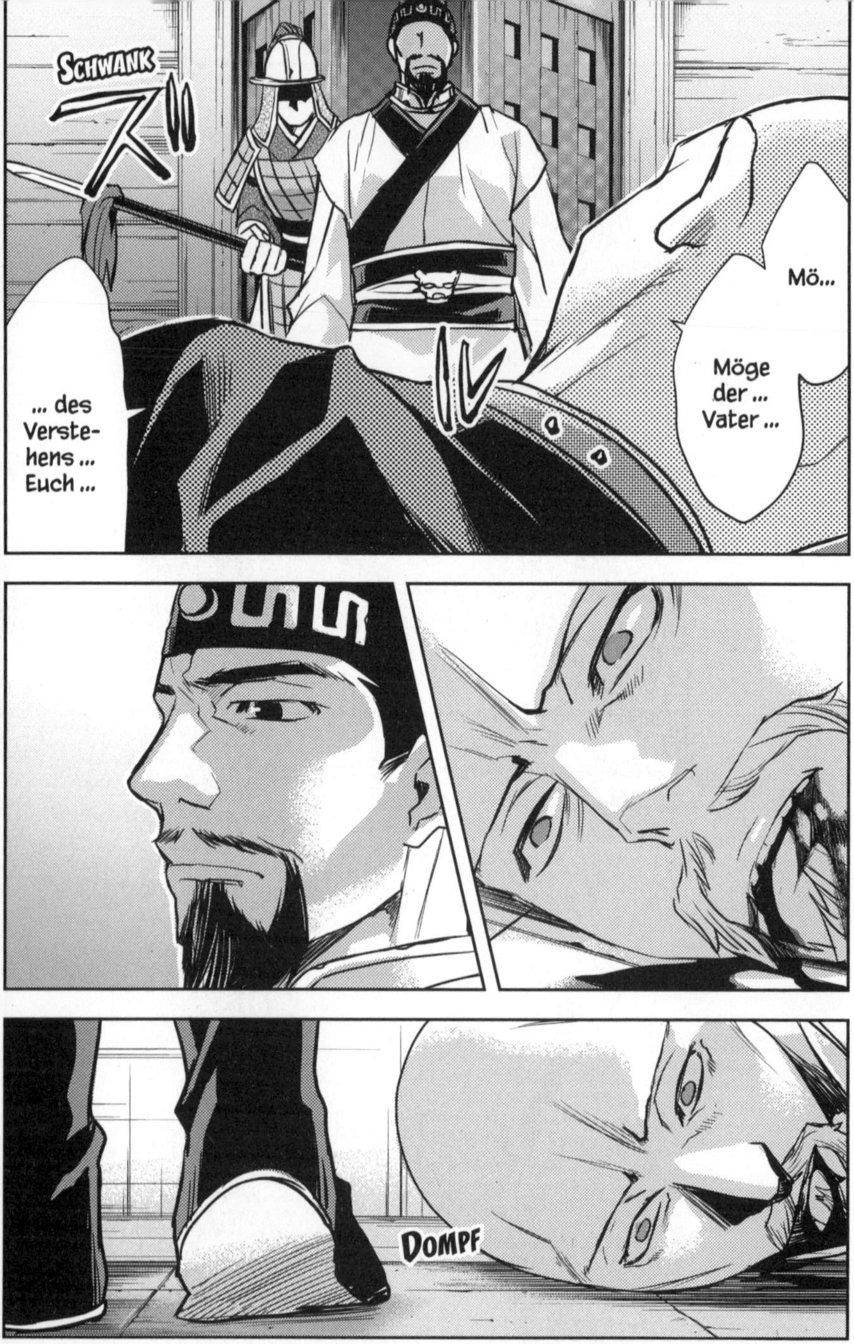

Schwank
Mö...
Möge der ... Vater ...
... des Verstehens ... Euch ...
Dompf

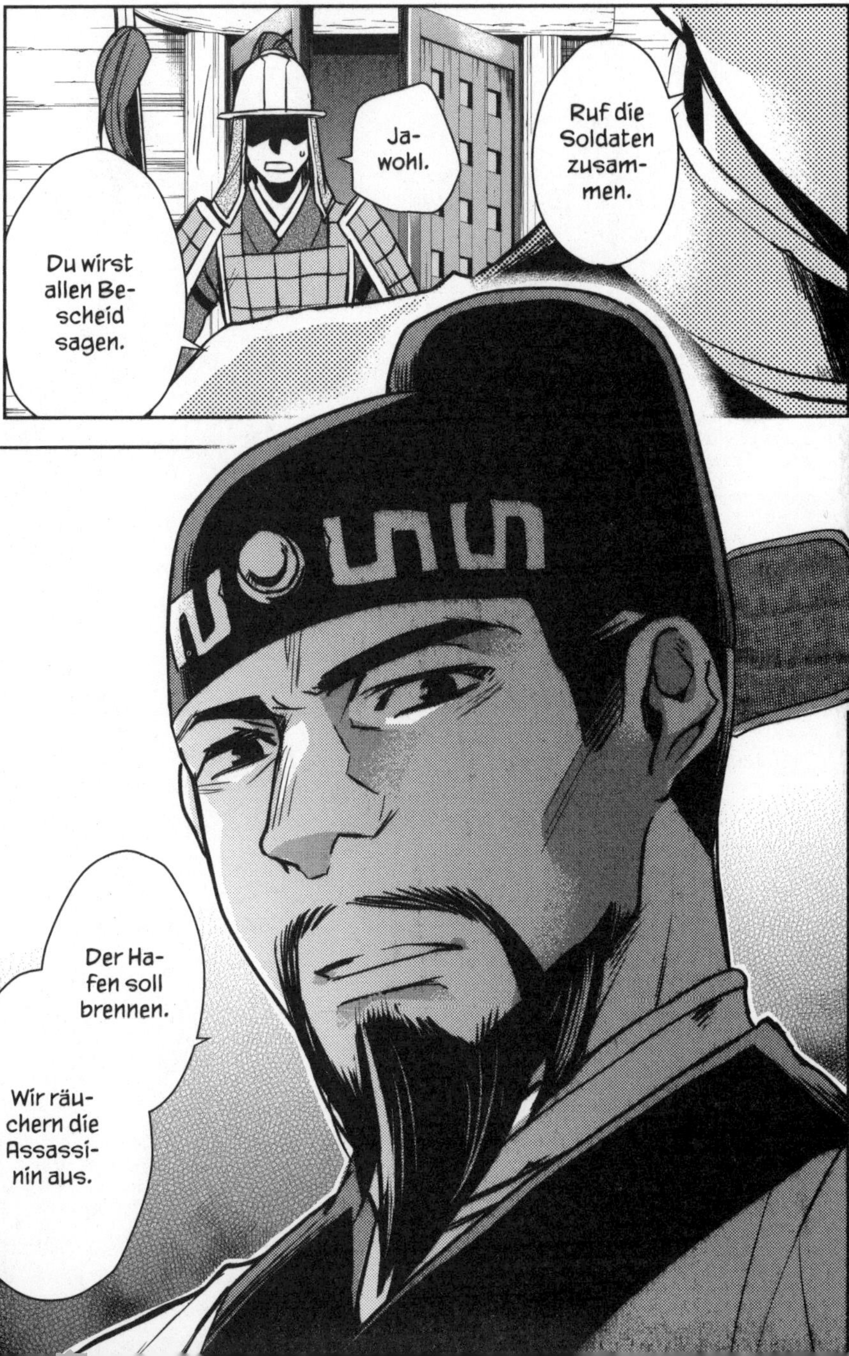
Ruf die Soldaten zusammen.
Jawohl.
Du wirst allen Bescheid sagen.
Der Hafen soll brennen.
Wir räuchern die Assassinin aus.

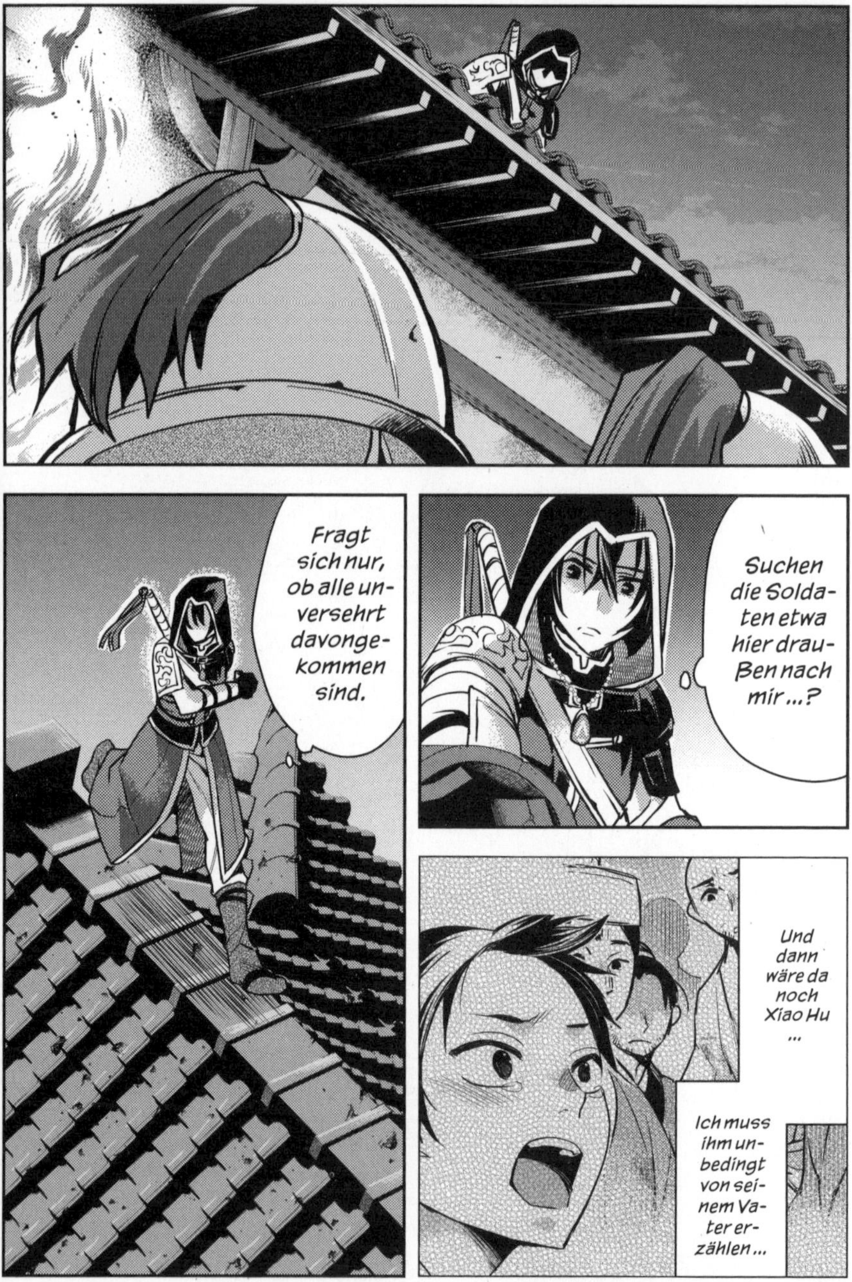

Suchen die Soldaten etwa hier draußen nach mir ...?
Fragt sich nur, ob alle unversehrt davongekommen sind.
Und dann wäre da noch Xiao Hu ...
Ich muss ihm unbedingt von seinem Vater erzählen ...

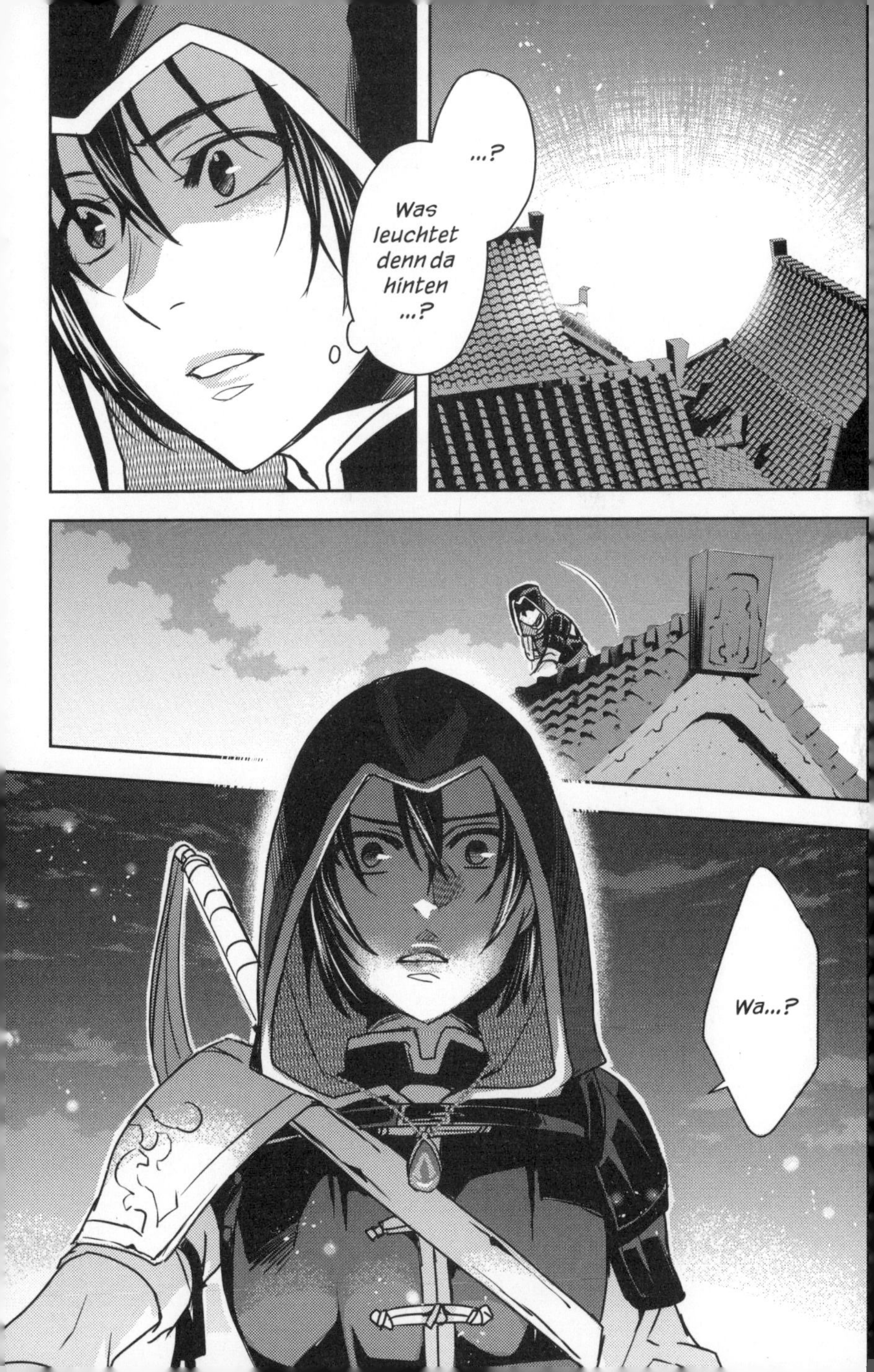
...?
Was leuchtet denn da hinten ...?
Wa...?

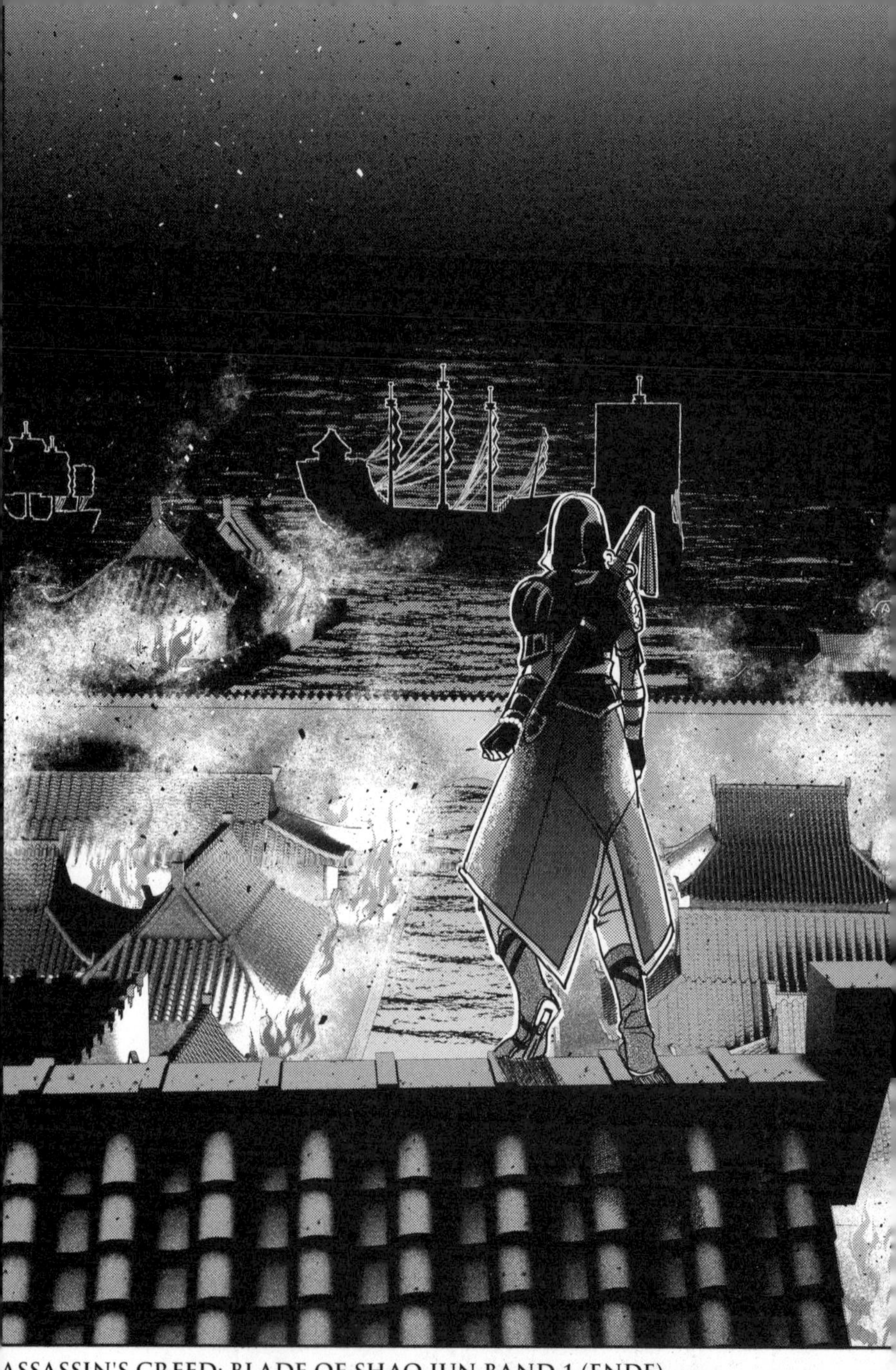

ASSASSIN'S CREED: BLADE OF SHAO JUN BAND 1 (ENDE)

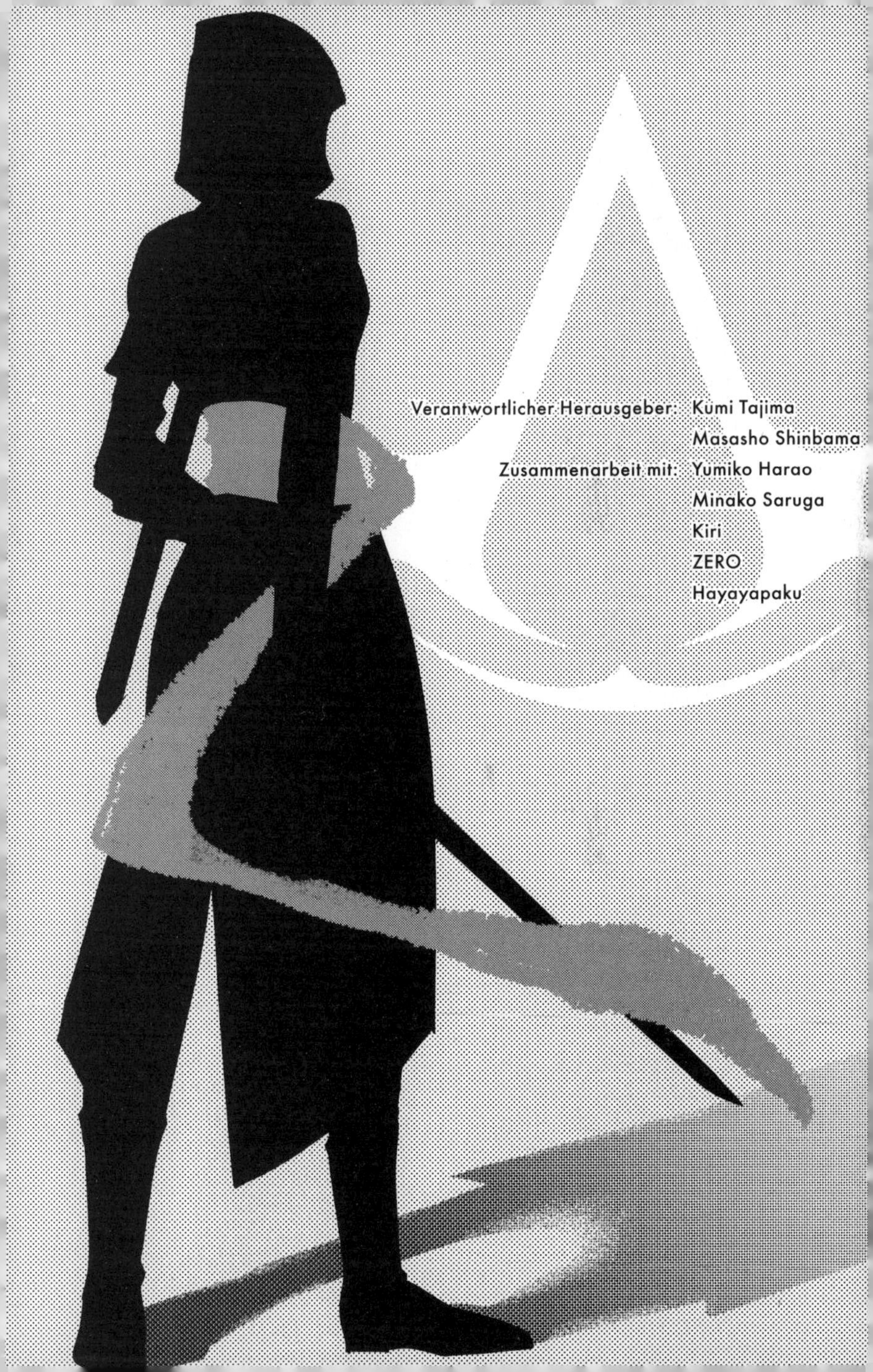

Verantwortlicher Herausgeber: Kumi Tajima
Masasho Shinbama
Zusammenarbeit mit: Yumiko Harao
Minako Saruga
Kiri
ZERO
Hayayapaku

TOKYOPOP GmbH
Hamburg

TOKYOPOP
3. Auflage, 2022
Deutsche Ausgabe/German Edition

Aus dem Japanischen von Manuel Chillagano

Redaktion: Natalie Tonak
Lettering: Vibrant Publishing Studio
Herstellung: Mathias Neumeyer
Druck und buchbinderische Verarbeitung:
CPI–Clausen & Bosse GmbH, Leck
Printed in Germany

MIX Papier FSC® C083411

Wir achten auf die Umwelt.
Dieses Produkt besteht aus FSC®-zertifizierten und anderen kontrollierten Materialien.

ISBN 978-3-8420-6239-9

www.tokyopop.de

STOPP!

**Dies ist die letzte Seite des Buches!
Du willst dir doch nicht den Spaß verderben
und das Ende zuerst lesen, oder?**

Um die Geschichte unverfälscht und originalgetreu mitverfolgen zu können, musst du es wie die Japaner machen und von rechts nach links lesen. Deshalb schnell das Buch umdrehen und loslegen!

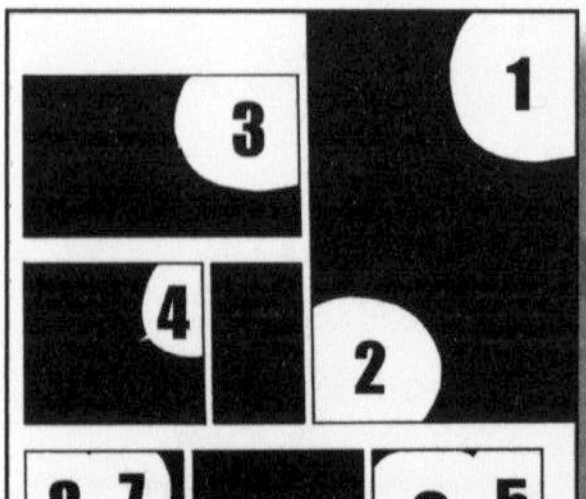

So geht's:

Wenn dies das erste Mal sein sollte, dass du einen Manga in den Händen hältst, kann dir die Grafik helfen, dich zurechtzufinden: Fang einfach oben rechts an zu lesen und arbeite dich nach unten links vor. Viel Spaß dabei wünscht dir TOKYOPOP®!